Kohlhammer

Inklusion praktisch

Herausgegeben von

Stephan Ellinger und
Traugott Böttinger

Band 8

Birgit Werner

Teilhabe durch Grundbildung

Die Förderung Benachteiligter im Sekundarbereich I

Verlag W. Kohlhammer

1. Auflage 2017

Gesamtherstellung: W. Kohlhammer GmbH, Stuttgart

Print:
ISBN 978-3-17-032415-2

E-Book-Formate:
pdf: ISBN 978-3-17-032416-9
epub: ISBN 978-3-17-032417-6
mobi: ISBN 978-3-17-032418-3

Vorwort zur Reihe *Inklusion praktisch*

Inklusion ist nicht nur eine der schönsten pädagogischen Visionen überhaupt, sondern auch eine gesellschaftliche Vorstellung, die vor allem auf humanistischen Werten und Normen beruht. Im Vordergrund stehen Begriffe wie Gleichheit, Gerechtigkeit, Selbstwert, Teilhabe und Partizipation.

Aktion Mensch hat im Rahmen ihrer Inklusionskampagne 2013 einen kurzen Animationsfilm mit dem Titel *Inklusion ist...* entworfen, der aufzeigt, mit welchen Hoffnungen der Begriff verbunden ist.

> Inklusion ist ...
>
> ... wenn alle mitmachen dürfen.
> ... wenn keiner mehr draußen bleiben muss.
> ... wenn Unterschiedlichkeit zum Ziel führt.
> ... wenn Nebeneinander zum Miteinander und Ausnahmen zur Regel werden.
> ... wenn anders sein normal ist.

Anders ausgedrückt: Bei *Inklusion* geht es also darum, die auf der gesetzlich-strukturellen Ebene formulierten Bestimmungen im täglichen Zusammenleben in den verschiedenen gesellschaftlichen Bereichen sichtbar und wirksam werden zu lassen.

Inklusion ist Utopie, Weg, Wertbegriff, Methode und Zielvorstellung zugleich und weckt vielfältige Wünsche und Hoffnung auf Veränderungen und gesellschaftliche Entwicklung. Dabei beschränkt sich Inklusion keinesfalls auf Schule. Dies verdeutlicht auch der Nationale Aktionsplan der Bundesregierung zur Inklusion, der Bildung als eines von zwölf verschiedenen Handlungsfeldern (u. a. Arbeit und Beschäftigung, Bauen und Wohnen oder Kultur und Freizeit) behandelt.

Viele Autoren verbinden mit Inklusion weitreichende Vorstellungen und Hoffnungen, die sich auf verschiedenen Ebenen lokalisieren lassen.

Auf *gesellschaftlicher Ebene* ist das Ziel eine solidarische und sozial gerechte, diskriminierungs- und barrierefreie Gesellschaft ohne Ausgrenzung, die Diversität als Normalität ansieht. Chancengerechtigkeit für Menschen mit Behinderung soll unter anderem ermöglicht werden, indem keine Unterscheidungen zwischen behinderten und nicht behinderten Menschen vorgenommen werden und Behinderung als Zuschreibung und Kategorisierung erkannt wird.

Innerhalb des Bildungssystems soll eine chancen- und bildungsgerechte und weniger selektionsorientierte Schule für ausnahmslos alle Schüler entstehen. Inklusiver Unterricht ist kultur-, sprach- und gendersensibel und begreift Heterogenität nicht als Belastung, sondern als Chance und Bereicherung.

Personenbezogen steht Inklusion für den Versuch, Abhängigkeiten und Barrieren zu reduzieren und so u. a. Teilhabe und Partizipation und einen gleichberechtigten Zugang zum Arbeitsmarkt zu erreichen.

Dem geneigten Leser wird schnell deutlich, welch anspruchsvolle und zum Teil idealistische Vorstellungen an Inklusion herangetragen werden. Möglicherweise handelt es sich dabei sogar um eine Aufgabe, die eigentlich nicht zu erfüllen ist: Inklusion soll einen Umbruch, eine gesellschaftliche Transformation bzw. Emanzipation oder gar einen Neuanfang des menschlichen Zusammenlebens markieren, der in eine noch nie vorhandene Dimension vorzustoßen vermag und dabei die zahlreichen Verfehlungen in der Geschichte vergessen macht.

In der vor Ihnen liegenden Buchreihe geht es keinesfalls darum, Inklusion oder ihre Idee schlecht zu reden. Vielmehr soll vor überzogenen Ansprüchen gewarnt werden, an denen letztendlich jede große Idee scheitern muss. Zu diesem Zwecke erfolgt zunächst eine grundlegende Beschäftigung mit der Thematik, bevor die weiteren

Bände konkrete schulische Felder der Inklusion beleuchten und Umsetzungshilfen für Förder- und Regelschullehrkräfte bereitstellen.

Wir hoffen, Sie als Leserinnen und Leser für eine Auseinandersetzung mit dem Themenfeld der Inklusion begeistern zu können und wünschen Ihnen eine abwechslungsreiche Lektüre!

Würzburg, im März 2017
Prof. Dr. Stephan Ellinger und Dr. Traugott Böttinger

Einzelbände in der Reihe *Inklusion praktisch*

Band 1: Gesellschaftliche Leitidee und schulische Aufgabe
Band 2: Exklusion durch Inklusion? Stolpersteine bei der Umsetzung
Band 3: Sonderpädagogische Förderung in der Regelschule
Band 4: Organisationsentwicklung und Leitung in einer inklusiven Schule
Band 5: Kollegiale Kooperation in inklusiven Settings
Band 6: Umgang mit Lese-Rechtschreib-Schwierigkeiten in heterogenen Lerngruppen
Band 7: Konturen eines inklusiven Fachunterrichts Mathematik
Band 8: Teilhabe durch Grundbildung. Die Förderung Benachteiligter im Sekundarbereich I
Band 9: Schülerinnen und Schüler mit Lernbeeinträchtigungen
Band 10: Lehrergesundheit in inklusiven Settings

Inhalt

Einleitung – Teilhabe durch Grundbildung oder Grundbildung durch Teilhabe?

Schulische und nachschulische Bildungsangebote sollen die Teilhabe jedes Menschen in allen gesellschaftlichen Bereichen sichern. Besonders relevant ist hierbei die Teilhabe an Ausbildung und Beruf. Diese Intention realisiert sich nicht bei allen Schülern bzw. Schulabgängern. Der nicht unbeträchtliche Anteil von Jugendlichen ohne Abschluss (2014 lag diese Quote bei 5,6 %; Caritas 2015), die Gruppe der »low achievers« im Bereich der Lese- und mathematischen Kompetenzen von knapp 20 % (PISA 2015) sowie hohe Abbruchquoten sowohl im Übergangssystem als in der Ausbildung (2013: 17 %; Uhly 2015, 8) dokumentieren, dass die intendierte Logik des Erziehungssystems nicht umfassend greift.

Davon betroffen sind vor allem sozial benachteiligte Jugendliche, z. B. aufgrund ihrer sozialen (einschließlich ethnischen, kulturellen, religiösen, sprachlichen) Herkunft, ihrer ökonomischen Situation und/oder ihrer familiären Bedingungen. Überproportional häufig besuch(t)en diese Jugendliche Förder- (überwiegend aus dem Förderschwerpunkt *Lernen* und *sozial-emotionale Entwicklung*) und Hauptschulen, sind männlich und haben Migrationserfahrungen.

Die hier konzipierte Monografie knüpft an bisherige Forschungsbefunde zur Bildung bei Benachteiligungen an und erweitert den Blick auf Teilhabe als zentrale Ziel- und Inhaltskategorie.

Die bisherigen Bildungsangebote in den jeweiligen Teilsystemen (Schule, Übergangssystem, Berufsausbildung und Erwerbstätigkeit) scheinen für diese Zielgruppe nicht kompatibel zu sein bzw. verhindern, Lernen als einen gewinnbringenden, kontinuierlichen lebenslangen Prozess zu erleben. Zudem erlebte diese Gruppe bislang in der erziehungswissenschaftlichen Diskussion nur wenig Aufmerksamkeit.

Besonders marginal ist die Berücksichtigung sozialer Benachteiligung im Bereich der Didaktik. Diese erziehungswissenschaftliche

Disziplin ist derzeit immer noch dem Primat der Fachdidaktik verhaftet und vernachlässigt zielgruppenspezifische Inhalte und Notwendigkeiten. Es fehlen konzeptionelle Aussagen zur Berücksichtigung von Bildungsbiografien und Lernwegen jenseits von Bildungsstandards sowie zur Etablierung notwendiger Bildungsangebote auch außerhalb der curricularen Vorgaben. Wie können die unterschiedlichsten Heterogenitätsebenen – schulleistungsbezogen, herkunfts- und/oder (bildungs-)biografisch bedingt – angemessen berücksichtigt werden? Wie kann auf Phänomene wie massive Schwierigkeiten in den schulischen Kernbereichen Deutsch und Mathematik, prekäre Lebenslagen und Übergänge, persönliche Krisen, soziale Randständigkeit, Flüchtlings-, Asylantenbiografien in allen Bildungsgängen gleichberechtigt und angemessen reagiert werden? Gerade Angebote für diese Kinder und Jugendlichen müssen eine milieusensible, sprach- und kulturspezifische Bildung ermöglichen.

Ein möglicher Beschreibungs-, Erklärungs- und Interventionsansatz wird im Konzept der Grundbildung/Literacy gesehen. Grundbildung/Literacy wird als Sprachform, als Brücke, als Programm zwischen institutionell- bzw. systembedingten Handlungssituationen verstanden.

Die Kulturtechniken, d. h. schriftsprachliche und mathematische Kompetenzen, gelten in der Grundbildung als basale Kulturwerkzeuge. Im Mittelpunkt der didaktisch-methodischen Grundlegung eines grundbildungsorientierten Unterrichts steht ein Mehrebenenmodell zur Erfassung, Systematisierung und Ausdifferenzierung verschiedener Kompetenzebenen (Prozessebene, Subjekt- und soziale Ebene).

Erste Konturen eines grundbildungsorientierten Unterrichts greifen auf didaktische Überlegungen der Sonderpädagogik (vorzugsweise aus dem Förderschwerpunkt Lernen) zurück. Daneben werden die Erfahrungen aus der Alphabetisierung bzw. Förderung der Ausbildungsreife respektive der Berufswahlkompetenz vor allem im berufsbildenden Sektor, Studien zu Tätigkeitsprofilen im Bereich niedrigqualifizierter Tätigkeiten (Hauswirtschaft, Pflegehelfer, Gebäudereiniger) sowie Analysen arbeitsplatzbezogener Anforderungen (Bindl/Schroeder/Thielen 2011) genutzt. Diese werden vor allem hinsichtlich ihrer schriftsprachlichen und mathematischen Anforderungen analysiert, um entsprechende Unterrichtssettings zu modellieren.

Die Thematik greift damit ein Desiderat der Inklusionsforschung auf. Diese konzentriert sich gegenwärtig (noch) vorrangig auf inklusive Bildungsangebote im Primarbereich. Das Spannungsfeld zwischen Bildungsstandards und Output-Orientierung respektive Abschlussfokussierung und Fächerdominanz im Sekundarbereich I blieb bislang wenig berücksichtigt. Ebenso wird vernachlässigt, dass Berufsorientierung und berufliche Integration auch zentrale konzeptionelle Arbeitsfelder der Schule sind. Eine inklusive Schule soll den Übergang optimieren: »Inklusiv ist der Übergang dann, wenn alle Jugendlichen einen Anschluss finden und annehmen, der ihren Möglichkeiten in der Übergangssituation entspricht« (Koch/Textor 2015, 106).

Heidelberg, im März 2017
Prof. Dr. Birgit Werner

Anmerkung:

Konsequente Inklusion enthält auch die Gleichberechtigung von Männern und Frauen, vor allem auf sprachlicher Ebene. Diesem Umstand ist sich die Autorin durchaus bewusst. Dennoch wurde im Text durchgehen die männliche Sprachform verwendet, um so eine bessere Lesbarkeit zu gewährleisten.

1

Schule und Teilhabe

> »Erfolgreiche Bildung zeigt sich neben dem erreichten Schulabschluss am individuellen Bildungserfolg, an einer umfassenden Persönlichkeitsentwicklung, am Erwerb lebenspraktischer, sozialer, kognitiver, sprachlich-kommunikativer und personaler Kompetenzen und an der Fähigkeit zu einer so weitgehend wie möglich selbstbestimmten Lebensführung sowie einer *aktiven Teilhabe* an der Gesellschaft« (KMK 2011, 8; Herv. BW).

Dieses Zitat spiegelt eine – gerade im Zuge von Inklusion – überfällige und notwendige Modifizierung bzw. Erweiterung unseres Bildungsverständnisses wider. Erfolgreiche Bildung will sich nicht mehr ausschließlich an einem formal-schulischen Abschlusszertifikat messen, sondern muss ihre Bewährung in der Chance jedes Einzelnen finden, von der Vielfalt gesellschaftlicher Angebote (von der eigenständigen Lebensgestaltung über politische Mitbestimmung bis hin zur beruflichen Teilhabe) zu profitieren. Bildung wiederum ist essentiell für eine Teilhabe an der heutigen Informations- und Wissensgesellschaft.

Was aber meint gesellschaftliche Teilhabe? Wie lässt sich deren bislang weitgehend normative Beschreibung auch deskriptiv erfassen und damit letztlich als handlungsleitende Kategorie verstehen? Allein die begriffliche Vielfalt – gesellschaftliche, soziale, berufliche Teilhabe, Teilhabe als Menschenrecht (vgl. Degener/Diehl 2015) – markiert die unterschiedlichen Bedeutungsebenen und Zusammenhänge. Allen Argumentationen gemeinsam ist das Recht jedes Einzelnen auf ein selbstbestimmtes Leben. Dabei ist diskriminierenden Praktiken entgegen zu treten und Marginalisierungen und Vulnerabilität vorzubeugen. In diesem Argumentationszusammenhang ist die Abgrenzung zum Begriff Inklusion nicht mehr eindeutig. Inklusion bedeutet in einem eher allgemeinen Sinn die Einbeziehung in die Gesellschaft (Wansing 2015, 53). Intention der entsprechenden UN-Konvention (2009) ist es, von Beginn an allen Menschen die uneingeschränkte Teilnahme an allen Aktivitäten möglich zu machen. Artikel 3 dieser Konvention betont die »volle und wirksame Teilhabe an der Gesellschaft und das Einbeziehen in die Gesellschaft« (UN Konvention 2009). Einbezogensein in die Gesellschaft muss daher die Funktion stark ausdifferenzierter Teilsysteme wie beispielsweise Bildung, Arbeit, Gesundheit, Recht, Politik berücksichtigen und ist somit immer mehrdimensional zu denken (Wansing 2015, 47). Es scheint dabei sowohl aus analytischen als auch programmatischen Zwecken geeigneter, von Inklusion in bzw. Teilhabe an einem dieser Subsysteme zu sprechen. Teilhabe lässt sich entlang unterschiedlicher Dimensionen jeweils individuell bemessen: ökonomische Teilhabe am Lebensstandard, rechtliche Teilhabe an der Verwirklichung von Ansprüchen, kulturelle Teilhabe an der Realisierung der gewünschten Lebensführung und soziale Teilhabe an der Einbindung in soziale Beziehungen (Wansing 2015). »Inklusion beschreibt also das, was gesellschaftlich auf der Basis gleicher Rechte als Teilhabeoption für alle Bevölkerungsmitglieder grundsätzlich in Aussicht gestellt wird. Teilhabe meint das, was seitens einzelner Menschen tatsächlich verwirklicht wird bzw. werden kann« (a. a. O., 96). Inklusion kann somit soziale Ungleichheit nicht per se auflösen. Die Chance aber besteht darin, Teilhabehindernisse erst sichtbar und als mögliches Hindernis identifizierbar zu machen.

Inklusion im menschenrechtlichen Kontext bezieht sich als universelles Prinzip sozialen Zusammenlebens vorrangig auf gesellschaftliche Strukturen und Prozesse. Demgegenüber kann Teilhabe stärker als eigenaktive Perspektive gefasst werden, die aus der Perspektive der jeweiligen Person einen Maßstab zur Bewertung gesellschaftlicher Entwicklungen liefert (vgl. Huppert 2015). Diese Argumentation findet sich auch in der systemtheoretischen Semantik von »Inklusion« wider. Nach Luhmann (1975) meint Inklusion, dass »alle Funktionskontexte für alle Teilnehmer des gesellschaftlichen Lebens zugänglich gemacht werden« (Luhmann 1975, 160). »Inklusion (und entsprechend Exklusion) kann sich nur auf die Art und Weise beziehen, in der im Kommunikationszusammenhang Menschen bezeichnet, also für relevant gehalten werden« (Luhmann 1995, 264). Im Gegensatz dazu charakterisiert Exklusion einen weitgehenden Ausschluss von wesentlichen Aspekten des gesellschaftlichen Lebens. Ausgrenzungen ökonomischer, politischer, kultureller und auch sozialer Dimension können zu Exklusionsprozessen führen. Sie markieren nicht einen Zustand, sondern vorrangig einen Prozess, der die Teilhabe von Menschen begrenzt oder behindert. Pädagogische Maßnahmen müssen grundsätzlich einem Ausschluss aus dem Teilsystem Schule respektive Erziehung, Ausbildung und Erwerbsleben entgegenwirken.

Auf der Basis der Klassifikation der International Classification of Functioning, Disability and Health (ICF) (bzw. aus rehabilitationspädagogischer Perspektive) lässt sich Teilhabe als Trias zwischen Inklusion (Einbeziehen), Partizipation (Beteiligung) und Integration (Eingliederung) darstellen. Diese Bestandteile beschreiben »Zustände der ›Daseinsqualität‹«, die u. a. durch Subvention (auch i.S. materieller und finanzieller Unterstützung) für Personen selbst als auch für die Veränderung von Situationen gesichert werden sollen (Grampp et al. 2013, 18; ▸ Abb. 1). Teilhabe ist dann gegeben, wenn eine Person sozial eingebunden ist, d. h. wenn sie die Lebens- und Wohnangebote, den Sozial- und Gesundheitsschutz, die Bildungsmöglichkeiten, die Chancen zur Erwerbstätigkeit und auch die vielfältigen Freizeit- und Mitbestimmungsmöglichkeiten wahrnehmen und für sich nutzen kann. Teilhabe basiert einerseits auf individuumsbezogenen (z. B. Fähigkeiten) und andererseits auf gesellschaftlichen Voraussetzungen (z. B. Arbeitsbedingungen) (vgl. DVfR 2012). Soziale Teilhabe ist in diesem Sinne kein einmal erreichter, fester Zustand. Sie ist vielmehr ein vielschichtiger, verzahnter und hochgradig dynamischer Prozess, der in unterschiedlichen Gesellschaftsbereichen immer wieder veränderte Schwerpunkte findet (vgl. Bavig 2013).

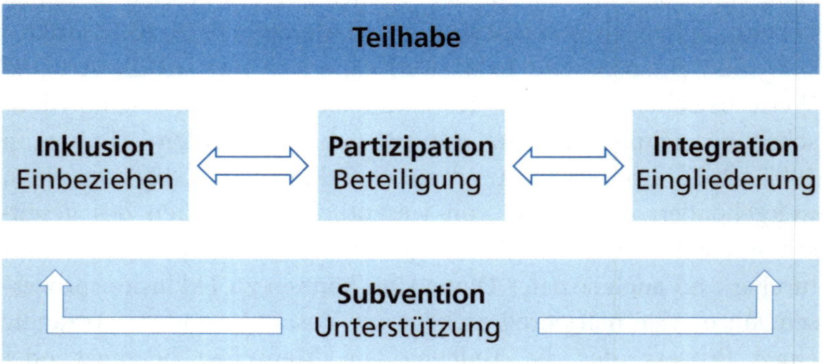

Abb. 1: Bestandteile des Begriffes Teilhabe (nach Grampp et al. 2013)

Soziale Teilhabe meint die gleichberechtigte Einbeziehung von Individuen und Organisationen in gesellschaftliche Entscheidungs- und Willensbildungsprozesse. Menschen und Gruppen nehmen an Errungenschaften eines »sozialen Gemeinwesens« teil, angefangen von guten Lebens- und Wohnverhältnissen, Sozial- und Gesundheitsschutz, ausreichenden und allgemein zugänglichen Bildungschancen und der Integration in den Arbeitsmarkt bis hin zu vielfältigen Freizeit- und Selbstverwirklichungsmöglichkeiten (vgl. Bagiv 2013).

Bildung und Arbeit sind entscheidende Voraussetzungen für das Gelingen gesellschaftlicher Integration. Teilhabe – genauer: berufliche und gesellschaftliche Teilhabe – wird zur zentralen Ziel- und Inhaltskategorie. Politisch-normativ ist das Ziel von Teilhabe, dass alle Menschen mit ihren je individuellen Lern- und Entwicklungsvoraussetzungen und -potentialen ihre eigenen Lebensvorstellungen verwirklichen können (vgl. Teilhabebericht 2013, 10). Die UN-Konvention (2009) schreibt die »volle und wirksame Teilhabe« in »allen Lebensbereichen« fest, die selbstverständlich auch den Lebensbereich Erwerbstätigkeit einschließt. In Artikel 27 der Konvention wird das Recht auf Arbeit und Beschäftigung festgeschrieben: »... dies beinhaltet das Recht auf die Möglichkeit, den Lebensunterhalt durch Arbeit zu verdienen« (UN-Konvention 2009). Damit wird der Erwerbsarbeit, der beruflichen Teilhabe ein hoher Stellenwert zu Sicherung gesellschaftlicher Teilhabe zugeschrieben. Arbeit respektive berufliche Tätigkeit/Erwerbsarbeit erfüllt nicht allein existenzsichernde Funktion. Darüber hinaus kann sich der Mensch in Arbeit selbst verwirklichen, seine eigenen Ziele, Vorstellungen und Wünsche realisieren und seine individuell gegebenen Möglichkeiten und Talente ausschöpfen. Arbeit ist Grundlage gesellschaftlicher Anerkennung und ermöglicht bzw. sichert soziale Kontakte und Beziehungen.

Schulische und im Anschluss eine berufliche Bildung sind mehr denn je Mindestvoraussetzungen für existenzsichernde Beschäftigung. Durch die starke »bildungsmäßige Schließung des Arbeitsmarktes« haben jedoch vor allem formal gering Qualifizierte Probleme im Zugang zu regulären Arbeitsverhältnissen (Konietzka 2012, 824).

Die hier skizzierten Überlegungen knüpfen an bisherige Forschungsbefunde zur Bildung bei Benachteiligungen an und erweitern den Blick auf Teilhabe als zentrale Ziel- und Inhaltskategorie. Damit liegt der Fokus auf einem eher bildungssoziologisch geprägten Bildungsverständnis, das Sozialisations-, Erziehungs- und Bildungsprozesse in den Mittelpunkt stellt. Pädagogische Fragen begründen sich aus der Perspektive der sich entwickelnden Individuen und nicht vorrangig aus einer »gesellschaftsförderlichen« Perspektive (Grundmann 2009, 80). In diesem Verständnis dienen Bildung und Erziehung der Formung des Lebenslaufs. Im Erziehungssystem geht es um »das Personwerden von Menschen« (Luhmann 2002, 38) bzw. »um die Vorbereitung des Einzelmenschen auf sein späteres Leben, um seinen Lebenslauf‹« (a. a. O., 47).

Eine gerechte Schule und Chancengleichheit in der Bildung gelten als wichtige Merkmale einer demokratischen, sozial gerechten Gesellschaft. Zahlreiche Befunde vor allem aus der Bildungs- und Sozialforschung dokumentieren jedoch auch Gegenteiliges. »Deutsche Schulen sind seit Langem in der Kritik. Unter anderem weil sie ungerecht sind. Kinder von Akademikern machen wesentlich häufiger Abitur und studieren danach als Kinder aus den sogenannten bildungsfernen Schichten« (Die Zeit online). Brake und Büchner (2012) stellen das »erschreckend hohe Niveau an herkunftsbedingter Ungleichheit beim Zugang zu schulischer und außerschulischer Bildung« als das Hauptdefizit unsers Bildungssystems heraus (Brake/Büchner 2012, 19 f.). Diese Einschätzungen des deutschen Schulsystems sind exemplarisch und stellvertretend für unzählige weitere soziologische, systemtheoretische, erziehungswissenschaftliche, bildungspolitische sowie psychologische Diskurse und Befunde.

Vor allem aus bildungssoziologischer Perspektive wird dem Schulsystem in Deutschland immer wieder eine hohe soziale Selektivität nachgewiesen, d. h. der individuelle Schulerfolg ist primär von den Familien, von der sozialen Herkunft und erst nachrangig von der Schulform abhängig. Medial spiegelt sich dies im einem begrifflichen Spektrum von »Risikobiografien« (Spies/Tredop 2006), Hauptschülern als »Produkt gesellschaftlicher Verachtung« (Wellgraf 2012), von »Ausgeschlossenen« (Bude 2008), »zertifikatsarmen Jugendlichen« (Solga 2009) bis hin zu sogenannten »Risikogruppen, bzw. -schülern« (vgl. PISA 2012) wider. Die letztgenannte Gruppe umfasst die Schüler, die nicht über die Grundfähigkeiten im Lesen, in Mathematik und in den Naturwissenschaften verfügen und deshalb erwartungsgemäß massive Schwierigkeiten auf dem Ausbildungs- und Arbeitsmarkt haben (PISA-Konsortium 2004, 2007). Die ungleichheitsverstärkenden Effekte des Bildungswesens zeigen sich auch in den Analysen zu Schullaufbahnentscheidungen, die vor allem schichtenspezifische Differenzen in der Bildungsbeteiligung und im Leistungsvermögen belegen (vgl. Choi 2009; Ditton 2009).

Die soziale Herkunft erweist sich als zentrale Stellgröße für Bildungsbeteiligung. Trotz formaler Chancengleichheit beim Erwerb von Bildung haben bestimmte Personen/Gruppen deutlich geringere berufliche Chancen. Gerade für Schüler im Förderschwerpunkt »Lernen« und »sozial-emotionale Entwicklung«, aber auch für schulleistungsschwache Hauptschüler zeigen sich diese Risiken mangelnder Bildung besonders gravierend. Damit einher gehen mangelnde und/oder fehlende Ausbildung und Berufsperspektiven, aus denen wiederum die Gefahr von Armut und sozialer Isolation wächst. Die Abgänger all dieser genannten Bildungsgänge verlassen die Schule zum Großteil ohne einen Schulabschluss. Die Logik des Erziehungssystems geht davon aus, dass nur mit dem Erreichen eines Schulabschlusses Prognosen über die Kompetenz einer Person in nachfolgenden Systemen möglich sind. Schulen sind vorrangig auf standardisierte Abschlüsse fixiert. Ein guter Schulabschluss sichert vermeintlich eine reibungslose und erfolgreiche nachschulische Bildungslaufbahn. Ein fehlender Schulabschluss manifestiert und kommuniziert demgegenüber eine Nicht- bzw. Schwer-Vermittelbarkeit auf dem Ausbildungs- bzw. Arbeitsmarkt. An diesem Punkt droht die Logik der Bildungsstandards und die damit verbundene Vorstellung einer »Normalbiografie« (Schule – Ausbildung – Beruf) nicht mehr tragfähig zu sein. Immer längere Schulbesuchszeiten und ein späterer Eintritt in Ausbildung und Erwerbsleben führen wiederum zu einer »›Schulförmigkeit‹ des Bildungslebens« (Bojanowski 2012, 116). In derartigen Bildungsbiografien entwickelt sich oft die Einsicht, dass »Schule […] nicht das Leben« ist (a. a. O.). Die Prognostik auf der Basis der Bildungsstandards muss zumindest für die Gruppe der sogenannten Bildungsverlierer bzw. Risikoschüler kritisch hinterfragt werden. Immer wieder bestätigt sich, dass der Hauptschulabschluss weder ein fundiertes, hinreichend valides Kriterium für die Feststellung der Ausbildungsreife, noch prognostisch valide für eine gelungene berufliche Teilhabe ist. Schulen »sollten sich doch eigentlich für die Anschlüsse interessieren, die ihre Absolventen zuwege bringen müssen (...)« (Herrmann 2003, 629) bzw. sollten sich »systematisch als Individuation- und Sozialisationsinstanz reflektieren« (Bojanowski 2012, 129). So wünschen sich die Unternehmen u. a., über die Schulzeugnisse hinaus, besser über die Stärken und Schwächen der Schüler informiert zu werden (Gentner/Meier 2012, 63). Besonders für diese Jugendlichen sind Bildungsangebote zu modellieren, die auch jenseits der Bildungsstandards anschlussfähig für die Teilhabe an Ausbildung- und Arbeitsmarktangeboten sind.

Die konsequente Umsetzung der UN-Konvention (2009) i.S. eines »allgemeinen Grundsatzes der Teilhabe und der Inklusion wird sich verstärkt mit pluralen, nichtstandardisierten Bildungsbiografien, mit nicht mehr institutionalisierten Sonderlebensläufen« (Lindmeier 2014, 93) auseinandersetzen müssen.

Die bisherigen Ausführungen verweisen darauf, dass Kinder und Jugendliche sowie deren Familien aus sozial benachteiligten Bevölkerungsschichten eine Gruppe sind, denen mehr Beachtung als bislang geschenkt werden muss.

Dass dieser Auftrag in der Erziehungswissenschaft respektive der Sonderpädagogik zu verorten ist, zeigt sich u. a. in dem Positionspapier zur Realisierung inklusiver Erziehungs- und Bildungsangebote des Arbeitskreises Förderschwerpunkt Lernen (2012). Hier wird u. a. gefordert, »Anwaltschaft für arme und sozial benachteiligte Kinder, Jugendliche und Erwachsene« zu übernehmen (Bleher 2013, 106). In diesem Zusammenhang wird vor allem auf die Notwendigkeit verweisen, milieusensible, lebenslagen- und kulturspezifische und sozialraumbezogene Bildungsangebote zu installieren (vgl. Bauer et al. 2006; Bindl et al. 2011; Bleher 2013; Hiller/Stein 2008; Müller 2005; Schroeder 2012, 2015; Werner 2011a; Ellinger 2013a).

Auch Lindmeier und Lindmeier (2012) verwiesen auf der Basis des Klassifikationssystems der ICF auf die erziehungswissenschaftliche Vorortung der Benachteiligung in die Sonderpädagogik.

Schroeder (2015) verortet ebenfalls diesen Auftrag nachdrücklich in den Verantwortungsbereich einer Pädagogik bei Beeinträchtigungen des Lernens. Diese »reflektiert kritisch an historischen und kulturvergleichenden Beispielen die besondere Funktion, Bedeutung und Aufgaben, die den Bildungsinstitutionen im gesellschaftlichen Einstellungswandel zum Lernen zukommt« (Schroeder 2015, 28). Der zentrale Gegenstand dieser besonderen pädagogischen Handlungsfelder ist die Begleitung und Unterstützung von Kindern, Jugendlichen und Erwachsenen in prekären Lebenslagen. Der Verantwortungsbereich geht weit über eine rein schulische Bildung hinaus, greift Fragen des Lernens in allen Lebensphasen und an allen Lernorten auf und verknüpft unterschiedliche erziehungswissenschaftliche Disziplinen wie Sonder-, Sozial-, Berufs- und Erwachsenenpädagogik (vgl. Bojanowski 2013; Schroeder 2015; Ellinger 2013b; Bildungsbericht 2012; Konietzka 2012; IAB 2013; Severing 2013).

Bislang fehlen konzeptionelle Aussagen zur Berücksichtigung von Lernwegen jenseits von Bildungsstandards sowie der Etablierung notwendiger Bildungsangebote auch außerhalb der curricularen Vorgaben.

Aus der Sicht der Sonder- bzw. Benachteiligtenpädagogik, speziell aus der Perspektive des Förderschwerpunktes Lernen – dies sind rund 3 % aller Schulpflichtigen bzw. 43 % aller Schüler mit sonderpädagogischem Förderbedarf – wäre folgendes zu berücksichtigen: Die betroffenen Kinder und Jugendlichen stammen zu rund 90 % aus Lebenswelten, die durch Armut, Arbeitslosigkeit, Gewalt-, Deliquenzerfahrungen, Diskriminierung, durch gesellschaftlicher Ausschlusserfahrungen und soziale Randständigkeit gekennzeichnet sind. Es sind hier eben nicht personenbezogene, medizinisch-psychologisch diagnostizierbare Personenmerkmale, die eine Barriere an gesellschaftlicher Teilhabe darstellen. Den Kern dieser Behinderungen/Benachteiligungen stellen die Situationen dar, in denen kulturspezifische, eng gekoppelt an (schrift-)sprachliche und mathematische Anforderungen und Standards, Barrieren für erfolgreiche Teilhabe bilden.

Um auf gesellschaftliche Teilhabe vorzubereiten, muss sich Schule genau mit Strukturen gesellschaftlicher Kommunikation über die Ebenen sozialer Systeme wie Gesellschaft – Organisation – Interaktion (vgl. Luhmann 1984) auseinandersetzen und Schüler dazu befähigen, diese Angebote für sich selbst wahrzunehmen, kritisch zu bewerten, auszuwählen und zu nutzen.

Erfolgreiche Bildung in diesem Sinne drückt sich – besonders bei Menschen mit Behinderungen und/oder Benachteiligungen – vor allem in Teilhabe an Ausbildungs- und Arbeitsmarktangeboten aus. Teilhabemöglichkeiten an Bildungsangeboten in diesem zentralen gesellschaftlichen Sektor sind wesentliche Gelingensfaktoren dafür. Ein teilhabeorientiertes Bildungsangebot orientiert sich an einem funktionalen Verständnis von Bildung und stellt die Passung zwischen individuellen Kompetenzen und den jeweils sozial-lebensweltlich und arbeitsweltbezogenen Anforderungen in den Vordergrund.

Die nachfolgenden Überlegungen skizzieren bildungstheoretische sowie fachdidaktische und methodische Ansätze zur Sicherung gesellschaftlicher, schwerpunktmäßig beruflicher Teilhabe.

2

Bildung bei herkunftsbedingter Benachteiligung

2.1 Benachteiligung als bildungstheoretisch relevante Differenzkategorie

In diesem Band wird der Begriff Benachteiligung in Abgrenzung zu *Behinderung* bzw. *sonderpädagogischer Förderbedarf* favorisiert. Er ist zwar genuin kein (sonder-)pädagogischer bzw. erziehungswissenschaftlicher Begriff, findet aber wegen seiner erkenntnis- und handlungstheoretischen Relevanz (Lindmeier/Lindmeier 2012) Anwendung. Er ist anschlussfähig an Berufs- und Wirtschaftspädagogik; ebenso ist er in der Sozialpädagogik und auch in der öffentlichrechtlichen Debatte fest verankert (a.a.O.). Die Schnittmenge zwischen soziologischer, sozialwissenschaftlicher, berufs- und sonderpädagogischer Herangehensweise besteht vor allem in der Prämisse, Behinderungen bzw. Benachteiligungen als soziale Phänomene in jeweils konkreten sozialen Situationen zu betrachten. Damit werden lineare, monokausale Denkmuster vermieden und intersektionale Denk-, Begründungs- und Handlungsmuster möglich. Diese erfassen neben rein personenbezogenen Faktoren Differenzkategorien wie Milieu, Gender, Ethnizität u. a. in ihren Dependenzen. Nicht die personenbezogenen (meist als defizitär beschriebenen) Merkmale, sondern systembedingte, strukturelle Momente werden als Einfluss- bzw. Risikofaktoren in den Blick genommen, um Ungleichheiten bzw. Teilhabebarrieren zu identifizieren.

Soziale Ungleichheit als zentrales Phänomen der Sozialstruktur umschreibt den ungleichen Zugang zu Gütern, die von der Gesellschaft als wertvoll gelten (vgl. Hradil 2001). Bestimmten sozialen Gruppen stehen gesellschaftlich wertvolle Ressourcen z. B. Bildung, Kultur, aber auch Einfluss, Wohlstand, Ansehen, Gesundheit, Sicherheit/sichere Anstellung, Autonomie, gesunde Umwelt nur eingeschränkt zur Verfügung. Diese Ungleichheiten werden zu Benachteiligungen, wenn diese in Wechselwirkungen mit der Lebenswelt der Betroffenen zu einem hohen Risiko für gesellschaftliche Teilhabe werden.

> »Unter Bezugnahme auf den universellen Zugang zu distributiven Gütern und Lebenschancen in der Gesellschaft definiert sich m. E. soziale Benachteiligung als ›intendierte Differenz‹ zwischen einem realisierten und einem angestrebten Lebensarrangement« (Menzel 2009, 145).

Gerade bei Abgängern ohne Schulabschluss bzw. Absolventen niedrigerer Bildungsgänge ist eine intersektionale Sichtweise hilfreich, denn in den wenigsten Fällen lassen sich monokausale, eindeutige Ursachen ausmachen, die unzureichende schulische Lernerfolge erklären. Analog zu einem multifaktoriellen Verständnis von Behinderungen müssen hierbei die Effekte der Überschneidung unterschiedlicher sozialer Kategorien und damit einhergehend der sozialen

Positionierungen berücksichtigt werden (vgl. Budde/Hummerich 2015). Dies setzt voraus, dass in die Gestaltung förderlicher Lernsettings Domänen wie Didaktik, Pädagogik, Psychologie, Soziologie usw. als interdisziplinäre Sicht- und Handlungsweisen einfließen.

Innerhalb der bildungssoziologischen Betrachtungen wird vor allem die Bildungsbeteiligung thematisiert, die primär die Art, den Umfang und die Dauer der formalen Bildung erfasst. Soziale Disparitäten der Bildungsbeteiligung beziehen sich weitgehend auf herkunftsbedingte Ursachen sozialer Unterschiede, besonders ökonomische, soziale und kulturelle Ressourcen (Becker 2011, 89). Ist der Zugang dazu bzw. eine Teilhabe daran erschwert und der persönliche Lernerfolg verhindert, stellt dies eine Bildungsbenachteiligung dar, die im Ergebnis als »Bildungs- bzw. Zertifikatsarmut« (Solga 2011, 415) charakterisiert werden muss. Bildungsbenachteiligung beschreibt das Phänomen, dass Gruppen von Kindern, Jugendlichen oder Erwachsenen im Bildungssystem trotz formaler Chancengleichheit systematisch weniger Möglichkeiten haben, ein Bildungsziel zu erreichen als andere. Entscheidend dafür sind statistisch belegbare Nachteile dieser Gruppen beim Erreichen von Bildungszielen. Quenzel und Hurrelmann (2010) sprechen von »Bildungsverlierern« und charakterisieren damit Personen, die »ihre Fähigkeiten nicht in Bildungstiteln und/oder Bildungstitel nicht in qualifikationsadäquate berufliche Positionen bzw. entsprechende Status- und Einkommenschancen umsetzen können« (Quenzel/Hurrelmann 2010, 12).

Bildungs- bzw. Zertifikatsarmut charakterisiert dabei ein Bildungsniveau, das – gemessen an Zertifikaten bzw. Abschlüssen – in der Gesellschaft »unzureichend für eine gleichberechtigte Teilhabe am Arbeitsmarkt und am gesellschaftlichen Leben ist« (Solga 2011, 415). In dieser Sichtweise stellt der Hauptschulabschuss ein »absolutes Minimum an Bildung« dar, d. h. Jugendliche ohne eine abgeschlossene Schul- und Berufsausbildung gelten in Deutschland als relativ bildungsarm (vgl. a. a. O.).

Mit den Ergebnissen der vergleichenden Schulleistungsstudien PISA wurde dieses Thema auch in der bildungspolitischen und erziehungswissenschaftlichen Diskussion sichtbar. Der nachgewiesene, enge Zusammenhang zwischen sozialer Herkunft und Schulleistung in Deutschland verschob die tradierten Vorstellungen um Bedingungs- bzw. Einflussfaktoren für schulische Leistungen und lenkte Aufmerksamkeit auf soziologische Aspekte. Nicht zuletzt der Bildungsbericht (2014) bestätigte, dass Sozialisationsfaktoren wie Armut, Erwerbslosigkeit und Bildungsferne entscheidend für Schulleistungserfolg sind. Schüler schneiden tendenziell schlechter ab, wenn ihre Eltern niedrigen Sozialschichten angehören, sie stammen eher aus bildungsfernen Elternhäusern und zeigen zunehmend schlechte Leistungen, wenn ihre Eltern bzw. Bezugsperson(en) nicht in Deutschland geboren wurden (vgl. Bildungsbericht 2014). Trotz leichter Verbesserung bleibt weiterhin eine starke soziale Ungleichheit bei der Bildungsbeteiligung bestehen: Kinder aus bildungsnahen Elternhäusern und Kinder ohne Migrationshintergrund machen vor der Einschulung nicht nur vielfältigere und frühere Erfahrungen nichtelterlicher Betreuung in Spielgruppen, Kindertagespflege oder Kindertageseinrichtungen, sondern werden auch in der Familie stärker gefördert. Schüler mit einem niedrigen soziökonomischen Status besuchen weiterhin erheblich seltener das Gymnasium als diejenigen mit hohem soziökonomischen Status (vgl. Bildungsbericht 2014; PISA 2012).

Die Ergebnisse der PISA-Studie (2012) dokumentieren zwar eine »deutliche« Abschwächung der Abhängigkeit des Bildungserfolgs deutscher Schüler von der sozialen Herkunft und verweisen dennoch auf den Zusammenhang bei Jugendlichen mit Migrationshintergrund, deren »sozioökonomische Situation im Mittel ungünstiger ist als die von Familien ohne Zuwanderungsgeschichte« (PISA 2012, 10).

Die bildungspolitischen Bemühungen um diese Problemfelder konzentrieren sich in den vergangenen Jahren vorrangig auf eine (frühe) Sprachförderung. Eine umfassende, flächendeckende Problematisierung ungünstiger, prekärer Sozialisationsbedingungen, z. B. bei Armut oder Benachteiligung, ist nicht zu beobachten (vgl. Schroeder 2012).

Besonders an der bildungsbiografisch relevanten und sensiblen Schwelle zwischen Schule und Ausbildung droht die Ungleichheit aufgrund der Bildungs- respektive Zertifikatsarmut zur Benachteiligung zu werden. Diese Jugendlichen haben nur eingeschränkten

Zugang zu bestimmten Ausbildungs- und Beschäftigungsmöglichkeiten. Gerade Jugendliche mit Förderschul-, Hauptschul- oder ohne Schulabschluss, müssen – trotz ihrer nicht vorhandenen oder nur geringfügig qualifizierenden Bildungszertifikate – eine berufliche Perspektive entwickeln. So beendeten im Schuljahr 2013 rund 50.000 Schüler (d. h. 5,6 % eines Jahrgangs) ihre Schullaufbahn ohne einen Hauptschulabschluss (vgl. Caritas 2015). Ohne Schulabschluss aber gelten diese Jugendlichen formal als nicht vermittelbar, ihre Aussichten auf einen Arbeits- oder Ausbildungsplatz sind äußerst gering. Für ihre Integration in den Ausbildungs- und Arbeitsmarkt sind vielfach besondere Maßnahmen erforderlich, die für die Jugendlichen häufig in sogenannten »Maßnahmenkarrieren« münden. Diese sollen zwar den Weg in die so genannte Normalbiografie ebnen, erhöhen aber paradoxerweise das Risiko des Scheiterns bzw. der Ausgrenzung (Basendowski 2013; Gentner/Meier 2012; IAB 2013; Konietzka 2012; PISA 2012; Schroeder 2013b; Schroeder/Thielen 2011).

Die berufliche Perspektive dieser Jugendlichen besteht häufig nur in der Variante, in das Übergangssystem zu wechseln. Gerade Absolventen von Förder- und Hauptschulen sind die Gruppe mit der höchsten Übergangsquote in Maßnahmen der Berufsbildung bzw. Ausbildungsförderung unterschiedlichster Bildungsträger. Für diese Jugendlichen beginnt der Start in den Beruf, oft nach deutlichen schulischen Misserfolgen, erneut mit dem Besuch einer schulischen oder außerschulischen Maßnahme, so dass ihre Handlungsmöglichkeiten zur Berufsfindung stark eingeschränkt sind (vgl. Dombrowski 2015). Dies wiederum erhöht das Risiko, auch als Erwachsene von Bildungsarmut i.S. von Zertifikatsarmut betroffen zu sein. Dieser Begriff erfasst diejenigen Personen, die ohne oder nur mit einem niedrigen Schulabschluss auf dem Ausbildungsmarkt die geringsten Chancen sowie das höchste Risiko der Ausbildungs- und Arbeitslosigkeit haben und eine höhere Wahrscheinlichkeit aufweisen, auf Einfacharbeitsplätzen zu arbeiten.

> »Jugendliche, die Förderschulen und Hauptschulen besuchen und daran anschließend zu einem erheblichen Teil auf die Maßnahmen des sogenannten

> Übergangssystems angewiesen sind, werden in der neueren Jugend- und Bildungsforschung – und dies mit guten Gründen – als Bildungsverlierer betrachtet« (Scherr 2012, 63).

Diese Entwicklung setzt sich auch nach Beendigung der schulischen bzw. beruflichen Bildungsmaßnahmen fort. Oft gelingt es diesen Jugendlichen nicht, einen berufsqualifizierenden Abschluss zu erreichen. Da der endgültig erreichte Bildungsstand frühestens in der dritten Lebensdekade beobachtbar ist, werden in einem Gutachten des Institutes der Wirtschaftsprüfer (IDW) schwerpunktmäßig Personen im Alter zwischen 20 und 29 Jahren betrachtet, die über keinen berufsqualifizierenden Abschluss verfügen und sich nicht mehr in Ausbildung befinden. Im Jahr 2012 traf dies auf 1,3 Millionen Personen in Deutschland zu. Das entspricht einem Anteil von 13,2 % (Esselmann/Geis 2014, 4).

Die aktuelle, 17. Shell Jugendstudie (Shell 2015) dokumentiert bei 61 % der Jugendlichen eine generell optimistische Einschätzung hinsichtlich ihrer eigenen Zukunft. Andererseits ist erkennbar, dass junge Menschen gerade aus der niedrigeren sozialen Schicht deutlich weniger zuversichtlich sind. Hier liegt der Anteil bei lediglich 46 % (a. a. O., 16). Insbesondere junge Menschen aus der unteren Schicht, die keinen Bildungsaufstieg in Aussicht haben, sind sich ihrer geringeren Chancen durchaus bewusst. Die Hälfte dieser Jugendlichen, die bereits die Schule verlassen haben, müssen zudem auf die Erfahrung zurückblicken, dass sie aufgrund des fehlenden Schulabschlusses nicht ihren Wunschberuf ergreifen konnten (a. a. O., 16).

Auch die Sinus-Jugendstudien (Calmbach 2012/2016) weisen nach, dass die meisten Jugendlichen in schwierigen Verhältnissen darum wissen, dass sozialer Aufstieg eng an Bildungserfolge gekoppelt ist und dass man ohne entsprechenden Schulabschluss und Ausbildung kaum eine Chance auf die Verwirklichung des Traumberufs hat. Diese »um Orientierung und Teilhabe bemühten Jugendlichen mit schwierigen Startvoraussetzungen und Durchbeißermentalität« haben, häufig biografisch bedingt, die schwierigsten Startvoraussetzungen (Calmbach 2016, 75).

Eine Bildungsbenachteiligung aus kultursoziologischer Perspektive besteht, wenn »die lebensweltlichen Kontexte, in denen Kinder und Jugendliche aufwachsen und in denen sie bestehen müssen« trotz der zahllosen Bildungs- und Unterstützungssysteme nur wenig Berücksichtigung finden (Schroeder 2013b, 44). Benachteiligungen entstehen an den »Nahtstellen, an denen die Lebenswelten von Jugendlichen mit gesellschaftlichen Institutionen treffen« (a. a. O., 44). Dieses Aufwachsen in benachteiligenden Situationen beinhaltet das biografische Risiko der gesellschaftlichen Ausgrenzung auf drei gesellschaftlich relevanten Ebenen:

- Marktbenachteiligung: Die betroffenen Jugendlichen werden durch eine unzureichende schulische Vorbereitung auf die Arbeitswelt benachteiligt.
- Soziale Benachteiligung: Die betroffenen Jugendlichen sind und werden durch fehlende lebenslagenspezifische Bildungskonzepte in ihren sozialen Teilhabechancen benachteiligt.
- Rechtsbenachteiligung: gesetzliche Ausschlüsse oder erschwerte Zugänge zum allgemeinen oder beruflichen Bildungswesen, so dass die betroffenen Jugendlichen und jungen Erwachsenen benachteiligt werden (Schroeder 2013b, 46).

Bemerkenswert ist in diesem Zusammenhang, dass eine ähnlich gelagerte Debatte seit mehr als 30 Jahren in der Berufsbildung bzw. Berufseingliederung geführt wird. Dieser Diskurs wurde ebenso lange kaum von der Allgemeinen Pädagogik wahrgenommen. Die jeweiligen systemgebundenen Handlungsstrukturen stellen für einen friktionsfreien Übergang von einer Institution in die nächste (Schule – Berufsschule) ein erhebliches Risiko dar. Die Wirksamkeit der Institution selbst ist vorrangig systembezogen und -relevant, d. h. Anschlussmöglichkeiten werden eher weniger in den Blick genommen. Die starke Zertifikatsorientierung mündet häufig in eine Fokussierung auf eine Abschluss-, weniger auf eine Anschlussorientierung. Schule und Ausbildungssystem sollen zwar eine naht- bzw. reibungslose Bildungsbiografie sichern. Gerade aber bei Jugendlichen aus benachteiligenden Verhältnissen führt dies häufig zu Widersprüchen bzw. produziert »spannungsreiche Dynamiken« (Ahmed et al. 2013,

7). Um diese Diskrepanzen auszugleichen, wurden seit den 1980er Jahren öffentlich finanzierte Angebote für Personengruppen initiiert, die nur bedingt Chancen auf dem regulären Ausbildungs- und Arbeitsmarkt hatten und haben und deswegen besonderer Förderung bedürfen. Dies betraf vor allem:

- Jugendliche mit sozialen oder Lernschwierigkeiten,
- Jugendliche ohne Schulabschluss,
- jugendliche Migrantinnen und Migranten,
- behinderte Jugendliche und
- Schulabbrecher (Eckert 2006, 19).

Seit dieser Zeit ist ein begrifflicher Wandel zu beobachten: Die Formulierung »Benachteiligte« ersetzt seit den 1990er Jahren die Bezeichnung »Un- oder Angelernte« und »Jungarbeiter« oder auch »Randgruppen«. Ab 2002 fand der Begriff »besonderer Förderbedarf« mit der Unterscheidung verschiedener Risikogruppen Eingang in die Diskussion. Seit 2011 ist auch ein Einfluss des Diversity-Diskurses beobachtbar (Steuber et al. 2013, 106 f.). Wenngleich mit diesem Begriffswandel sich das Dilemma nicht auflösen lässt, verweist dieser doch auf die vielschichtigen Zusammenhänge und Einflussfaktoren in der Arbeit mit dieser Zielgruppe.

Die im Lauf der 1980er/1990er Jahre entstandene und kaum überschaubare Vielzahl der Sonderprogramme von Bund, Ländern und der EU trugen mit zur Entstehung einer eigenen Benachteiligtenförderung bei. Neben der dualen und vollzeitschulischen Ausbildung hat sich ein dritter Sektor innerhalb des beruflichen Bildungssystems, das sogenannte Übergangssystem, etabliert. Es soll gerade benachteiligten Jugendlichen den Übergang in eine berufsqualifizierende Ausbildung ermöglichen (vgl. Bylinski/Rützel 2011). So galten Maßnahmen wie die Berufsvorbereitung (berufsvorbereitende Bildungsmaßnahme – BvB), außerbetriebliche Ausbildung (Berufsausbildung in außerbetrieblichen Einrichtungen – BaE) und die ausbildungsbegleitenden Hilfen (abH) zunächst als »Versatzstücke eines insgesamt funktionsfähigen Berufsbildungssystems« (a. a. O.). Sie zielten auf berufliche Qualifizierung der »Benachteiligten«, die aufgrund persönlicher Entwicklungsdefizite vom Regelsystem nicht in hinreichender Zahl aufgenommen werden konnten. Diese Defizite systematisch auszugleichen und möglichst vielen Jugendlichen die Chance eines Ausbildungsabschlusses zu eröffnen, war das selbstverständliche Ziel des Fördersystems (Eckert 2006, 19). Auch die Shell-Studie 2006 belegte, dass »eine angewachsene Gruppe von Jugendlichen (...) heute einfach nicht berufsreif« ist und »nicht über die Qualifikationen und Wertorientierungen, die für den Eintritt in heutige Beschäftigungsanforderungen Standard sind«, verfügt (Hurrelmann 2006, 13). Sie benötigen »eine aktive Unterstützung und Beratung« und haben ein »niedriges Niveau von Leistungsfähigkeit und schulischer Abschlusskompetenz. (...) Die Schreib- und Rechentechniken sind gering, ebenso die kulturellen, wirtschaftlichen, naturwissenschaftlichen und politischen Kenntnisse; (...) auch im sozialen und persönlichen Bereich sind diese Jugendlichen weit zurück« (Hurrelmann 2006, 9).

Dieses Übergangssystem – 2006 vom Bundesministerium für Bildung und Forschung (BMBF) initiiert – umfasst alle Maßnahmen beruflicher Ausbildungsangebote, die unterhalb einer qualifizierten Berufsausbildung liegen bzw. zu keinem anerkannten Ausbildungsabschluss führen, sondern auf eine Verbesserung der individuellen Kompetenzen von Jugendlichen zur Aufnahme einer Ausbildung oder Beschäftigung zielen und z. T. das Nachholen eines allgemein bildenden Schulabschlusses ermöglichen (vgl. Bildungsbericht 2006). Es nimmt derzeit ca. 30 % eines Jahrgangs auf. Zwar wird bis 2015 ein Rückgang auf 230.000 Teilnehmer erwartet, gleichzeitig aber auch angenommen, dass innerhalb dieser Gruppe die Zahl der Jugendlichen mit Förderbedarf zunehmen wird (Buchmann/Bylinski 2013, 157).

Die Anforderungen auf dem heutigen Arbeitsmarkt sind einem stetigen Wandel unterworfen. Seit den 1990er Jahren lässt sich ein erhöhter Stellenabbau in sämtlichen Wirtschaftssektoren, besonders jedoch in der Industrie, aber auch im Dienstleistungsbereich, verzeichnet. Davon sind wiederum die sogenannte Einfacharbeitsplätze betroffen, d. h. diejenigen, die keine formale Qualifizierung erfordern.

Für nicht- bzw. geringqualifizierte Jugendliche erweist sich diese Entwicklung als besonders dramatisch, da ihnen die erfolgreiche Integration auf dem Arbeitsmarkt immer schwieriger gelingen wird (vgl. Badel /Nierhaus 2009).

Spätestens seit 2006 ist der Begriff *Benachteiligung* eine zentrale Kategorie in der Berufsbildung. Der Begriff *Benachteiligung* schließt neben einer individuellen Beeinträchtigung vor allem eine soziale Benachteiligung mit ein (vgl. BIBB 2007). Die Betroffenen gelten als sozial benachteiligt, wenn ihre Lebenschancen erheblich eingeschränkt werden, weil sie einer bestimmten Gruppe angehören. Zu sozialen Benachteiligungen zählen solche durch die soziale Herkunft, die ökonomische Situation, familiäre Bedingungen, Bildungsferne, darüber hinaus durch das Geschlecht, die ethnische oder kulturelle Herkunft (a. a. O.). Die Gründe, aus denen Benachteiligungen erwachsen, sind vielfältig. So können Menschen aufgrund ihrer sozialen oder regionalen Herkunft, der ethnischen Zugehörigkeit, religiöser oder politischer Anschauungen, wegen ihres Bildungsgrades, der Geschlechtszugehörigkeit, ihrer sexuellen Neigungen, ihres Alters, der Familienform sowie einer physischen, psychischen oder kognitiven Beeinträchtigung benachteiligt und damit einem besonderen Risiko der Diskriminierung und Ausgrenzung ausgesetzt sein (DJI). Von einer sozialen Benachteiligung geht man in der Regel dann aus, wenn die altersmäßige gesellschaftliche Integration nicht wenigstens durchschnittlich gelungen erscheint (a. a. O.).

Für das Bundesinstitut für Berufsbildung (BIBB) als Kompetenzzentrum zur Erforschung und Weiterentwicklung der beruflichen Aus- und Weiterbildung in Deutschland gelten als *benachteiligt* junge Menschen mit individuellem Förderbedarf, die ohne besondere Hilfen keinen Zugang zu Ausbildung und Arbeit finden und ihre soziale, berufliche und persönliche Integration in die Gesellschaft nicht allein bewältigen können. Benachteiligt sind unter diesen Aspekten insbesondere folgende Gruppen:

- noch nicht ausbildungsreife Jugendliche,
- junge Menschen mit fehlender Berufseignung,

- junge Menschen mit Lernbeeinträchtigung,
- Un- und Angelernte,
- sozial Benachteiligte,
- Jugendliche, denen die Aufnahme oder der Abschluss einer Ausbildung nicht gelungen ist und deren Ausbildungs- und Arbeitsmarktchancen durch die weitere Förderung ihrer beruflichen Handlungsfähigkeit erhöht werden sollen,
- Jugendliche mit Migrationshintergrund sowie
- Gruppen mit möglicherweise mehrfacher Benachteiligung, z. B. bei Kombination mehrerer Aspekte (Junge et al. 2011, 10; BIBB 2007, 2).

Der in den PISA-Studien wiederholt bestätigte Zusammenhang zwischen sozialer Herkunft und Schulleistungen, d. h. soziale Selektionsprozesse nach schulischer Vorbildung, Geschlecht, Staatsangehörigkeit und regionaler Zugehörigkeit ist auch für diesen sogenannten Übergangsektor nachzuweisen (Kreher/Lempp 2013, 695).

Dass die klare Unterscheidung zwischen Behinderung und Benachteiligung nicht immer möglich und sinnvoll ist, wird vor allem in der sonderpädagogischen Debatte um den sonderpädagogischen *Förderschwerpunkt Lernen* deutlich. Exemplarisch (und dennoch generalisierend) wird dies an der Deskription des Konstruktes »Lernbehinderung« von Weiß (2010) illustriert:

> »Lernbehinderung ist also kein statisches Wesensmerkmal eines Kindes oder Jugendlichen, sondern sie entwickelt sich – unter bestimmten Belastungen – in einem dynamischen Prozess, der seine Lebens- und Lerngeschichte prägt« (Weiß 2010, o. S.).

Als Einfluss- bzw. Risikofaktoren werden entwicklungs- und lernerschwerende biologische Faktoren, herkunftsbedingte Benachteiligungen sowie ungünstige schulische Lehr-/Lernbedingungen benannt.

Gerade der Faktor der herkunftsbedingten Benachteiligung lässt sich bei bis zu 80–90 % der Schüler nachweisen. Deren häuslichen Lebens-, Entwicklungs- und Lernbedingungen sind häufig durch eine Kombination mehrerer Merkmale gekennzeichnet wie:

- niedriger Bildungs- und Erwerbsstatus der Eltern und daher nicht selten unsichere und auf Dauer knappe finanzielle Mittel (auch aufgrund öfters auftretender Arbeitslosigkeit),
- kleinere und schlechter ausgestattete Wohnungen, oft in benachteiligten Wohnvierteln,
- mehr Geschwister und wenig eigen verfügbarer Wohnraum zum Lernen, Ausruhen, Sich-Zurückziehen,
- unzureichende Befriedigung grundlegender kindlicher Bedürfnisse (Sicherheit, Geborgenheit, Pflege und Ernährung, Bewegung, Spiel und sonstige Aktivitäten etc.),
- eine Erziehungspraxis, die wenig Ermutigung und Anregungen zum Lernen in der Schule und in einer hochkomplizierten Zivilisation bietet (z. B. weil die Eltern selbst mit Problemen der Daseinsfürsorge erheblich belastet sind oder auch an ihren negativen schulischen Erfahrungen zu tragen haben),
- Hineinwachsen in eine Sprach- und Kulturform, »die von der in der Schule praktizierten und geforderten deutlich abweicht« (Weiß 2010).

Diese »Zielgruppendiffusität« bestätigt sich auch immer wieder in berufspädagogischen Kontexten (vgl. Buchmann/Bylinski 2013, 153; Bojanowski 2012; Niehaus/Kaul 2012; Thielen 2007). Die schulartbezogene Kategorie *Lernbehinderung* bzw. *sonderpädagogischer Förderbedarf* löst sich nach Ende der Schulpflicht auf. Daher wird – wie erwähnt – auch in der Berufspädagogik allgemein von Benachteiligung gesprochen (vgl. Bojanowski 2013). Lernbeeinträchtigungen in diesem Feld umfassen folgende Problematiken:

- allgemeine Lernprobleme, z. B. durch Nichtbeschulung, Krankheit usw.,
- Schüler mit Teilleistungsstörungen LRS/Dyskalkulie, d. h. mit Problemen im grundlegenden Umgang mit Kulturtechniken oft einhergehend mit eingeschränktem Lernvermögen (z. B. verlangsamte Lernprozesse, Lernmotivation, eingeschränktes Vorwissen,

geringe metakognitive Strategie; Lernbehinderung als umfassende Störung des Lernens),
- Verhaltensauffälligkeiten, Schüler mit Risikoverhalten (meist ohne kognitive Beeinträchtigungen),
- Schulverweigerer bzw. -abbrecher,
- Jugendliche mit Behinderungen (Steuber et al. 2013).

Das Bundesinstitut für Berufsbildung (BIBB) definiert Lernbeeinträchtigung wie folgt:

> »Während unter einer Lernstörung eine Beeinträchtigung der Lehr-/Lernprozesse in einem enger begrenzten Bereich verstanden wird (z. B. eine Lese-Rechtschreibschwäche), liegt bei einer Lernbehinderung eine umfängliche, langdauernde und schwerwiegende Beeinträchtigung des Lehr-/Lerngeschehens vor. Nach der gesetzlichen Definition des SGB III sind lernbeeinträchtigte Personen in ihrem Lernen umfänglich und lang andauernd beeinträchtigt und weisen deutlich von der Altersnorm abweichende Leistungs- und Verhaltensformen auf, wodurch ihre berufliche Integration wesentlich und auf Dauer erschwert wird. Als lernbeeinträchtigt gelten vor allem Hauptschulabgänger ohne Abschluss und Abgänger aus Schulen für Lernbehinderte« (BIBB online).

Zusammenfassend muss konstatiert werden, dass sich bei Jugendlichen Benachteiligungen vor allem negativ auf die bildungsbiografische Übergangsproblematik Schule – Beruf – Arbeit –Erwachsenenleben auswirken. Bojanowski et al. (2013) mahnen an, dass 15–20 % der Jugendlichen eines Altersjahrgangs durch Ausgrenzung oder Lebensprobleme bedroht sind und »dass sie als Probleme einer modernen Gesellschaft kaum wahrgenommen« werden (Bojanowski et al. 2013, 10). Viele Heranwachsende bewegen sich dauerhaft in kritischen Lebenssituationen, weil bei ihnen verschiedene Risikolagen (bildungsfernes Elternhaus, Erwerbslosigkeit der Eltern, das Familieneinkommen an oder unterhalb der Armutsgrenze, schlechte Aussichten auf einen Schul- oder Ausbildungsabschluss) gleichzeitig vorliegen (vgl. Calmbach et al. 2012/2016).

Lebensgeschichten von ehemaligen Förderschülern aber auch Hauptschülern dokumentieren immer wieder ihre negativen Lernerlebnisse, ihre Mobbingerfahrungen, das erlebte Desinteresse von Lehrkräften sowie vielfältige Praktiken sozialer Abwertung und Ausgrenzung. Gleichzeitig aber lassen sich auch beeindruckende kritisch-distanzierte und differenzierte Kompetenzen in der Lebensbewältigung selbst unter prekären Lebensbedingungen erkennen (vgl. Bernhardt 2010; Holaschke 2015; Hofmann-Lun 2011; Orthmann Bless 2006; Reese 2011; Wellgraf 2012).

In einer kleinen, nicht repräsentativen Studie wurden Jugendliche ohne Schulabschluss (Abgänger von Förderschulen mit dem Förderschwerpunkt Lernen) in Anlehnung an die Shell-Studie (2015) zu ihren Zukunftsperspektiven befragt (vgl. Hoffmann 2015). Grundsätzlich nehmen Arbeit und Ausbildung einen sehr hohen Stellenwert für die Jugendlichen ein und werden als zentraler Lebensinhalt beschrieben. Sie schätzen ihre Chance, den eigentlichen Wunschberuf zu erreichen, vor allem aufgrund der Zertifikatsarmut als sehr gering ein. Prototypisch ist folgende Aussage einer 18-jährigen jungen Frau, die nach der Förderschule in einer berufsvorbereitenden Maßnahme den Hauptschulabschluss nachholte und sich zum Zeitpunkt der Befragung in der Ausbildung zur Fachpraktikerin Hauswirtschaft befand.

> »*Ja. Jetzt bin ich Fachpraktika Hauswirtschaft, eigentlich wollt ich des net machen [...], ich wollt zur Hebamme, aber da hätt man dann auch wieder son Realabschluss oder irgendwie sowas gebraucht und des hätt ich nit gepackt, deswegen hab ichs halt gelassen*« (a. a. O., 55)

Trotzdem sind die Jugendlichen grundsätzlich mit ihrer aktuellen Ausbildung und Situation zufrieden. Auch eine gering qualifizierende Ausbildung ist ihrer Meinung nach besser als keine Ausbildung. Ambivalent wird die Wertigkeit des Hauptschulabschlusses selbst eingeschätzt: einerseits ist den Jugendlichen bewusst, dass dieser den Zugang zu unterschiedlichen, wenn auch lediglich niedrig qualifizierenden Berufen ermöglicht:

> »*Als Chance. Ich kann ja auch andere Job machen jetzt. Das ich nicht unbedingt bei Hauswirtschaft bleiben muss [...] Nichts höheres aber niedrigere Berufe*« (a. a. O., 58).

Gleichzeitig ist den Jugendlichen aber auch die geringe Reichweite dieses Abschlusses als Ausschlusskriterium bei der Arbeitsplatzsuche bewusst:

> »*Wenn ich jetzt net den Hauptschulabschluss gemacht hätte, hätte ich Angst gehabt kein Job zu kriegen, weil Förderschulabschluss wer nimmt da schon jemanden [...] da hast halt auch schwerer Chancen n Job damit zu kriegen*« (a. a. O., 59).

Den Jugendlichen ist durchaus bewusst, dass die relativ gering vergütete Tätigkeit, die sie nach ihrer Ausbildung ausüben werden, ein unabhängiges und selbstständiges Leben nicht grundsätzlich ermöglicht. Die befragten Jugendlichen realisieren, dass ihre zu erwartende berufliche Laufbahn ihnen höchstwahrscheinlich keine finanziell zufriedenstellende Zukunftsperspektive ermöglicht. Dennoch erhoffen sie sich für die berufliche Zukunft einen sicheren Arbeitsplatz und vor allem ein »gutes« Einkommen:

> »*Das ist ne gute Frage, da hab isch noch nie drüber nachgedacht. Vielleicht, dass ich irgendwann mal mit nem guten Abschluss hier raus geh und dann bissle mehr verdien als nur Dreihundertsechzehn. Bissle mehr Kohle*« (a. a. O., 61).

Um unabhängig von den Eltern sein zu können und die eigenen Träume zu verwirklichen, sind Einkommen und Arbeitsplatz von großer Bedeutung:

> »*Des für mich sehr wichtig ist. Ich mag arbeiten, weil Schule is eigentlich net für mich aber arbeiten ja. Weil ich später eigene Wohnung haben will und so und n Auto und dafür brauch ich halt mein Geld und meine Arbeitsstelle*« (a. a. O., 64).

Die mögliche Perspektive, arbeitslos zu werden oder durch eine unzureichende Qualifizierung überhaupt keine Chance auf dem Arbeitsmarkt zu bekommen, bereitet den befragten Jugendlichen Sorgen. Das folgende Zitat verdeutlicht die mitunter bedrohliche Situation, der sich die Jugendlichen im ungünstigsten Fall ausgesetzt sehen:

> »*Ich weiß, dass des net so passiert aber der Gedanke is trotzdem da [...]. Ich seh jeden Tag Obdachlose auf der Straße und ich sag mir, O isch werd nit so, isch*

werd nit so, der Gedanke ist halt da, dass man trotzdem vielleicht so abrutscht« (a. a. O., 62).

Unverkennbar ist, dass Ausbildung und Erwerbsarbeit einen zentralen Lebensinhalt für die Jugendlichen darstellt:

» [...] *sehr wichtig isch denk. Weil ohne Arbeit verdient man kein Geld und ohne Ausbildung kriegt man auch kein feste Arbeit und so ist des wichtig«* (a. a. O., 63).

Es gilt demnach die Systeme bzw. Situationen zu analysieren, die biografische Hindernisse darstellen und somit Formen gesellschaftlicher Diskriminierung und Exklusion hervorbringen. Deren Analyse können systemübergreifende, nicht-ausgrenzende Interventionsansätze begründen.

2.2 Benachteiligung als pädagogische Rahmung und didaktische Orientierung

Neben einer reinen Analyse der für die Bildung verantwortlichen Institutionen muss sich der Fokus bildungssoziologischer Forschung auf eher individuumszentrierte Analysen, d. h. auf den individuellen Bildungserwerb verschieben (vgl. Becker 2011). Die individuellen Bildungsaktivitäten, ihre Einbettung in soziale Strukturen und deren Folgen für die Akteure selbst, sowie die beteiligten Institutionen müssen bei dieser Betrachtung in den Mittelpunkt rücken. Benachteiligung wird bei Theorien sozialer Ungleichheit immer an »objektiven strukturellen Bedingungen« gemessen, intersubjektive Aspekte bleiben weitgehend außen vor (Menzel 2009, 142).

In zahlreichen Studien ist belegt, dass die Förderschule überwiegend eine Schule für benachteiligte Kinder und Jugendliche ist, die zu 90 % in sozial-randständigen, prekären Lebenswelten aufwachsen (vgl. Thimm/Funke 1977; Klein 1973, 2001; Wocken 2000; Koch 2004a, 2004b; Hiller 1989; Weiß 2010; Heimlich 2008; Euen et al.

2015). Arbeitslosigkeit, Armut und soziale Benachteiligung bestimmen das Leben eines Großteils der Schülergruppe. Zudem geht Bildungsbenachteiligung oft einher mit einem Aufwachsen in prekären, d. h. sozial-randständigen und risikobehafteten Lebenswelten. Häufig fallen soziale Benachteiligung und Lernbehinderung zusammen; es handelt sich um ein kovariantes Verhältnis (Koch 2004a, b). Die Annahme einer kausalen Beziehung gilt dennoch mittlerweile als nicht mehr haltbar (vgl. Schröder 2005; Werning/Lütje-Klose 2012).

Die pädagogische Forderung nach Berücksichtigung von benachteiligenden Lebenswelten, gerade in dieser Adressatengruppe, findet sich daher immer wieder. Dies spiegelt sich beispielsweise in den Intentionen des Bildungsplans für Förderschule in Baden-Württemberg (2008) wider:

> »Die Lernangebote orientieren sich an [...] der Lebenswelt der Kinder und Jugendlichen und berücksichtigen nicht zuletzt deren familiären und sozialen Hintergrund« (Bildungsplan Förderschule Baden-Württemberg 2008, 144).

Auch in den ländergemeinsamen inhaltlichen Anforderungen für die Fachwissenschaften und Fachdidaktiken in der Lehrerbildung (vgl. Standards zur Lehrerbildung 2015) sind innerhalb der pädagogischen Dimension der Sonderpädagogik u. a. die »Erscheinungsformen und Entstehungsbedingungen von risikobelasteten und/oder beeinträchtigten Entwicklungs- und Lernprozessen bei sonderpädagogischem Förderbedarf« sowie die »Herausforderungen bildungsbiographischer Übergänge bei Beeinträchtigungen einschließlich des Übergangs in den Beruf« als verbindliche Inhalte festgelegt (Standards Lehrerbildung 2015, 63). Auf didaktischer Ebene werden »förderschwerpunktbezogene Konzepte zur Unterstützung bei der Lebensgestaltung sowie zur Berufsvorbereitung, -orientierung, -begleitung und -qualifizierung im Spannungsfeld zwischen Bildungsangeboten, Arbeitsmarkt und individuellen Ressourcen« festgeschrieben (a. a. O., 64). Innerhalb des Förderschwerpunkt Lernen sind die Themen »Theorien und Konzepte zum Umgang mit spezifischen risikoreichen Lebenslagen, drohenden Lernbeeinträchtigungen sowie herkunftsbedingten Benachteiligungen« und »Risiken der emotionalen, psychischen und sozialen Entwicklungen bei Lernbeeinträchtigungen in unterschiedlichen biografischen und institutionellen Kontexten« verankert (Standards zur Lehrerbildung 2015, 65).

Über die besondere Relevanz einer Orientierung an dieser Lebenswelt im Unterricht gerade im Förderschwerpunkt Lernen besteht weitestgehend Einigkeit. In der bisherigen Auseinandersetzung mit der Thematik fällt jedoch auf, dass hierbei bislang eine entscheidende Perspektive vernachlässigt wurde: die Perspektive der Schüler selbst. Um die Lebenswelten von den Jugendlichen verstehen zu können, müssen ihre Perspektiven selbst in den Blick genommen werden. So ist es zwar wichtig die Rahmenbedingungen der Lebenswelt zu kennen, entscheidender ist jedoch die subjektive Wahrnehmung der Lebensbedingungen.

Bei den didaktischen Überlegungen zum Thema Benachteiligung im Unterricht bleibt die Einstellung bzw. die Sichtweise der Schüler weitgehend unberücksichtigt: Wollen sich die Schüler überhaupt mit ihrer (prekären) Lebenssituation im Unterricht auseinandersetzen? Oder sehen sie Schule vielleicht eher als geschützten Bereich (vgl. Narr 2009) an, der ihnen ermöglicht, Probleme ihres Alltags für gewisse Zeit auszublenden? (Schmid 2015)

Es gilt, einen genaueren Blick darauf zu werfen, welche Bedeutung die Lehrkräfte den außerschulischen Lebensbedingungen ihrer Schüler beimessen und welche Konsequenzen die Lehrkräfte hieraus selbst für die Gestaltung von Schule und Unterricht ziehen. Eine der wenigen themenrelevanten Studien legten Nyssen und Stange (2003) vor. In ihren Leitfadeninterviews untersuchten sie unter anderem, welches Wissen Förderschullehrer über die Lebenswelt ihrer Schüler haben und welche Bedeutung dieses Wissen für die Gestaltung ihres Unterrichts hat (Nyssen/Stange 2003). Den Ergebnissen zufolge haben die meisten Lehrer sehr genaue Kenntnisse über die Lebensbedingungen ihrer Schüler (a. a. O., 43). Diese erwerben sie in unterschiedlichen Situationen, wie etwa im Gespräch mit Kollegen, im Kontakt mit dem Jugendamt, durch Hausbesuche, Schülerakten oder Elternarbeit (a. a. O., 41). Als bedeutendster Zugang zur Lebenswelt werden jedoch Gespräche mit den Schülern selbst genannt. Das Wissen über die Lebensbedingungen bewerten alle befragten Lehrer insgesamt als unabdingbare Voraussetzung für ihre Arbeit. Dies zu berücksichtigen wird von den Lehrern als selbstverständlich angesehen (a. a. O., 45 ff.). Im Wesentlichen hat das Wissen über die Lebensbedingungen der Schüler Einfluss auf drei Bereiche:

- auf die Gestaltung der Schule als Wohlfühlort für die Schüler,
- auf die Art und Weise der Interaktion zwischen Lehrern und Schülern und letztlich auch konkret
- auf die Planung und Durchführung von Unterricht (a. a. O., 47 ff.).

Da diese Befunde mehr als zehn Jahre zurückliegen, wurde 2015 eine ähnlich gelagerte, explorative Studie in einer Klasse 8/9 bei 23 Schülern einer Förderschule (11 weiblich und 12 männlich) in Form eines fotogestützten Leitfadeninterviews durchgeführt (Schmid 2015). Die Fotografien wurden primär dafür eingesetzt, die unterschiedlichen Themenbereiche zu illustrieren. Die einzelnen Themen werden den Probanden also nicht einfach vom Forschenden verbal »vorgesetzt«, sondern anhand der Fotografien gemeinsam im Gespräch herausgearbeitet. Fotografien wurden hier als »Kommunikationsmittel verstanden (...), das durch eine spezielle Bildsprache seine Inhalte vermittelt« (Fuhs 2003, 45). Die visuellen Vorlagen dienten dazu, den Probanden den Einstieg in die jeweilige Thematik zu erleichtern und sozusagen eine »Brücke zur Sprache« darzustellen (Holzbrecher 2013, 866). Mit Fotografien kann ein »recht unmittelbarer Zugang zu ›inneren Bildern‹ mit all ihren Gefühlsqualitäten [...] gelingen« und den Schülern dabei geholfen werden, sich sprachlich zu artikulieren (a. a. O.).

Mit dem Hauptaugenmerk auf das Verhältnis zwischen sozialen, pragmatischen und materiellen Rahmenbedingungen (Realität bzw. Lebenslage) und ihrer individuellen Wahrnehmung (Wirklichkeit bzw. Lebenswelt) wurde eine systemisch-konstruktivistische Auffassung zur Thematik Benachteiligung respektive Lebenswelt zugrunde gelegt. Eine subjektive Wirklichkeit (Lebenswelt) wird in Beziehung zur Lebenslage als objektive Realität gegenüberübergestellt und deren Verhältnis zueinander reflektiert. Zu diesen objektiven Rahmenbedingungen zählen u. a. die materiellen und immateriellen Lebensbedingungen eines Menschen wie z. B. seine Erwerbssituation, seine Einkommenslage, sein zur Verfügung stehender Wohnraum und/oder sein soziales Netzwerk. Die Lebenswelt ist letztlich das »subjektive Wirklichkeitskonstrukt eines Menschen« (Kraus 2004, 11). Dabei ist diese Konstruktion von Wirklichkeit jedoch nicht willkürlich, sondern wird von den genannten Rahmenbedingungen aus der Umwelt beeinflusst und begrenzt, weil der Mensch »strukturell« an seine Umwelt »gekoppelt« ist (Kraus 2011, 100).

Aktuelle Studien, in welchen Förderschüler ihre persönliche Perspektive auf ihre Lebensbedingungen zum Ausdruck bringen, fehlen bislang. Als Referenzrahmen für diese Studie wurden die Ergebnisse der Sinus-Studie (2011) herangezogen (vgl. Calmbach et al. 2011/2016). Anhand der beschriebenen Lebenslagen lassen sich Förderschüler am ehesten der Gruppe von Jugendlichen zuordnen, die in prekären Lebenswelten aufwachsen. Als Synopse aus den referierten Befunden wurden Themen abgeleitet, die als prototypisch für die Lebenswelt von Förderschülern gelten. Es wird angenommen, dass ein Großteil der Schüler damit in seinem Leben direkt oder indirekt konfrontiert ist.

Aus den bisherigen Studienergebnissen zur Lebenssituation von Förderschülern kristallisieren sich zunächst die Aspekte Arbeitslosigkeit, Armut und damit verbundene beengte Wohnverhältnisse, sowie Migration und dem damit verbundenen Leben zwischen zwei Kulturen heraus. Hinsichtlich der sozialen Beziehungen scheinen die Themen Freundschaft und Clique für die Jugendlichen relevant, ebenso auch Liebe und Partnerschaft. Bei den Freizeitbeschäftigungen ist laut der Befunde das Fernsehen am bedeutendsten für die Jugendlichen. Außerdem nutzen die Jugendlichen soziale Netzwerke, hier steht Facebook an erster Stelle. Abschließend werden als weitere lebensnahe Themen (u. a. aus den Befunden der Untersuchungen von Häußermann 2014) aufgenommen: innerfamiliäre Konflikte, Trennung der Eltern, Perspektivlosigkeit, Ausgrenzung, Alkohol, Sucht und Gewalt. Dies begründet die Auswahl 15 prototypisch-lebensweltlicher Themen:

1. Clique/Freundschaft
2. Armut
3. Gewalt
4. Fernsehen
5. Trennung der Eltern
6. Arbeitslosigkeit
7. Facebook
8. Sucht/Drogen
9. Migration/Leben zwischen zwei Kulturen
10. Ausgrenzung
11. Konflikte in der Familie
12. Wohnverhältnisse
13. Alkohol
14. Perspektivlosigkeit: kein Schulabschluss
15. Liebe/Partnerschaft

Die Einzelinterviews – eine Kombination aus einer geschlossenen und einer offenen Leitfrage – verliefen nach folgendem Frageschema:

1. Was siehst du auf dem Foto?
2. Würdest du darüber gerne im Unterricht sprechen oder nicht?
3. Warum würdest du darüber gerne sprechen/nicht gerne sprechen?

Durch die erste Frage wurde das gemeinsame Thema des Gesprächs gesichert. Die zweite Frage als geschlossene Frage implizierte eine Ja-/Nein-Antwort und zielte zunächst darauf ab zu erfahren, ob die Befragten eine Auseinandersetzung mit der jeweiligen Thematik im Unterricht wünschen oder nicht. Im nächsten Schritt wurde durch eine offene Fragestellung ermittelt, welche Gründe die Schüler für oder gegen eine Thematisierung im Unterricht anführen. Da es sich bei den gewählten Themen überwiegend um prekäre und emotional belastende Themen handelt, bedurfte es insgesamt eines sensiblen

Umgangs im Interview. Bei den Fragen zu den Fotos wurde daher eine objektive Beschreibung gefordert und nicht danach gefragt, ob die Befragten die abgebildete Situation kennen oder persönlich davon betroffen sind. Die Schüler konnten so selbst entscheiden, inwieweit sie bestimmte Aspekte vertiefen oder auch Persönliches ansprechen wollten. Mit dem Einsatz von 15 themengebundenen Fotos wurden die Themen auf »Distanz« gebracht, d. h. statt über die eigene Person sprechen zu müssen, kann über die Fotografien und die darauf abgebildeten Jugendlichen gesprochen werden (Reinders 2005, 162). In dieser letzten Phase des Interviews wurden die Schüler danach gefragt, welche Themen ihrer Meinung nach für eine Auseinandersetzung im Unterricht wichtig sind. Die Auswertung der Schülerinterviews erfolgte nach den typischen Arbeitsschritten qualitativer Sozialforschung (a. a. O.; Bortz/Döring 2006): Kategorisieren, Kodieren, quantifizierendes Zusammenstellen und Interpretieren.

Um das breite Spektrum an Antworten zur Fragestellung: »Warum möchtest du über dieses Thema im Unterricht sprechen/nicht sprechen?« für die Auswertung zu bündeln, wurden die insgesamt 345 Begründungen (23 Probanden x 15 Themenbereiche) der Befragten insgesamt 22 übergeordneten Antwortkategorien zugeordnet.

Tab. 1: Übersicht über die Antwortkategorien für bzw. gegen eine Thematisierung im Unterricht (Schmid 2015, 54)

Gründe für eine Thematisierung	Gründe gegen eine Thematisierung
Direkte/indirekte Betroffenheit von der Thematik	Zwecklosigkeit der Thematisierung, Annahme der Unmöglichkeit einer Verhaltens-/Situationsänderung
Erwerb von Kompetenzen für den Umgang/die Bewältigung herausfordernder (aktueller/zukünftiger) Lebenssituationen	Private Angelegenheit
Aufklärung über Thematik	Persönliche Betroffenheit
Möglichkeit der Perspektivübernahme, Anteilnahme	Emotionale Belastung (direkt/indirekt)

Tab. 1: Übersicht über die Antwortkategorien für bzw. gegen eine Thematisierung im Unterricht (Schmid 2015, 54) – Fortsetzung

Gründe für eine Thematisierung	Gründe gegen eine Thematisierung
Möglichkeit zum (Erfahrungs-) Austausch	Scham
Persönliche Entlastung, Trost, Zuspruch	Angst vor negativen Reaktionen
Hilfe, Unterstützung, Beratung erhalten/ selbst anbieten	Keine persönliche/allgemeine/ schulische Relevanz der Thematik
Persönliche/allgemeine/schulische Relevanz der Thematik	Kein Lerneffekt
Persönliches Interesse an der Thematik	Kein persönliches/allgemeines Interesse an der Thematik
Positive Emotionalität der Thematik	Persönliche Abneigung gegenüber der Thematik
Thematisierung der eigenen Situation, damit andere »Bescheid wissen« und sensibel damit umgehen können	Keine Thematisierung im Unterricht, sondern nur mit ausgewählten Personen

Bei 27 Antworten gaben die Befragten keine Begründung für/gegen eine Auseinandersetzung mit der Thematik im Unterricht an oder aus der Antwort wurde keine Begründung ersichtlich. Aussagen wie folgende wurden hier zugeordnet:

- *Keine Ahnung. ... Fällt mir grad nix ein. ... Ohje, ich weiß es nicht. ... Weil's manche auch gar nicht so gewöhnt sind, dass, also es nicht so kennen und sich immer so denken, ja weiß nicht so. ... Ja halt, dass jetzt die irgendwie, weiß ich nicht so. ... Ja keine Ahnung.*

Alle Antwortkategorien, die in der obenstehenden Tabelle benannt wurden, werden im Folgenden näher beschrieben und exemplarisch anhand einzelner Schülerzitate veranschaulicht.

Kategorie: Direkte/indirekte Betroffenheit von der Thematik
Die Auseinandersetzung mit der Thematik wird befürwortet, weil diese die eigene Person (in der Vergangenheit/aktuell/potentiell-zukünftig) betrifft oder allgemein viele Menschen im engeren/weiteren sozialen Umfeld (Freunde, Mitschüler, Familienmitglieder/Menschen im eigenen Land/anderen Ländern):

- *Weil ich auch mal gemobbt wurde.*
- *Weil die meisten ja auch Ausländer aus der Klasse, oder insgesamt Schule sind.*
- *Weil die meisten Eltern haben ja nicht so viel Geld.*
- *Weil die meisten sind auch Alkoholiker in der Klasse. Ähm, weil man so was braucht, also fast jeder ist arbeitslos in Deutschland und bekommt Hartz IV-Geld, viele Menschen halt.*
- *Weil es gibt einige, die schaffen es halt nicht den Schulabschluss zu machen.*

Am häufigsten wurde diese Kategorie bei dem Thema Ausgrenzung angeführt.

Kategorie: Erwerb von Kompetenzen für den Umgang/die Bewältigung herausfordernder (aktueller/zukünftiger) Lebenssituationen
Die Schüler möchten sich mit dem Thema auseinandersetzen, um über »negative« Bewältigungs- bzw. Umgangsformen zu reflektieren und Kompetenzen zu erwerben sowie angemessenen mit aktuellen und zukünftigen Lebenssituationen umgehen zu können:

- *[…] die Lehrer müssen dann halt die Jugendliche das klarmachen, dass Rauchen und Alkohol dein ganzes Leben kaputt macht, dass kein Arbeit hast kein Schulabschluss, gar nichts.*
- *Ja, dass man klar wird, dass man keine Leute schlagen soll, dass man klären soll, ins Gesicht halt klären soll. Reden und nicht schlagen.*
- *Dass man weiß, was es für Drogen gibt und wenn man irgendjemand was, also Beispiel jemand dir ne Zigarette gibt, dass du weißt*

du solltest da lieber aufpassen, vielleicht kann da auch Gras drin sein oder was weiß ich.
- *Dass man des in der Schule erklärt, was man machen kann, wenn man kein Schulabschluss mehr hat.*
- *Weil also wenn du kein Schulabschluss hast, dann is es schwer dann kannst du nix machen. (Was sollte man im Unterricht besprechen?) Dass man auch anders sein kann, dass mans also die Kurve schafft, dass man sich Mühe gibt Beispiel, wenn man ein Arbeit, Beispiel eine wie heißt des, Bewerbungen schreiben und so.*

Diese Argumentation wurde besonders häufig beim Thema Sucht/Drogen und auch Arbeitslosigkeit herangezogen.

Kategorie: Aufklärung über die Thematik
Die Schüler würden sich gern mit der Thematik auseinandersetzen, um z.B. die Hintergründe, Ursachen, Wirkungsweisen, Folgen und Abläufe besser verstehen zu können. In Abgrenzung zu der Intention »Erwerb von Bewältigungsstrategien« wird hier das Interesse an reiner Aufklärung/Information über die Thematik benannt:

- *Würd ich auch, weil das man halt auch mal mehr erfährt, weil so sieht man jetzt halt bloß, wie die Eltern immer halt so arbeitslos sind und so und halt darüber was zu wissen, über die Arbeitslosigkeit und wie sich das dann alles abläuft über Jobcenter und so. Würd ich das auch gern, auch dann im Klassenzimmer da sprechen.*
- *Ich würd gern halt wissen, was mit einem macht, Drogen grade.*
- *Aus was das gemacht wird, wie das hergestellt wird. (Darüber dann reden?) Ja.*

Am häufigsten wurde dies beim Thema Arbeitslosigkeit und Alkohol genannt.

Kategorie: Möglichkeit der Perspektivübernahme/Anteilnahme
Hier formulieren die Schüler das Bedürfnis, ein Bewusstsein dafür zu entwickeln, wie es Betroffenen (z.B. armen, ausgegrenzten Men-

schen) geht, um Anteil an deren Schicksal zu nehmen und um dahingehend eigene Handlungs- und Denkweisen zu reflektieren und ggf. zu verändern:

- *Dass die auch mal wissen, wie das ist und auch mal die anderen Seiten kennenlernt, wie's demjenigen dann geht, wenn er gemobbt wird.*
- *Weil die mir leidtun, die wenig Geld haben und fast nichts sich kaufen können und verhungern können.*
- *Ja, weil dann merkt man auch ja, wir haben viel Geld und die anderen haben gar kein Geld und wir haben Essen alles und wir schmeißen Essen weg und alles und die armen Leute haben kein Essen halt und kein Geld und ja.*

Besonders häufig findet sich beim Thema Armut diese Argumentation.

Kategorie: Möglichkeit zum (Erfahrungs-)Austausch
Die Schüler möchten sich mit der Thematik auseinandersetzen, um sich darüber mit anderen austauschen zu können, um mehr über andere zu erfahren, um persönliche Empfindungen mit anderen zu teilen:

- *Man ähm, was im Fernsehn kam, was man angeguckt haben. Darüber zu reden, was jetzt noch so kommt oder ob du n Horrorfilm oder alles.*
- *Weil's halt auch interessant ist so, ja mit wem man befreundet ist und wie man halt so gut miteinander klarkommt.*
- *Man kann halt erzählen, was man mit seine Freunde so unternimmt und sowas.*
- *Weil die kann ja dann erzählen, wie's dort ist und wie's hier ist.*
- *Wenn man frisch verliebt ist und sein Glück teilen will, kann man's ja besprechen.*

Häufig genutzt wurde dies bei den Themen Freundschaft und Migration.

Kategorie: Persönliche Entlastung, Trost, Zuspruch
Mit der Thematik soll sich im Unterricht auseinandergesetzt werden, um im Gespräch mit anderen Entlastung, Trost, Zuspruch zu finden:

- *Da kann man sich ja auch ausweinen.*
- *Darüber zu sprechen [...] über die Probleme und dass man's einfach ähm mal die Probleme auch sein Leid halt raussprechen kann.*
- *Können halt die Mitschüler oder paar Freunde halt helfen und den wieder aufbauen.*
- *Weil das gut tut, wenn man mit jemandem darüber redet.*

Besonders häufig wurde diese Begründung bei den Themen Trennung der Eltern und Konflikte in der Familie verwendet.

Kategorie: Hilfe, Unterstützung, Beratung erhalten/selbst anbieten
Die Auseinandersetzung mit der Thematik wird befürwortet, um als Betroffener selbst (aktuell/zukünftig) Hilfe und Unterstützung zu erhalten oder anderen Hilfe und Unterstützung anbieten zu können. In Abgrenzung zu der an zweiter Stelle genannten Kategorie, in der der Fokus des Kompetenzerwerbs auf »Hilfe zur Selbsthilfe« liegt, wird hier Hilfe, Unterstützung und Beratung von »außen« benannt:

- *Weil da kann man sich helfen lassen, beraten lassen, was man jetzt machen muss. Das wär schon gut.*
- *Weil ähm, wie soll ich sagen, also die tun mir Leid und ich würde sie gerne helfen deswegen.*
- *Weil also es gibt halt auch immer Lösungen und wenn man die halt grade nicht weiß, können ja die anderen irgendwie helfen und dann halt, wenn grad so ne Familie irgendwie in Not ist und den kann halt ein Mitschüler oder so die helfen und sagen was also grad gut wär und so. Deswegen würd ich drüber reden.*

Bei dem Thema Perspektivlosigkeit (d.h. kein Schulabschluss); Arbeitslosigkeit, Armut und Konflikte in der Familie wurden diese Argumentationsmuster besonders häufig verwendet.

Kategorie: Thematisierung der eigenen Situation, damit andere »Bescheid wissen« und sensibel damit umgehen können

Damit Mitschüler bzw. Lehrer bestimmte Verhaltensweisen/Gefühlszustände verstehen und damit sensibel damit umgehen können, sollen diese Themen angesprochen werden:

- *Weil dann ist man ja nicht gut drauf und dann fragt der Lehrer und die Mitschüler sich, wieso sie so schlecht gelaunt ist, und dann sollte man das einfach erzählen, dass die wissen was los ist.*
- *Weil die meisten Eltern auch, Freundinnen oder halt Kumpels auch Stress haben. Ihre Eltern immer abends streiten, dann die Kinder darunter leiden, dann in der Schule oder so, wenn sie dann sagen »Hey deine Mutter« oder so, dass die dann ausrasten dann zuschlagen oder so und ja auch ein wichtiges Thema. (Warum darüber sprechen?) Weil die dann auch da dann komisch halt in der Schule sind, Beispiel, wenn jemand deine Mutter beleidigt oder deine Eltern, dass man da dann so halt automatisch ausrastet, weil die dann auch Stress zu Hause haben und ja.*
- *Zum Beispiel, weil's gibt manche in der Schule, die haben was gegen arme Menschen. Ich bin ja auch Hartz IV-Empfängerin, weil meine Mutter nicht arbeiten kann und man sollte denen halt auch sagen, das gibt immer einen Grund warum die Leute nicht arbeiten können oder arm sind.*

Gerade beim Thema Konflikte in der Familie findet sich diese Argumentation häufig.

Kategorie: Persönliche/Allgemeine/Schulische Relevanz der Thematik

Diese Themen werden allgemein/persönlich/schulisch als relevant angesehen und sollen daher im Unterricht aufgegriffen werden:

- *Ich glaub das ist wirklich ein wichtiges Thema, dass man darüber spricht.*

- *Ähm, weil man so was braucht, also fast jeder ist arbeitslos in Deutschland und bekommt Hartz IV-Geld.*
- *Weil man auch Sachen draus lernen kann, wie jetzt über Kriege und so, wie heißt des Reportagen und so Sachen.*

Kategorie: Persönliches Interesse an der Thematik
Die Schüler wünschen sich eine Auseinandersetzung mit Thematik, da es sie persönlich interessiert:

- *Das würde ich auch machen, weil es mich sehr interessiert, ich find's einfach gut.*
- *Das ist halt interessant, find ich also.*
- *Ähm ich weiß es nicht warum, aber es würde mich einfach interessieren.*

Kategorie: Positive Emotionalität der Thematik
Die Schüler begründen den Wunsch der Auseinandersetzung mit dieser Thematik, weil dieses emotional geprägt und positiv besetzt ist:

- *Des ist spannend, manchmal witzig.*
- *Weil ich es gut finde, es gefällt mir, weil Liebe was Schönes ist.*
- *Des macht Spaß.*

Fast erwartungsgemäß wird diese Argumentation beim Thema Liebe häufig verwendet.

Kategorie: Zwecklosigkeit der Thematisierung, Annahme der Unmöglichkeit einer Verhaltens-bzw. Situationsänderung
Die Schüler argumentieren, dass sie sich mit der Thematik im Unterricht nicht auseinander setzen wollen, da ihnen dies wirkungslos erscheint und ihrer Meinung nach die Situation, das Verhalten nicht geändert werden kann:

- *Weils eigentlich nichts bringt, weil des bringt ja nichts, wenn die Lehrer darüber reden. Was der Körper in sich hat is ja des wichtigste,*

weil des bringt mir nichts persönlich, wenn jetzt meine Lehrerin darüber redet und ich morgen Stress hab und schlag dann trotzdem zu.
- *Aufhören würden die sowieso nicht. Des is jetzt schon, wie soll ich sagen, das macht jetzt schon fast jeder. Das gehört dazu fast. Also aufhören würde sowieso dann keiner.*

Gerade beim Thema Gewalt ist diese Argumentation häufig zu beobachten.

Kategorie: Private Angelegenheit
Die Schüler lehnen die Thematisierung bei Themenbereiche ab, bei denen der Schutz der Privatsphäre bzw. der Persönlichkeit höherwertig ist:

- *Das ist privat, das geht eigentlich niemand was an.*
- *Weil des müssen die ja nicht wissen, dass die streiten oder so. [...] Des bleibt unter die Eltern unter die Familie sowas.*
- *Keine Ahnung, weil die des nicht wissen sollen, wenn meine Eltern arbeiten oder arbeiten nicht.*
- *Die darf nicht wissen, wo wir wohnen.*
- *Das ist privat [...] weil die Beziehung und alles was du in der Familie oder Beziehung hast, Trennung so, des geht kein was an, das ist privat.*

Häufig finden sich diese Begründungen bei den Themen Wohnverhältnisse, Trennung der Eltern und Konflikte in der Familie.

Kategorie: Persönliche Betroffenheit (direkt/indirekt) – Emotionale Belastung
Die Auseinandersetzung mit der Thematik wird abgelehnt, weil diese die eigene Person oder Menschen im näheren Umfeld betrifft und weil eine Auseinandersetzung emotional belastend sowie aufwühlend ist:

- *Ich bin ja selbst so eine. […] Weil es alles wieder bei mir hochkommt dann, was ich alles falsch gemacht hab und so.*
- *[…] ich find's halt manchmal so voll blöd darüber zu reden. (Warum?) Ja, weil ich ein Bruder hab der Drogen nimmt.*
- *Weil des schlimm is für mich halt über Trennung und so.*
- *Des find ich auch nicht gut find ich, weil ich schon viel mitbekommen hab.*
- *Weil die meisten haben ja auch Eltern, die schon geschieden sind und so und dann fühlen sie sich nicht so wohl, wenn man darüber des redet.*

Dieses Argument wird häufig im Zusammenhang mit den Themen Sucht/Drogen und Trennung genannt.

Kategorie: Scham
Die Schüler möchten sich aus Schamgefühlen mit der Thematik nicht auseinandersetzen, da das Reden darüber als peinlich, unangenehm, stigmatisierend empfunden wird:

- *Nicht, des is peinlich dann zu sagen.*
- *Es gibt da schon Gründen, weil wenn dann so aussieht, wie jetzt möcht ich darüber nicht sprechen, weil des wär schon für mich, schon richtig peinlich darüber zu sprechen.*
- *Des is nicht gut sowas. Wenn man jetzt zum Beispiel weiß, meine Freunde haben jetzt zum Beispiel mehr Geld und ich hab zum Beispiel nur paar Euro und paar Cents. Vor allem nicht bei einladen die Freunde.*
- *Weil des für mich jetzt so peinlich wär. Tät ich jetzt Geldprobleme haben, tät ich darüber nicht reden.*

Dies ist besonders häufig beim Thema Armut festzustellen.

Kategorie: Angst vor negativen Reaktionen
Aus Angst vor negativen Reaktionen der Mitschüler oder aus Angst vor Konsequenzen durch die Lehrkraft (bei illegalen Verhaltensweisen) möchten die Schüler diese Inhalte nicht thematisieren:

- *[...] also einem geht's ja eh scheiße und es gibt immer in jedem Schul paar Mitschüler, die da so denken »Eeh was ist des? Voll der Assi!« oder so.*
- *[...] also des Dümmste, was man je machen kann is des [...] »Ich kiffe« oder sowas zu sagen, weil die Lehrerin, wenn sie weiß du bist gefährdet, muss sie es ja den Eltern sagen, oder den Erziehungsberechtigten.*
- *[...] weil manche auch so blöden Sprüche lassen und so.*
- *[...] weil das kann sein, wenn ich das mit den Kollegen [Mitschülern] rede, können die das irgendwie rumerzählen.*

Gerade beim Thema Konflikte in der Familie findet sich dieses Argumentationsmuster häufig.

Kategorie: Keine persönliche Relevanz der Thematik
Es wird keine Thematisierung gewünscht, da die Auseinandersetzung damit oder die Thematik an sich allgemein/persönlich als irrelevant angesehen wird und/oder es sich um eine Thematik handelt, die für die Schule nicht relevant ist bzw. nicht zur Schule passt:

- *Das ist ja egal, ob jemand Schulabschluss hat, oder nicht geschafft hat.*
- *Ich bin eher nich so in Facebook.*
- *Des find ich unnötig, wenn man sowas in der Klasse redet.*
- *Das ist mir egal, was da in Unterricht kommt.*

Häufig wurde diese Begründung bei den Themen Wohnverhältnisse und Fernsehen verwendet.

Kategorie: Kein Lerneffekt
Ein erwarteter geringer Lerneffekt führt ebenfalls zu einer Ablehnung, dies wurde besonders häufig im Zusammenhang mit dem TV-Nutzung formuliert:

- *In der Schule darüber zu reden, bringt ja auch nichts, lernt man ja nichts.*

- *Weil so gesagt man sollt ja lernen [...] so ne Serien kann man nicht lernen.*
- *Des bringt ja nichts in Schule über Fernseh zu reden. Da übt man ja nichts.*

Kategorie: Kein persönliches bzw. allgemeines Interesse an Thematik begründet die Ablehnung.

- *Das interessiert mich nicht.*
- *Das werden ja die meisten eh schon wissen, kann sein die gehn zu denen nach Hause und dann wissen die schon, wie's da aussieht.*
- *Die meisten finden das halt langweilig, wenn man über Fernseher redet oder sowas.*

Kategorie: Die Schüler möchten sich nicht mit der Thematik auseinandersetzen. Konkrete Gründe für die Abneigung werden nicht genannt.

- *Fernsehen mag ich nicht so.*
- *Nein, weil das ekelig ist.*
- *Weils mir nicht so gefällt.*

Kategorie: Eine Thematisierung soll nicht im Klassenunterricht, sondern nur mit ausgewählten Personen (Lehrern, Sozialarbeitern, engen Freunden) erfolgen.

- *Des haben die Schüler nicht zu interessieren, aber den Lehrern.*
- *[D]es kann man ja mit der Dings reden. Wie heißt des? Äh, fällt der Name jetzt nicht ein. Wo man reden kann, was in der Schule auch gibt die...Sozialarbeiterdinger da.*
- *[...] aber [...] dann würd ich halt schon alleine sprechen darüber, weil ich würd des jetzt auch nicht mit der ganzen Klasse reden wollen, dass meine Eltern getrennt sind oder nicht.*
- *Ja schon darüber sprechen, aber zu den ehrlichen Leuten so wie Lehrer oder auch wieder Freunde.*

In einem zweiten Schritt wurde näher betrachtet, welche Themen die Jugendlichen mehrheitlich befürworten und bei welchen Themen sie diese ablehnen. Abbildung 2 gibt eine themenspezifische Übersicht der Schülerantworten zur Frage: »Würdest du über dieses Thema gerne im Unterricht sprechen oder nicht?«. Darin wird der prozentuale Anteil der Schülerantworten, die eine Auseinandersetzung im Unterricht befürworten, ablehnen oder sich nicht festlegen (d. h. einerseits befürworten, andererseits ablehnen oder gar keine Position beziehen) dargestellt.

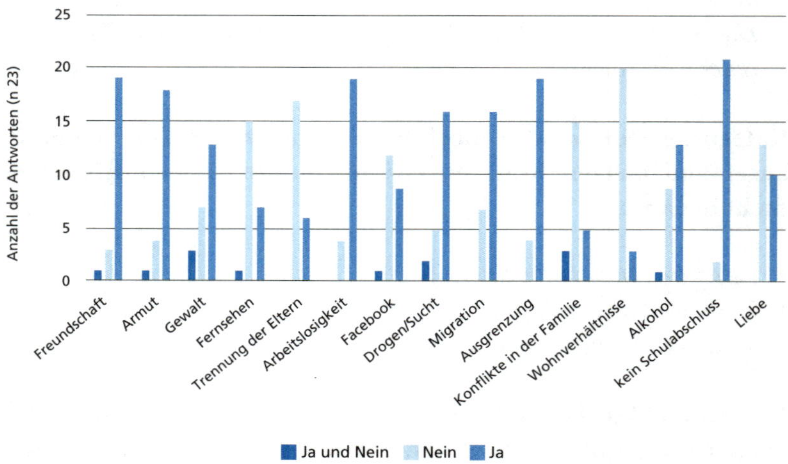

Abb. 2: Übersicht über die Befürwortung bzw. Ablehnung der Themenbereiche (nach Schmid 2015, 66)

Tabelle 2 zeigt die Themen, bei denen die Auseinandersetzung im Unterricht von einer deutlichen Mehrheit (≥ 70 % der Antworten) der Schüler befürwortet bzw. abgelehnt wird.

Tab. 2: Themenbereiche, die mehrheitlich Zustimmung bzw. Ablehnung finden (Schmid 2015, 67)

Zustimmung (Antworthäufigkeit ≥ 70 %)	**Ablehnung (Antworthäufigkeit ≥ 70 %)**
• Perspektivlosigkeit/ kein Schulabschluss • Ausgrenzung • Arbeitslosigkeit • Freundschaft • Armut • Drogen/Sucht	• Wohnverhältnisse • Trennung • TV-Nutzung

Abschließend wurden die Jugendlichen befragt, über welche Themen sie darüber hinaus gerne im Unterricht sprechen würden. Folgende Themen schlugen die Schüler selbst für eine Auseinandersetzung im Unterricht vor (in Klammern ist die Anzahl der jeweiligen Nennungen genannt):

- Sexualkunde (2)
- Hygiene
- Musik, Rap, Musiklabel (5)
- Sport (1)
- Fußball (5)
- Suizid und dessen Hintergründe
- Selbstverletzendes Verhalten (Ritzen)
- Vergewaltigung
- Tiere (13)
- Autos, Motorräder (16)
- Motocross, Autos (20)
- Umgang untereinander
- Schulfächer/-themen: Geschichte (Thema: Hitler), Deutsch, Fremdsprachen (Englisch und Spanisch)
- Politik, um Nachrichten besser verstehen zu können (Schmid 2015, 71).

Folgende Prämissen für die didaktische Aufarbeitung lassen sich daraus ableiten (Schmid, 2015):

1. Die Schüler wollen Lebensbewältigungskompetenzen erwerben.

Als am häufigsten genannter Grund für eine unterrichtliche Auseinandersetzung mit lebensweltlichen Themen im Unterricht wird der Erwerb von Kompetenzen für die Bewältigung und den Umgang mit herausfordernden Lebenssituationen genannt. In dieser Hinsicht deckt sich die Perspektive der Schüler mit der des Bildungsplans Baden-Württemberg, der Förderschullehrer respektive des Selbstverständnisses dieser sonderpädagogischen Fachrichtung (Bildungsplan Förderschule Baden-Württemberg 2008; Bleher 2013; Werning/Lütje-Klose 2012; Schröder 2005; Schroeder 2012; Weiß 2010).

Die Schüler wünschten eine Thematisierung, um zu lernen, wie sie mit aktuellen und zukünftigen herausfordernden Lebenssituationen angemessen umgehen können. Hier wird auch der Wunsch nach Veränderung und Verbesserung der eigenen Situation deutlich, der auch von den Jugendlichen aus prekären Lebenswelten in der Sinus-Studie geäußert wurde (Calmbach 2011/2016).

Gerade durch die vielschichtigen, differenzierten persönlichen Erfahrungen haben die Schüler zu den einzelnen Themen souverän eigene Positionen entwickelt. Sie kennen erfolgreiche sowie soziale akzeptierte als auch unerwünschte Bewältigungsformen und können explizit benennen, was ihnen in der schulischen Kommunikation darüber wichtig wäre. Oft gaben sie in den Interviews zunächst ihre persönliche Meinung zum Ausdruck, bevor sie sich sachlich damit auseinandersetzten:

> *»[...] also ich find allgemein sowas mega scheiße, wenn ich mal so sagen darf. Also wie gesagt egal was derjenige getan hat [...] sollte man nicht mobben oder hänseln [...] Man muss ja mit dem nicht auf best friends tun, aber so halt normal reden.«*

Dies muss als großes Potential für die unterrichtliche Auseinandersetzung angesehen und im Unterricht genutzt werden.

2. Die subjektive Bedeutsamkeit der Themen erzeugt eine hohe Motivation und Interesse für die unterrichtliche Auseinandersetzung.

Als zweithäufigster Grund für eine unterrichtliche Auseinandersetzung mit lebensweltlichen Themen wurde von den Schülern ihre direkte oder indirekte Betroffenheit mit diesen Themen genannt. Sie führten außerdem an, dass sie die Themen als allgemein, persönlich oder schulisch relevant oder interessant ansehen.

3. Die Ziele und Bedeutung der Auseinandersetzung mit lebensweltlichen Themen müssen transparent gemacht werden.

In der Befragung wurde deutlich, dass es Themen gibt, bei denen die Schüler keinen Sinn in einer Auseinandersetzung sehen. Eine unterrichtliche Thematisierung wird entweder allgemein oder schulisch als nicht relevant (d. h. ohne Lerneffekt) angesehen oder als zwecklos erachtet, weil darin keine Möglichkeit gesehen wird, eine Verhaltens- oder Situationsänderung herbeizuführen. Dass es den Schülern dennoch generell wichtig ist, in der Auseinandersetzung etwas zu lernen, deckt sich mit den Aussagen zur Gruppe der Jugendlichen der Sinus-Studie (Calmbach 2011). Die Konsequenz, die sich hieraus für die unterrichtliche Auseinandersetzung ableiten lässt, ist zum einen, den Schülern insgesamt die Bedeutung und die Ziele vor und während einer Auseinandersetzung mit einer bestimmten Thematik transparent zu machen. Zum anderen sollte im Verlauf des Unterrichts von eher »schülerorientierten« zu stärker »wissenschaftsorientierteren« Auseinandersetzungen übergeleitet werden.

In Bezug auf die von den Schülern angeführte Begründung der Zwecklosigkeit einer Thematisierung wird anhand der Äußerung eines Schülers illustriert. Er beschreibt, dass Gewalt etwas sei, »*was der Körper in sich trage*« und das Reden darüber nichts bringen würde. Zum einen zeigt dies, dass für die Behandlung mancher Themen über speziellere, unkonventionelle Formen der Auseinandersetzung nachgedacht werden muss, die möglicherweise über den Unterricht hinausgehen. Denkbar wären beispielsweise gezielte Programme zur Prävention und Intervention von Gewalt und Aggression. Zum anderen wird in diesem Zusammenhang auch eine wichtige Grenze für lebensweltorientierten Unterricht aufgezeigt: Lebensweltorientierung im Unterricht hat zum Ziel, Schülern Kompetenzen der

Lebensbewältigung zu vermitteln, um herausfordernde Lebenssituationen bewältigen zu können. Wer sich jedoch zum Ziel setzt, die Lebenssituationen an sich verändern zu wollen, läuft Gefahr, weit über den Aufgaben- und Verantwortungsbereich bzw. die Kompetenzen einer Lehrkraft hinauszugehen. Dass diese Diskrepanz oftmals eine große Belastung für Lehrkräfte darstellt, wurde bereits in der Untersuchung von Nyssen und Stange (2003) deutlich.

4. Die Privatsphäre der Schüler muss geachtet werden.

Die häufigste Begründung gegen eine unterrichtliche Auseinandersetzung ist, dass es sich um Themen handelt, die sehr privat sind und »niemanden etwas angehen«. Hier bestätigten sich die Befunde von Haselbeck (1999) in einer Untersuchung mit Hauptschülern deutlich: Die Schüler sehen ihre private Lebenssphäre verletzt, wenn persönliche Themen vor der Klasse angesprochen werden. Auch in der Art und Weise, wie sich die Schüler im Interview über die einzelnen Themen äußern, wird sichtbar, dass die Schüler es meist vermeiden, ihre eigene Situation anzusprechen. Statt über sich selbst zu sprechen, reden sie im Interview überwiegend über »die Jugendlichen«, »die Kinder«, »manche Schüler«, »viele Leute«, »viele in der Klasse«, »die meisten« etc. Dass die angesprochene Thematik jedoch auch die eigene Person betrifft, wird etwa in einer Äußerung indirekt signalisiert: »Dass die Leute wissen, was ich jetzt tun muss«.

5. Auf die Art und Weise der unterrichtlichen Auseinandersetzung kommt es an.

Die Interviews zeigten, dass die Schüler auch private Themen ansprechen möchten, jedoch in einer distanzierten Art und Weise. Als geeignete und sinnvolle Form der Auseinandersetzung erscheint an dieser Stelle die Verwendung von Fallbeispielen, welche beispielsweise in Hillers (2007; 2008) Unterrichtsmaterialen »Durchblick im Alltag« eingesetzt werden. In der Vielzahl an Fallbeispielen aus dem Leben unterschiedlicher Personen können sich die Schüler mit ihrer eigenen Lebenssituation wiederfinden und sich mit anderen austauschen, ohne dabei die eigene private Situation vor den Mitschülern und Lehrern thematisieren zu müssen. Trotzdem besteht für die Schüler die Möglichkeit, auch hier ihre persönliche Situation zu thematisieren. Dies sollte jedoch immer auf freiwilliger Basis geschehen: »*Bloß wenn man möchte*«.

Dass es für die Schüler hilfreich sein kann, die eigene private Situation zu thematisieren, haben die Begründungen, die für eine Auseinandersetzung angeführt wurden, gezeigt. So spielt mehrfach die Möglichkeit Entlastung, Trost und Zuspruch zu finden, eine Rolle. Bemerkenswert ist, dass Schüler häufig eine Thematisierung befürworten, um selbst Hilfe und Unterstützung anbieten oder ihre Mitschüler trösten zu können oder auch einen insgesamt sensiblen Umgang mit problematischen Lebensverhältnissen zu bewirken.

6. Der Austausch mit Gleichaltrigen stellt eine wertvolle Ressource dar.

Sich mit Gleichaltrigen über eigene Erfahrungen austauschen zu können und von ihnen Unterstützung und Trost in schwierigen Lebenssituationen zu bekommen, kann oftmals weitaus hilfreicher und entlastender für die Jugendlichen sein als der Austausch mit der Lehrkraft. Im Gegensatz zu Lehrern, denen die Lebenswelt ihrer Schüler häufig fremd ist, können Mitschüler auf ganz andere Art und Weise unterstützend sein, weil sie ähnliche Erfahrungen teilen.

Dass die Thematisierung der eigenen Situation auch daher sinnvoll sein kann, weil hierdurch die Chance für Mitschüler und Lehrer besteht, damit rücksichtsvoll umzugehen, wurde ebenfalls deutlich. Für diese Thematisierung erscheinen neben verbalen Formen des Austausches auch nonverbale Ausdrucksmittel sinnvoll. Durch den nonverbalen Ausdruck der eigenen Gefühlslage wissen Mitschüler und Lehrer Bescheid, wenn es einem Schüler nicht so gut geht, können ihm ein Gespräch anbieten und sich rücksichtsvoll im Umgang zeigen. So kann im Voraus verhindert werden, dass emotionale Zustände auf Mitschüler oder Lerninhalte projiziert werden, dass Schüler aufgrund persönlicher Belastung bei einer falschen Bemerkung der Mitschüler »automatisch ausrasten« und »zuschlagen«.

7. Ein respektvoller Umgang in der Klasse ist unabdingbare Voraussetzung.

Insgesamt wurde deutlich, dass für eine Behandlung privater Themen erst eine vertrauensvolle und respektvolle Atmosphäre aufgebaut werden muss, damit die Schüler sich nicht vor negativen Reaktionen ihrer Mitschüler fürchten müssen. Hierfür erscheint es sinnvoll, gemeinsam mit den Schülern Verhaltens- und Umgangsformen zu vereinbaren und Regelungen für das gemeinsame Gespräch zu treffen. Durch diese Vereinbarungen soll verhindert werden, dass private Angelegenheiten »rumerzählt« oder Schüler ausgelacht werden.

Bestimmte Themen sollten zudem nicht im Klassenverband behandelt werden. Einige Schüler äußerten, dass sie sich zwar mit einem Thema beschäftigen wollen, aber nicht vor bzw. mit der ganzen Klasse. Alternativ nennen sie Gespräche alleine mit der Lehrkraft, einem Sozialarbeiter, engen Freunden oder in geschlechtergetrennten Gruppen wie einer »Männergruppe«.

8. Zur Vermeidung zusätzlicher Belastungen müssen bestimmte Themen auch ausgeblendet werden können.

Es gab auch Schüler die aufgrund von persönlicher Betroffenheit grundsätzlich eine Auseinandersetzung mit gewissen Themen ablehnten, weil sie diese nur weiter emotional belasten würden. Lebensweltorientierung heißt in vielen Fällen Orientierung an prekären, belastenden Themen. Wie Hiller (1997) formuliert, müssen Schüler Formen der Verdrängung nutzen, um mit bestimmten Situationen zurechtzukommen. Eine weitere Konsequenz für lebensweltorientierten Unterricht ist, auch alternative Themen anzubieten, um die Gelegenheit zu geben, im »geschützten Bereich« Schule von eigenen Belastungen und Problemen (zumindest zeitweise) Abstand nehmen zu können (vgl. Narr 2009).

Besonders wichtig ist es, die private Lebenssphäre der Schüler zu achten. Didaktischen Konzeptionen müssen es den Schülern ermöglichen, auch private Themen zu bearbeiten. Im Unterricht müssen dazu zunächst Umgangsformen angebahnt werden, die einen respektvollen Austausch ermöglichen. Außerdem zeigten die Äußerungen auch, dass von den Schülern Austauschformen außerhalb des Klassenverbandes gewünscht werden (Schmid 2015).

Die Interviews belegen eindrücklich, dass die Schüler durchaus in der Lage sind, ihre Meinung bezüglich einer Thematisierung von Lebensproblemen zu äußern. Diese Kompetenzen stellen eine wesentliche Ressource für die Entwicklung selbstbestimmter Teilhabe dar. Lernprozesse bedürfen zunächst einer intensiven Beziehungsarbeit, die einen wertschätzenden und respektvollen Umgang miteinander sicherstellt.

Fazit

Viele Analysen zum Übergangssystem legen nahe, die derzeit dominante Orientierung auf zertifikatsorientierte und standardisierte Berufsvorbereitung aufzugeben (vgl. Schroeder 2015; Bojanowski 2012; Kreher/Lempp 2013). Gerade auch die Berücksichtigung der Spezifik der Lebenslagen benachteiligter Jugendlicher verlangt eine Um- bzw. Neuorientierung dieser Maßnahmen auf die »Frage nach realisierbaren Erwerbskarrieren unter erschwerten Bedingungen« (Schroeder 2015, 65). Die Etablierung kulturspezifischer und milieusensibler Bildungsangebote, sowohl für inklusive Settings als auch für kommunale Bildungslandschaften, ist ein zentrales Aufgabenfeld einer Pädagogik bei Beeinträchtigungen bzw. Benachteiligungen (Hiller 1997; Schroder 2015; Ellinger 2013b; Heimlich 2012).

Somit kann »Benachteiligung« als lebenslaufbegleitender Risikofaktor deskriptiv eine Brücke über die verschiedenen Institutionen hinweg darstellen. Auf normativer Ebene werden mit diesem Begriff notwendige lebenslauf- und lebensweltbezogene Modifikationen der jeweils am Lebenslauf beteiligten Systeme (Kindertagesstätten, Schule, Berufsausbildung usw.) skizziert. Auf programmatischer Ebene gilt es, anschlussfähige Angebote bildungstheoretisch grundzulegen, didaktisch-methodisch auszugestalten, zu implementieren, um Benachteiligung als bildungstheoretisch relevante Differenzkategorie zu etablieren.

3

Grundbildung als Mindeststandard zur gesellschaftlichen respektive beruflichen Teilhabe

3.1 Bildungsstandards vs. Mindeststandards

Die Ergebnisse der verschiedenen, vergleichenden Bildungsstudien (TIMSS, PISA und IGLU) machten spätestens seit dem Jahr 2000 deutlich, dass die Arbeit in den Schulen nicht immer zu den erwünschten Ergebnissen im Bildungssystem führt. Angeregt von internationalen Erfahrungen wurde nachfolgend das Augenmerk der Bildungspolitik auf eine systematische Evaluation gelegt. Internationale Befunde belegten, dass in Schulsystemen, in denen regelmäßige

Schulleistungsstudien, zentrale Prüfungen oder systematische Schulevaluation etabliert waren, die Schüler insgesamt höhere Leistungen zeigten. Die Qualität an Schulen sollte von nun an durch Bildungsstandards gesichert werden. Deren Intention war und ist es, die Ziele der pädagogischen Arbeit in Form von anzustrebenden Lernergebnissen vorzugeben. Fächerspezifisch wurde festgelegt, welche Kompetenzen Kinder und Jugendliche bis zu einem bestimmten Abschnitt in ihrer Schullaufbahn entwickelt haben sollen (vgl. KMK Bildungsstandards o.J.). Die Schüler sollen somit an unterschiedlichen Inhalten die gleichen Fähigkeiten erwerben. Die Lehrkräfte sollen einerseits größere Freiheit bei der Auswahl und der Anordnung von Inhalten haben, zugleich aber sollen die Lernergebnisse vereinheitlicht werden.

Als Instrument zur Implementation als auch zur Evaluierung dienten und dienen seitdem Kompetenzmodelle, d. h. hypothetische Konstrukte über das notwendige Wissen und Können zur Problemlösung in den jeweiligen Fächern. Diese Kompetenzmodelle dienen der inhaltlichen Orientierung und sollen die Lehrkräfte unterstützen, Lernprozesse fachdidaktisch begründet zu initiieren (Herrmann 2003).

Grundsätzlich lassen sich zwei Arten dieser Kompetenzmodelle unterscheiden: Kompetenzentwicklungs- und Kompetenzstrukturmodelle (vgl. Schecker und Parchmann 2006). Kompetenzentwicklungsmodelle beschreiben den Aneignungs- bzw. Erwerbsverlauf der jeweiligen Kompetenzen (z. B. Lesen, Schreiben, Sprechen usw.). Im Mittelpunkt steht hier eine hypothetische Annahme über prototypische Lern- bzw. Entwicklungsverläufe, die inzwischen häufig entwicklungspsychologisch empirisch belegt sind. Kompetenzentwicklungsmodelle liegen derzeit überwiegend für den Primarbereich vor, z. B. die Entwicklung des Schriftspracherwerbs und früher mathematischer Kompetenzen, Modelle für die motorische, Sprach- und kognitive Entwicklung. Diese prägen ein Großteil der didaktischen und diagnostischen Diskurse. Im Gegensatz dazu bilden Kompetenzstrukturmodell die notwendigen, erwarteten Anforderungen zur Bewältigung einer Situation ab. Im Sekundarbereich dominieren diese fachbezogenen Modell, die – im Gegensatz zu Kompetenzentwicklungsmodellen – vorrangig den Gegenstand in seiner fachlich-kognitiven Anforderung beschreiben. Diese Modelle konzentrieren sich auf beschreib-, mess- und vergleichbare Aspekte fachlicher Kompetenzen, die mehrheitlich im Bereich des Wissens und der Fertigkeiten liegen. Diese Kompetenzmodelle beschreiben »das Gefüge der Anforderungen, deren Bewältigung von Schülerinnen und Schülern erwartet wird (Komponentenmodell)« und liefern »wissenschaftlich begründete Vorstellungen darüber, welche Abstufungen eine Kompetenz annehmen kann bzw. welche Grade oder Niveaustufen sich bei den einzelnen Schülerinnen und Schülern feststellen lassen (Stufenmodell)« (Herrmann 2003, 632). Kompetenzstrukturmodelle dieser Art machen Aussagen über Struktur und Dimensionen der konkreten Anforderungen. Sie sind rein deskriptiv und können keine Aussagen zur Entwicklungslogik und ebenso keine Aussagen zum Erwerb derselben machen. Ein Großteil der gängigen Prüfungsformate basiert auf diesem Kompetenzmodell.

Kompetenzbeschreibungen dieser Art geben den Lehrenden und Lernenden einen Orientierungsrahmen. Der Lerngegenstand wird inhaltlich skizziert und die Leistungserwartung sowohl dem Schüler als auch den Eltern transparent gemacht. Lehrkräfte schätzen durchaus eine »verbindliche Festlegungen für die Grobstruktur des Unterrichts« und der zu erreichenden Ziele (Herrmann 2003, 630).

Gewarnt werden muss jedoch immer wieder vor einer Gleichsetzung der Bildungsstandards mit einer standardisierten Unterrichtsführung. Diese stark vereinfachende Sichtweise vernachlässigt den Einfluss der konkreten pädagogischen Arbeit im Unterricht und droht zu einer Vorgehensweise »teaching to the test« zu werden. Bildungsstandards können i.S. einer gemeinsamen Zielvereinbarung Lehrenden und Lernenden die Erwartungen transparent machen. Eine vereinheitlichende und vereinheitlichte Vorgehensweise bzw. eine daraus abgeleitete Lern- bzw. Aneignungslogik lässt sich damit weder normativ noch didaktisch-methodisch begründen. Die empirischen Studien belegen eher gegenteilige Effekte. Obwohl die Schulen immer noch »ausreichend viele Zertifikate und Berechtigungen und berufsmäßig anschlussfähige Basiskompetenzen« produzieren (Herrmann 2003, 626; Herzog 2013, 47) garantiert dieses System viel zu wenig nachhaltiges Lernen und Verstehen und viel zu wenig Problemlösungskompetenz (Herrmann 2003, 626; Herzog 2013, 47; Klein/Schöpper-Grabe 2012a, b; Kreher/Lempp 2013; Schroeder 2015).

> »Bildungs- als Teststandards einzuführen und unabhängig von den individuellen Lernvoraussetzungen, -umständen und -möglichkeiten Lernleistungen zu erheben und zu einer modellhaften Kompetenznorm in Verbindung zu setzen, wird aus mehreren Gründen immer umstritten bleiben: die Gründe für das Erreichen, Nicht-Erreichen oder Übertreffen der Norm bleiben unter Umständen im Dunkeln oder sind nicht eindeutig oder auch vom Schüler gar nicht zu vertreten« (Herrmann 2003, 634).

Diese Kritik wird vor allem in der Sonderpädagogik respektive der Benachteiligtenpädagogik relevant. Einerseits werden bislang Bildungsbiografien jenseits der Bildungsstandards kaum berücksichtigt (► Kap. 2). Andererseits lassen die gegenwärtigen Modelle zur Beschreibung der Bildungsstandards keinen Raum für individuelle Aneignungsweisen und Lernbedarfe, die über beschreibbare Kompetenzstrukturmodelle hinausgehen. Vor allem werden psychosoziale Komponenten innerhalb der Kompetenzbeschreibungen nicht berücksichtigt. Inwieweit beeinflussen beispielsweise psychologische Momente wie Motiv und Motivation oder auch Aspekte des Selbst- und Begabungskonzepts der Lernenden oder auch umweltbezogene bzw. lebenslagenbezogene Faktoren den Kompetenzerwerb? Zudem erwiesen sich die bisherigen Methoden zur Kompetenzmessung als nur bedingt geeignet, die Lernstände und -potentiale gerade bei Schülern mit sonderpädagogischen Förderbedarf differenziert und fair abzubilden (Südkamp et al. 2015; Schroeder 2015; Luder/Kunz 2012). Hier fehlen vor allem derzeit noch notwendige Ausdifferenzierungen der Kompetenzmodelle unterhalb der definierten Mindest- bzw. Regelstandards. Zudem sind Lern- und Entwicklungsverläufe mit ihren Fortschritten, Hürden, Brüchen und Abbrüchen, Zweitversuchen bzw. Wiederaufnahmen kaum prognostizierbar. Lern- und Entwicklungsprozesse verlaufen generell nicht gradlinig.

Fachsystematiken spiegeln domänenspezifische, sachliche-strukturelle Anforderungen wider, die meist nach den Prinzipen »vom Leichten zum Schweren« oder auch nach dem »Spiralprinzip« didaktisch aufbereitet werden. Um das Primat der fachlich-kognitiven Zugänge abzumildern wird z. B. eine Verknüpfung fachbasierter Kompetenzmodelle (gerade in den Kulturtechniken Deutsch und Mathematik) mit entwicklungsorientierten Modellen gefordert (vgl. Luder/Kunz 2012; Werner im Druck).

Diese Diskrepanz darf aber nicht dazu führen, die Diskussion um Bildungsstandards aus der Sonderpädagogik grundsätzlich zu verbannen. Im Gegenteil: Bildungsstandards verstanden als Zielintentionen, als Absichtserklärung zur Konturierung langfristigen Lernens muss sich auf der einen Seite an den sach- und fachbezogenen Strukturen der jeweiligen Domäne (z. B. Lesen, Schreiben, Mathematik) ebenso orientieren, wie an den individuellen Lernbedarfen (auch im sozial-emotionalen Bereich).

Im sonderpädagogischen Diskurs wird neben den domänenspezifischen Kompetenzmodellen gegenwärtig eine weitere mögliche Orientierung in der Anwendung der ICF (Internationale Klassifikation der Funktionsfähigkeit, Behinderung und Gesundheit) diskutiert. Die ICF ist durch das zugrundeliegende bio-psycho-soziale Modell nicht primär defizitorientiert, sondern klassifiziert die Komponenten von Gesundheit, Körperfunktionen, Körperstrukturen, Aktivitäten und Partizipation (Teilhabe) sowie Umweltfaktoren. In Deutschland ist sie über die Rehabilitations-Richtlinie (2015) verankert und beeinflusst maßgeblich die Sozialgesetzgebung. Die ICF-CY (Internationale Klassifikation der Funktionsfähigkeit, Behinderung und Gesundheit bei Kindern und Jugendlichen) ist eine daraus abgeleitete Systematik, die die Besonderheiten in Entwicklung befindlicher Funktionen und die besonderen Lebenswelten von Heranwachsenden (Klassifikation von Körperfunktionen, -strukturen, Aktivität und Teilhabe sowie der Umweltstrukturen) berücksichtigt. Sie ist ressourcenorientiert und versucht, bezüglich der Ätiologie einen neutralen Blickwinkel einzunehmen.

Ein daraus abgeleitetes Vorgehen zur Steuerung von Bildungsangeboten stellt das Konzept ILEB – Individuelle Lern- und Entwicklungsbegleitung – dar (vgl. Kultusministerium Baden-Württemberg 2013). Das Konzept bildet eine Arbeitsgrundlage für die Arbeit mit Kindern, Jugendlichen und jungen Erwachsenen mit einem Anspruch auf ein sonderpädagogisches Unterstützungs-, Beratungs- oder Bildungsangebot und dies unabhängig von der Frage, an welchem Lernort dieser Anspruch eingelöst werden soll. Mit einbezogen werden neben Pädagogen und Sonderpädagogen auch die Erziehungsberechtigten, Fachkräfte aus Medizin, Psychologie, sozialer Arbeit oder Politik sowie Mitarbeiter der Behinderten- oder Jugendhilfe (a. a. O., 4). Als Steuerungsinstrument soll eine qualitätsvolle sonderpädagogische Unterstützung, Beratung und Bildung gesichert werden, die daran gemessen werden soll, »ob jungen Menschen mit Behinderungen, Beeinträchtigungen und Benachteiligungen individuelle Bildungsangebote unterbreitet werden, die ihnen ein Höchstmaß an Aktivität und gesellschaftliche Teilhabe ermöglichen« (a. a. O., 6). Da dieses Steuerungsinstrument derzeit noch in der Entwicklung und Implementierung ist, liegen noch keine empirisch gesicherten Evaluationsbefunde vor. Interessant erscheint in diesem Kontext der Grundgedanke der Leistungsmessung.

> »Leistungsfeststellung ist kompetenzorientiert, gibt Auskunft über das erreichte Kompetenzniveau, wird in alltagsbezogenen und lebensnahen Situationen durchgeführt; wird regelmäßig reflektiert; ist Anlass für die Fortschreibung von Zielvereinbarungen und ist Grundlage für die kooperative Bildungsplanung« (a. a. O., 9).

Bezogen auf die didaktische Implementierung werden folgende Prämissen vorgeschlagen:

- Durch die Ausrichtung an den sonderpädagogischen Bildungsplänen erfolgt auch im zieldifferenten Unterricht eine didaktische Akzentuierung der Bildungsangebote in Richtung Aktivität und Teilhabe.
- Die individuellen Bildungsangebote werden grundsätzlich an der Individualnorm ausgerichtet. Die Sozialnorm rückt als Bezugsgröße in den Hintergrund.

- Neben dem Erlangen von Bildungsabschlüssen geht es auch um den »Abbau von Barrieren zur Sicherung der Anschlussfähigkeit in Übergängen« (a. a. O., 9).

Dieses Verständnis von Leistungsbeschreibung und -erfassung unterscheidet sich deutlich von der Diskussion in der Allgemeinen Pädagogik. Durch diese Mehrschichtigkeit geht es weit über den Anspruch der Bildungsstandards hinaus. Sowohl Inhalte als auch Formate der Leistungserhebung sind deutlich breiter und fachunabhängiger. Durch die Prozessorientierung sind die Zielformulierungen weniger statisch und können sowohl zeitlich als auch individuell an konkret ablaufende Lern- und Entwicklungsprozesse angepasst werden.

Während der sonderpädagogische Diskurs vorrangig dem Primat der Individualisierung folgt, dominiert innerhalb der Allgemeinen Pädagogik das Primat der Sach- bzw. Fachorientierung. In diesem Sektor ist seit nunmehr zehn Jahren eine Diskussion um die begrenzte Reich- bzw. Steuerungsweite der Bildungsstandards zu beobachten. Ausgangspunkt war u. a. die enorme Streubreite schulischer Leistungen in Deutschland, die so stark wie in keinem anderem PISA-Teilnehmerstaat ist.

> »Im oberen Leistungsbereich kann Deutschland mit den meisten OECD-Staaten mithalten, aber im unteren Leistungsbereich fallen die deutschen Schüler erheblich gegen die Schüler anderer Staaten ab« (Klieme et al. 2007, 13).

Dies wurde als Hinweis darauf interpretiert, dass es an Mindeststandards fehlt, die in der Ausbildung beispielsweise von Lesekompetenz oder mathematischer Kompetenz erreicht werden müssen (a. a. O.). Als Aufgaben der näheren Zukunft sei – so Klieme (2007) – »die Festlegung von Mindeststandards« (a. a. O. 10) anzusehen. Es wurde empfohlen, in den nationalen Bildungsstandards ein verbindliches Minimalniveau festzuschreiben. Die Kompetenzmodelle und die zugehörigen Aufgaben (Operationalisierungen) beschreiben dann eindeutig, welche Leistungen ein

Schüler/eine Schülerin erbringen muss, um die Mindestanforderungen zu erfüllen (a. a. O., 27).

Bereits 2004 wurde von Klieme im Rahmen der Entwicklung nationaler Bildungsstandards die Ausarbeitung eines Konzeptes zur Grundbildung gefordert. Grundbildung als Kerncurriculum soll schulformübergreifend Mindeststandards definieren, die das absolute Minimum an Leistungen abbilden, dass ein Schulsystem unabhängig von äußerer Gliederung erbringen soll (vgl. Klieme 2004). Anders als die Bildungsstandards (KMK 2004), die weitgehend als Regelstandards zu verstehen sind, sollen Mindeststandards auf nationaler Ebene und schulformübergreifend verbindliche Formulierungen treffen, die nachfolgend die Lehrplanarbeit, die Entwicklung von Unterrichts- und Förderkonzepten, die Schulevaluation und anderes beeinflussen. Damit sollte ein entscheidender Beitrag zum Abbau von Disparitäten im Bildungssystem geleistet werden (Klieme et al. 2007, 27 f.).

Tenorth charakterisierte das »Konzept Grundbildung« als eine »ungeliebt-verdrängte Dimension des Bildungsdiskurses« (Tenorth 2004, 169 f.). Er resümiert, dass der Begriff Grundbildung »als Differenzierungsbeschreibung innerhalb der Graduierungsversuche von Bildung« fungiert und dabei »die Universalität der Adressaten, die sich im Fortgang der Bildungsanstrengungen unterscheiden und durch Bildungsprozesse gegeneinander differenzieren« zugrunde legt (a. a. O., 170). So begrüßens- und wünschenswert diese Intentionen auch sind, eine umfassende theoriegeleitete und empirisch abgesicherte Konzeption liegt bis heute nicht vor. Es wird, spätestens seit den Befunden der ersten PISA-Studien im Jahr 2000, lediglich darauf verwiesen, dass es Schüler gibt, die den Mindestanforderungen nicht genügen.

Basierend auf Querschnittstudien wurden seit 2009 fächerbezogene globale Stufenmodelle für die Kernbereiche Deutsch und Mathematik im Sekundarbereich I erarbeitet. Diese Kompetenzmodelle beschreiben den Kompetenzerwerb als kumulativen Aufbau und enthalten erstmals auch sogenannte Mindeststandards. Hier wird ein Kompetenzniveau am Ende der Sekundarstufe I beschrieben, von dem angenommen wird, dass sich Schüler, die diese Stufe erreichen, bei entsprechender Unterstützung erfolgreich in die berufliche Erstausbildung integrieren können. Die Mindeststandards hingegen beziehen sich auf ein definiertes Minimum an Kompetenzen, das alle Schüler bis zu einem bestimmten Bildungsabschnitt erreicht haben sollen und unterschreiten die festgelegten Kompetenzerwartungen der Regelstandards. In Form von Stufenmodellen (meist fünfstufig) sollen sowohl die »Leistungserwartung« konkretisiert als auch ein »Leistungsminimum« beschrieben werden (KMK 2014, 5). Diese soll auch bei Schülern, die den Regelanforderungen noch nicht genügen, »mittelfristig« erreicht werden.

Hier werden Mindeststandards nicht als Leistungsbeschreibung i. S. eines zu erwartenden Kompetenzkataloges definiert, sondern lediglich als Unterschreitung einer regulären Leistungserwartung, als Defizit, als Nichtleistung charakterisiert. So sind zwar Mindeststandards hier benannt, aber inhaltlich nicht weiter ausformuliert und als grundlegender Bildungsanspruch ausgearbeitet. Dass dies zukünftig dringend geboten ist, wird gerade im Zusammenhang mit der Forderung nach einem inklusiven Bildungssystem besonders brisant. Die Formulierung von Mindeststandards bzw. die hierarchische Struktur der Kompetenzmodelle führt zwangsläufig/logisch dazu, dass Menschen, die diese Standards nicht erreichen können und werden, exkludiert werden (Rödler 2009; Basendowski 2014). Minderleistungen werden hier nur im Rückgriff auf ihre thematische Passung der individuellen Kompetenzen beschrieben. Nicht berücksichtigt werden personenbedinget Barrieren, bzw. Barrieren die sich aus der unmittelbaren Wechselwirkung zwischen den Komponenten der »Funktionsfähigkeit«, deren Beeinträchtigungen und den sogenannten Kontextfaktoren ergeben.

Diese Kritik setzt sich im berufsbildenden Bereich fort. Das Grundproblem eines definierten Mindeststandards i.S. eines »unentbehrlichen Minimums an basalen Kompetenzen – in Form eines unverzichtbaren und anschlussfähigen Wissens und Könnens« ist aus deren Sicht nicht ausformuliert (vgl. Klein/Schöpper-Grabe 2012b, 15). Denk- und Handlungsmuster dieser Art beeinflussen zwar über Lernziele und -inhalte die Qualität von Unterricht, eine »Anschlussfähigkeit an Grundbildung als Voraussetzung für nachschulisches Lernen sichern sie nicht« (a. a. O., 9).

In dieser Argumentation wird die Qualifizierungsfunktion der Schule hervorgehoben und betont, dass das Schulsystem den Auftrag hat, den Schulabsolventen mindestens die grundlegenden Fähigkeiten zu vermitteln, die Voraussetzung sind, um spätere Lebenssituationen bewältigen zu können (Alphagrund o.J.). Unternehmen beobachten seit vielen Jahren, dass die in den Schulen erworbenen Qualifikationen von Ausbildungsplatzbewerbern in einigen Kompetenzbereichen für eine duale Ausbildung nicht ausreichen. Aufgrund unzureichender Qualifikationen konnten im Jahr 2012 »unzählige« Ausbildungsplätze nicht besetzt werden (a. a. O.). In einer repräsentativen Online-Unternehmensbefragung des IW Köln im Jahr 2010 stellten sogar neun von zehn ausbildungsaktiven Unternehmen bei den Auszubildenden mitunter gravierende Defizite der Grundbildung fest. Die größten Probleme liegen in den schriftsprachlichen Kompetenzen, der Rechtschreibung und Zeichensetzung sowie der schriftlichen Ausdrucksfähigkeit. Es folgen Defizite in der Dreisatz- und Prozentrechnung, bei den Wirtschaftskenntnissen, in den Sozial- und Selbstkompetenzen, bei der mündlichen Sprachbeherrschung, dem Kultur- und Gesellschaftswissen, den Grundrechenarten, den Englischkenntnissen, dem Bruchrechnen, dem Verstehen von komplexeren Texten und bei der Methoden- bzw. Lernkompetenz (a. a. O.).

Hinzu kommt, dass die so wertgeschätzten schulischen Zertifikate wie Abschlusszeugnisse usw. für die Unternehmen zu wenig Aussagekraft haben, um entsprechende Einstellungen vornehmen zu können. Das Problem und damit der Handlungsbedarf ist offenkundig und es ist nicht anzunehmen, dass sich das Problem mangelnder Grundbildung in den kommenden Jahren von selbst erübrigt. Auch wenn der Anteil der »Risikoschüler« (PISA 2012) leicht gesunken ist, muss auf der anderen Seite beachtet werden, dass der Fachkräftemangel aufgrund der demographischen Entwicklung zunehmen wird. Zukünftig wird es stärker darauf ankommen, die vorhandenen Potenziale tatsächlich aller Schulabgänger zu nutzen.

Tab. 3: Grundbildungsdefizite aus der Sicht der Unternehmen (Alphagrund o.J.)

Unternehmen sehen bei diesen Kompetenzen der Schulabsolventen sehr häufig oder teilweise Defizite (Angaben in %)	
Rechtschreibung und Zeichensetzung	93
Schriftliche Ausdrucksfähigkeit (Grammatik, Verständlichkeit geschriebener Texte)	91
Dreisatz- und Prozentrechnung	78
Wirtschaftskenntnisse	77
Mündliche Sprachbeherrschung/Kommunikation	74
Sozial-/Selbstkompetenz (z. B. Teamfähigkeit, Umgangsformen, Leistungs- und Lernbereitschaft)	74
Kultur-/Gesellschafts-/Alltagswissen	74
Grundrechenarten	71
Englischkenntnisse	71
Verstehen von komplexeren Texten (z. B. Beschreibungen von Maschinen und Arbeitsabläufen)	70
Bruchrechnen	70
Methoden-/Lernkompetenzen	69
Verstehen von einfachen Texten (z. B. Zeitungstexte, Textaufgaben, Briefe)	60
Kenntnisse in Naturwissenschaften und Technik	60
Berechnungen von Flächen und Körperoberflächen	60
IT-Kenntnisse	53

Um diesen Mangel an Anschlussfähigkeit zu beheben, wurden und werden verbindliche Mindeststandards vor allem im nachschulischen Bereich gefordert (vgl. Klein/Schöpper-Grabe 2012b; Trautwein et al. 2008; Alphagrund o.J.). Das Plädoyer konzentriert sich aber nicht auf ein Absenken der Leistungsanforderungen, sondern auf eine fundierte Operationalisierung individueller Förderung.

Eine mögliche Orientierung wurde z. B. in den Kriterien zur Ausbildungsreife gesehen, die 2006 von der Bundesagentur für Arbeit entwickelt wurden (BA 2006). Hintergrund für diese Initiative waren die häufig unterschiedlichen Einschätzungen zur Ausbildungsreife, d. h. der beruflichen Eignung von Bewerbern mit unzureichenden Schulkenntnissen und Schlüsselqualifikationen vieler Schulabgänger. Gerade diese umfangreichen schulischen Defizite begründeten die Entwicklung des »Kriterienkatalog[s] zur Ausbildungsreife«. Dieser sollte »als bildungspolitische Initiative von Wirtschaft und Bundespolitik« vor dem Hintergrund der »basalen Kompetenzmängel« von Schulabgängern einen »Orientierungsrahmen« geben (Klein/Schöpper-Grabe 2012b, 19). Allein Abbruchquoten von 17 % im Jahr 2013 (Uhly 2015, 8) bestätigen diese Reformbedarf.

Gefordert wurde eine vorberufliche Kompetenzorientierung, bei der der Kriterienkatalog der Ausbildungsreife als »Arbeitshilfe« für die Schulen (Gentner/Meier 2012, 80) dienen kann und einen realitätsnäheren Zugang zur Berufsbildung ermöglicht. Im Entwurf von Mindestanforderungen für die Ausbildungsreife finden sich großteils Inhalte, die implizit schon in den schulischen Bildungsinhalten verankert sind. Der Kriterienkatalog gliedert sich in die Merkmalsbereiche:

- Schulische Basiskenntnisse
- Psychologische Leistungsmerkmale
- Physische Merkmale
- Psychologische Merkmale des Arbeitsverhaltens und der Persönlichkeit
- Berufswahlreife

Gerade die Auflistung schulischer Basiskompetenzen ((Recht-) Schreiben; Lesen; mit Texten und Medien umgehen; Sprechen und Zuhören; mathematische Grundkenntnisse; wirtschaftliche Grundkenntnisse) zeigen eine hohe inhaltliche Übereinstimmung mit schulischen Inhalten. Exemplarisch sei der Bereich (Recht-)Schreiben skizziert. Diese Erwartungen werden wie folgt beschrieben: »Die Jugendlichen können einfache Texte fehlerfrei schreiben und verständlich formulieren« (BA 2006, 22). Als Indikatoren gelten:

- Sie/er schreibt Texte in lesbarer handschriftlicher Form.
- Sie/er kennt die Grundregeln der Rechtschreibung und Zeichensetzung und kann sie anwenden.
- Sie/er kann häufig vorkommende Wörter richtig schreiben.
- Sie/er kann Texte verständlich und zusammenhängend schreiben.
- Sie/er kann formalisierte Texte verfassen: z. B. Brief, Lebenslauf, Bewerbungsanschreiben, Ausfüllen von Formularen.
- Sie/er gestaltet Texte dem Zweck entsprechend und adressatengerecht, sinnvoll aufgebaut und strukturiert (a. a. O., 22).

Im Gegensatz dazu lesen sich die Bildungsstandards für den Hauptschulabschluss (vgl. KMK 2004), speziell die erwarteten Kompetenzen der Schüler, deutlich abstrakter, ausdifferenzierter und weniger anwendungsbezogen:

> »Die Schülerinnen und Schüler kennen die vielfältigen Möglichkeiten des Schreibens als Mittel der Kommunikation, der Darstellung und der Reflexion und verfassen selbst adressatengerecht Texte. Dem Schreibanlass und Auftrag entsprechende Texte verfassen sie eigenständig, zielgerichtet, situations- und adressatenbezogen und gestalten sie sprachlich differenziert, wobei sie sprachliche Mittel gezielt und überlegt einsetzen. Sie beherrschen die zentralen Schreibformen und gestalten ihre Texte sprachlich und stilistisch stimmig, verfassen sie unter Beachtung von Strategien zur Fehlervermeidung und mit Hilfe eines Wörterbuches weitgehend fehlerfrei, schätzen sie selbstkritisch ein und überarbeiten sie gegebenenfalls. Im produktiven Umgang mit Sprache entwickeln sie eigene Ideen und bringen sie gestalterisch zum Ausdruck« (KMK 2004).

Jedem Leser wird – auch ohne differenzierten Einblick in Bildungspläne – deutlich, dass diese Anforderungen an die Ausbildungsreife genuin schulische Inhalte sind und bei weitem nicht die Anforderungen der schulischen Standards überschreiten. Verglichen mit den Regelstandards muten diese Erwartungen eher niedrigschwelliger und weniger anspruchsvoll an. Umso erstaunlicher ist es, dass trotz dieser sach- bzw. fachbezogenen Übereinstimmungen nachschulische Bildungseinrichtungen bei einem Teil der Schulabgänger diese Kompetenzen nicht voraussetzen können.

Verwiesen wird in diesem Zusammenhang auch auf die Empfehlungen der KMK des Jahres 1993 (2006 erneuert), die postulierten, dass die »Hinführung zur Berufs- und Arbeitswelt [...] [ein] verpflichtender Bestandteil für alle Bildungsgänge« ist (KMK 1993/2006). Diese Mindestanforderungen für eine Ausbildung unterstreichen den zentralen Stellenwert von grundlegenden Kompetenzen sowohl in den akademischen Leistungsbereichen Deutsch/Mathematik als auch in den Sozial- und Personalkompetenzen. Einerseits wird ein Basiswissen vorausgesetzt, um weiter lernen zu können. Andererseits werden übergeordnete Kompetenzen wie Lern-, metakognitive und auch Problemlösungsstrategien benötigt, um sich auch zukünftig flexibel mit neuen Wissens- und Handlungsfeldern auseinander setzen zu können.

Eine repräsentative Online-Umfrage bei mehr als 1.100 Unternehmen im Jahr 2010 zu der Frage »*Was ist Grundbildung im Sinne der Ausbildungsreife bei Schulabsolventen?*« erbrachte folgende ausbildungsrelevante Inhaltsbereiche:

- Deutsch (Lese- und Schreibkompetenz, Hören, Sprechen)
- Mathematik (Arithmetik und Funktionen, Prozent- und Zinsrechnung)
- Informationstechnologie (IT)
- Naturwissenschaften (Physik, Chemie, Biologie) und Technik
- Wirtschaft
- Englisch (Lese- und Hörverstehen, Schreiben und Sprechen)
- Politik, Gesellschaft und Kultur

- Soziale, personale und analytisch Kompetenzen (Klein/Schöpper-Grabe 2012b, 21)

Für die Ausbildungsreife halten die befragten Unternehmen folgende Kompetenzen (hier exemplarisch für die Bereiche Deutsch und Mathematik) bei Schulabsolventen für »unverzichtbar« oder »eher unverzichtbar«:

Deutsch

- Informationen einholen
- Die eigene Meinung begründet vertreten
- Informationen zusammenfassen
- Sich konstruktiv und sachlich an Diskussionen beteiligen
- Gespräche (wie Bewerbungsgespräche) situationsangemessen führen
- Sachverhalte (wie einen Unfall) verständlich darstellen
- Redebeiträge (wie Kurzvorträge, Diskussionsbeiträge, Arbeitsanweisungen) verstehen und angemessen wiedergeben
- Fernseh- und Nachrichteninformationen verstehen
- Sach- und Gebrauchstexte verstehen und nutzen
- Informationen aus Texten zusammenfassen
- Wichtige Informationsträger kennen und nutzen
- Informationen aus Texten bewerten
- Grundlegende Lesetechniken (wie sinnerfassendes Lesen, Überschriften formulieren) kennen und anwenden
- Rechtschreibung beherrschen
- Zeichensetzung beherrschen
- Wissen, dass unterschiedliche Kommunikationssituationen eine unterschiedliche Sprachverwendung erfordern
- Schriftlich argumentieren und Stellung nehmen
- Zwischen unterhaltenden, informierenden und wertenden Texten unterscheiden und die Textabsicht erkennen
- Berichte und Beschreibungen erstellen
- Grundregeln der Grammatik kennen und anwenden
- Schreiben sachgerecht formulieren

Mathematik

- Grundrechenarten mit natürlichen Zahlen beherrschen
- Dreisatz- und Prozentrechnung (auch bei Textaufgaben) sachgerecht anwenden
- Mit gewöhnlichen Brüchen und Dezimalbrüchen rechnen
- Umrechnen von Größen (wie Länge, Gewicht, Zeit) in verschiedene Einheiten
- Über rechnerische Lösungskompetenz (wie angewandte Sachaufgaben lösen, Überschlagsrechnen) verfügen (Klein/Schöpper-Grabe 2012b, 55)

Auch hier fällt auf, dass diese Anforderungen im Sekundarbereich I bei weitem nicht über dem Niveau der schulischen Bildungsstandards liegen. Äußerst unbefriedigend bleibt, dass es offensichtlich nicht gelingt, einem nicht unerheblichen Teil der Schulabsolventen diese anschlussfähigen Basiskompetenzen innerhalb der mindestens 9-jährigen Schulzeit zu vermitteln.

In den bisherigen Überlegungen zur Grundbildung spielen schriftsprachliche Kompetenzen eine entscheidende Rolle. Da Grundbildung häufig mit Alphabetisierung gleichgesetzt wird, folgt eine Skizze der gegenwärtigen Diskurse und Konzepte zur Alphabetisierung.

3.2 Grundbildung vs. Alphabetisierung

Die Diskussion um die Alphabetisierung entwickelte sich von der klassischen Alphabetisierungsfrage »Welche und wie viele Personen können lesen und schreiben?« hin zu der Frage »Wie gut können Personen lesen, schreiben und rechnen?« (Nuissl 1999, 563; zit. nach Tröster 2000, 13). Grundsätzlich stellt Alphabetisierung im

Verständnis der UNESCO und anderer Organisationen weltweit einen Bestandteil der Grundbildung dar (Karg/Viol/Willige 2010, 8; Kilian 2011, 6 f.). Alphabetisierung und Grundbildung waren traditionell in der allgemeinen Erwachsenenbildung und nicht in der beruflichen Bildung verankert (Tröster 2002, 11). So war auch Funktionaler Analphabetismus lange Zeit kein Thema in der beruflichen Bildung benachteiligter Jugendlicher (Christe 2014, 30). Auch in den Hinweisen des BMBFs zur Beruflichen Qualifizierung benachteiligter Jugendlicher (BMBF 2005) wurde das Problem nicht explizit benannt.

Als Funktionaler Alphabet gilt eine Person, die sich an all den zielgerichteten Aktivitäten ihrer Gruppe und Gemeinschaft, bei denen Lesen, Schreiben und Rechnen erforderlich sind, und ebenso an der weiteren Nutzung dieser Kulturtechniken für ihre eigene Entwicklung und die ihrer Gemeinschaft beteiligen kann (UNESCO 1962). Ein Funktionaler Analphabet erfüllt nicht die gesellschaftlichen Mindestanforderungen an die Beherrschung der Schriftsprache, »deren Erfüllung Voraussetzung ist zur sozial streng kontrollierten Teilnahme an schriftlicher Kommunikation in allen Arbeits- und Lebensbereichen« (Decroll 1981, 31).

Der Bundesverband Alphabetisierung beschreibt das Phänomen des Funktionalen Analphabetismus wie folgt:

> »Funktionaler Analphabetismus ist gegeben, wenn die schriftsprachlichen Kompetenzen von Erwachsenen niedriger sind als diejenigen, die minimal erforderlich sind und als selbstverständlich vorausgesetzt werden, um den jeweiligen gesellschaftlichen Anforderungen gerecht zu werden. Diese schriftsprachlichen Kompetenzen werden als notwendig erachtet, um gesellschaftliche Teilhabe und die Realisierung individueller Verwirklichungschancen zu eröffnen« (Bundesverband Alphabetisierung o.J.).

Eingeschlossen ist dabei die Fähigkeit, sich schriftlich auszudrücken. Neben einem angemessenen Tempo gehören hierzu das Ausfüllen/Beschriften von Graphiken, Tabellen, Listen, Formularen, das Schreiben geläufiger Wörter oder Fremdwörter, das Formulieren und Aufschreiben von Notizen und kurzen Nachrichten sowie das Beherrschen von Rechtschreibung und Zeichensetzung etc. Eine »kritische« Ausprägung literaler Kompetenz ist gegeben, wenn die literalen Fertigkeiten nicht ausreichen, um schriftsprachliche Anforderungen des täglichen Lebens und einfachster Erwerbstätigkeiten zu bewältigen. Dies ist gegenwärtig zu erwarten, wenn eine Person nicht in der Lage ist, aus einem einfachen Text eine oder mehrere direkt enthaltene Informationen sinnerfassend zu lesen und/oder sich beim Schreiben auf einem vergleichbaren Kompetenzniveau befindet (a. a. O.).

Wie stark das Ausmaß des Funktionalen Analphabetismus in der Bundesrepublik tatsächlich ist, machte die Hamburger Level-One Studie (leo) aus dem Jahr 2010 deutlich. Diese Studie kam zu dem Ergebnis, dass der Anteil des Funktionalen Analphabetismus deutlich höher als bislang vermutet ist. Er beläuft sich auf etwa 7,5 Millionen Menschen. D. h. 14 Prozent der erwerbsfähigen Deutschen können zwar einzelne Sätze lesen oder schreiben, nicht jedoch zusammenhängende, auch kürzere Texte wie zum Beispiel eine schriftliche Arbeitsanweisung verstehen. Fehlerhaftes Schreiben auch bei gebräuchlichen Worten betrifft laut der Studie rund 21 Millionen Menschen in Deutschland beziehungsweise knapp 40 % der erwerbsfähigen Bevölkerung.

In der Studie werden vier Level unterschieden:

- Alpha-Level 1 »Buchstabenebene«: Es werden einzelne Buchstaben erkannt und geschrieben, die Wortebene wird beim Lesen und Schreiben jedoch nicht erreicht. Der Studie zufolge befinden sich 300.000 Menschen der erwerbsfähigen Bevölkerung in Deutschland auf diesem Niveau.
- Alpha-Level 2 »Wortebene«: Davon wird beim Unterschreiten der Satzebene gesprochen. D. h. eine Person kann zwar einzelne Wörter lesen oder schreiben, jedoch keine ganzen Sätze. Dies betrifft 2 Millionen der erwerbsfähigen Personen in Deutschland.
- Alpha-Level 3 »Satzebene«: Eine Person kann zwar einzelne Sätze lesen oder schreiben, scheitert jedoch an zusammenhängenden –

auch kürzeren – Texten und vermeidet sie deshalb. Dies betrifft der Studie zufolge 5,2 Millionen Personen der erwerbsfähigen Bevölkerung.

- Alpha Level 4 »fehlerhaftes Schreiben« auf Textebene: Personen auf diesem Level können bei Verwendung eines alltäglichen Wortschatzes lesen und schreiben (auch auf Textebene), machen aber sehr viele Fehler. Texte können zwar sinnerfassend gelesen werden, die Rechtschreibung weist aber noch viele Fehler auf. Dies betrifft in Deutschland 13,3 Millionen der erwerbsfähigen Bevölkerung (Presseheft leo 2011, 6).

Die ersten drei Level werden als Funktionaler Analphabetismus identifiziert:

> »Funktionaler Analphabetismus liegt bei Erwachsenen bei Unterschreitung der Textebene vor, d. h. eine Person kann einzelne Sätze lesen oder schreiben, nicht jedoch zusammenhängende – auch kürzere – Texte. Verbunden mit vielfältigen Hürden und Gefahren in der gesamten Lebensbewältigung muss Analphabetismus vor allem als Exklusionsrisiko gesehen werden« (a. a. O.).

In den 1990er Jahren löste dann die Grundbildungsarbeit das enger gefasste Alphabetisierungskonzept ab, die neben der reinen Vermittlung der Schriftsprache auch verstärkt auf die Entwicklung personaler, sozialer sowie den allgemeinen gesellschaftlichen Anforderungen an Beschäftigungsfähigkeit entsprechender Kompetenzen abzielt. In der Regel werden, überwiegend an den Volkshochschulen, Kurse auf verschiedenen Niveaustufen angeboten. Zu den Standardangeboten zählen neben Lese- und Schreibkursen auch Grundkurse in Rechnen, Schreiben am PC, Internetkompetenz, Umgang mit Behörden, kreatives Schreiben etc. Die Debatten um berufliche Handlungskompetenz, die Verknüpfung von Lernen und Arbeiten sowie lifelong learning, aber auch die OECD-Studien, die den Zusammenhang zwischen Alphabetisierung und wirtschaftlicher Leistungsfähigkeit von Volkswirtschaften darstellten, führten Mitte der 1990er Jahre zur zunehmenden Thematisierung *berufsorientierter Grundbildung*. Damit zielte man auf eine stärkere

Vernetzung von Arbeit und Lernen und eine Integration kurs- und arbeitsbegleitender Maßnahmen, um auch Arbeitskräften mit Grundbildungsdefiziten durch gezielte »Brückenangebote« den Anschluss an berufliche Aus- und Fortbildung zu ermöglichen. Es kommen vorwiegend integrierte Konzepte des fachlichen und sozial-kommunikativen Lernens zum Einsatz. Die Vermittlung beruflich geforderter Handlungskompetenz wird mit der Persönlichkeitsentfaltung verknüpft, um Menschen darin zu unterstützen, sowohl ihre private als auch berufliche Lebensführung autonomer gestalten zu können (Kohl/Kramer 2008, 10 f.).

In den Jahren 2003 bis 2012 rief die UN eine Weltalphabetisierungsdekade aus, die in Deutschland vor allem in der »Nationalen Strategie für Alphabetisierung und Grundbildung Erwachsener« des BMBFs und der KMK, unterstützt von der Bundesagentur für Arbeit (BA), dem Deutschen Gewerkschaftsbund (DGB) und der Deutsche Städtetag, ihren Niederschlag fand. Ziel dieser Maßnahmen war es, Menschen, die nicht oder nur unzureichend lesen, schreiben und rechnen können, zur besseren beruflichen, sozialen und ökonomischen Teilhabe zu befähigen. Einen Schwerpunkt stellte das Forschungs- und Entwicklungsprogramm zur »Arbeitsplatzorientierten Alphabetisierung und Grundbildung Erwachsener« dar (2012–2014), das vom Bundesministerium für Bildung und Forschung mit einem Fördervolumen von rund 20 Millionen Euro ausgestattet ist. Das Programm gliedert sich in drei Handlungsfelder:

- Konzepte und Maßnahmen zur arbeitsplatzorientierten Alphabetisierung und Grundbildung,
- Beratungs- und Schulungsangebote für Akteure der Arbeitswelt und im Alltag der Betroffenen und
- Fortbildungsangebote für Trainerinnen und Trainer sowie Dozentinnen und Dozenten in Bildungsmaßnahmen (BMBF Alphabetisierung 2012).

Darüber hinaus verabschiedete das BMBF im Jahr 2012 eine Vereinbarung über eine gemeinsame nationale Strategie für Alphabetisierung und Grundbildung Erwachsener in Deutschland 2012–2016 (a. a. O.). Intention dieser mit 180 Millionen Euro gestützten Maßnahme ist es, in den nächsten zehn Jahren die Lese- und Schreibfähigkeiten von Erwachsenen in Deutschland deutlich zu verbessern.

Auch die Praxiskonzepte der Grundbildung in mitteleuropäischen Ländern (hier speziell England, Österreich, Belgien, Niederlande) haben ähnliche Schwerpunkte: Überall existieren Alphabetisierungskurse in der Muttersprache sowie zur Alphabetisierung von Migranten und Kurse mit den Themen Rechnen bzw. Mathematik (Decroll/Willige 2011, 291). Als Formate dienen dabei z. B. offene Lernangeboten (z. B. Lerncafés, Lerntreffs) sowie die Verbindung von Präsenzunterricht mit E-Learning. Mit Fördermitteln des BMBF hat der Deutsche Volksschullehrerverband (DVV) u. a. die Lernplattform »Ich-will-lernen.de« als Blended-learning-Instrument entwickelt.

Die Parallelen zwischen Bildung bei Benachteiligung und funktionalen Analphabeten sind allein schon hinsichtlich der Personengruppe unübersehbar:

> »Vergleicht man funktionale Analphabeten hinsichtlich sozialer Herkunft, Alter und Bildungshintergrund, gibt es Gemeinsamkeiten, aber auch Unterschiede. Sie stammen insbesondere aus unteren sozialen Schichten und sind häufig von kumulierten Benachteiligungen betroffen. Sie arbeiten beispielsweise als Angelernte, Hilfsarbeiter (z. B. Malergehilfe, Maurergehilfe, Helfer in der Küche oder im Reinigungsgewerbe) sowie als ungelernte Industriearbeiter. Zur potenziell von Analphabetismus bedrohten Gruppe gehören zunehmend Jugendliche und junge Erwachsene ohne Hauptschulabschluss und ohne Berufsausbildung« (Tröster 2010, 214).

Unterstrichen wird immer wieder, dass Alphabetisierung grundsätzlich ein Auftrag der Allgemeinen Pädagogik respektive der Schule und nicht der beruflichen Bildung ist. Eine Förderung der Alphabetisierung (auch anteilig) im berufsbildenden Bereich bedeutet letztlich, Versäumnisse des Schulsystems in nachschulischen Bildungssegmenten beheben zu müssen. Zwar ist im Einzelfall eine Förderung der Alphabetisierung möglich, wenn dies für die berufliche Eingliederung notwendig ist und ein anderer Leistungsträger für die

Kostenübernahme nicht zuständig ist (a.a.O., 214). Generell aber fällt Alphabetisierung nicht unter den Auftrag der Grundversorgung für Arbeitslose durch die Bundesagentur für Arbeit.

Die Intentionen und konzeptionellen Überlegungen einer Grundbildung speisen sich im Wesentlichen aus drei Quellen, die nachfolgend kurz skizziert werden:

- die Überlegungen seitens der UNESCO/OECD,
- die bildungstheoretische Rahmung der PISA-Studien sowie
- die Überlegungen aus dem berufsbildenden Bereich.

3.3 Das Konzept der UNSECO/OECD zur Grundbildung

In der UNESCO wird Grundbildung – häufig synonym auch als Literacy benannt – seit 1945 thematisiert. Die im Internationalen Alphabetisierungsjahr 1990 in Jomtien (Thailand) abgehaltene Weltbildungskonferenz »Education for all« (EFA) konzentrierte sich auf den Gedanken der *basic education*. Im Aktionsplan von Dakar (2000) wurde dieser Gedanke konkretisiert und gefordert, dass der Zugang zu Bildungsinstitutionen allein nicht ausreichend ist, ebenso gilt es die Qualität der Bildungsangebote zu berücksichtigen (BZM o.J.).

> »Nur relevante Lerninhalte und kulturell wirksame Lernmethoden in der Grundbildung führen auch zu spürbaren und nachweisbaren Lernergebnissen sowohl im Bereich der Basisqualifikationen als auch im Lesen, Schreiben und Rechnen« (Tröster 2002, 24 f.).

U. a. wurden gefordert, dass alle Kinder, insbesondere Mädchen, Kinder in schwierigen Lebensumständen und Kinder, die ethnischen Minderheiten angehören eine kostenlose, verpflichtende und qualitativ hochwertige Grundschulbildung erhalten. Zudem sollen die Lernbedürfnisse von Jugendlichen und Erwachsenen durch Zugang zu Lernangeboten und Training von Basisqualifikationen (*life skills*) abgesichert und die Analphabetenrate unter Erwachsenen, besonders unter Frauen, um 50 % gesenkt werden (a. a. O.). 1995 wurde Grundbildung als bedeutsames Konzept für lebenslanges Lernen herausgestellt und Grundbildung für alle sowohl in der Schule als auch in der Erwachsenenbildung gefordert (vgl. Stark et al. 1997).

Die UNESCO hat wiederholt den Anspruch, Lesen und Schreiben zu lernen, als ein Menschenrecht deklariert. Die auf der UNESCO-Weltkonferenz CONFINTEA (1997) verabschiedete »Hamburger Deklaration zum Lernen im Erwachsenenalter« kann als Konsens für das Verständnis von Grundbildung angesehen werden:

> »Grundbildung für alle bedeutet, dass Menschen ungeachtet ihres Alters die Möglichkeit haben, als Einzelne oder in der Gemeinschaft ihr Potential zu entfalten. Sie ist nicht nur ein Recht, sondern auch eine Pflicht und eine Verantwortung gegenüber anderen und in der Gesellschaft als Ganzes« (UNESCO 1997).

Das Verständnis von Literacy wurde nicht mehr nur als eine Niveaustufe in der basalen Lesefähigkeit definiert. Als Teilkompetenz und Verhaltensweise, bezogen auf Fähigkeiten, gedruckte Informationen im täglichen Gebrauch zu Hause, auf der Arbeit und in der Gemeinschaft zu verstehen und zu nutzen, dient sie dazu, das eigene Wissen und die Handlungsfähigkeit zu erweitern. Wenngleich die Definition der UNESCO scheinbar vordergründig die Fähigkeit des Lesens und Schreibens thematisiert, sind dennoch mathematische Kompetenzen darin eingeschlossen. Um in unserer Informationsgesellschaft die Vielzahl unterschiedlicher medial übertragener Informationen nutzen zu können, sind neben den Lese- und Schreibkompetenzen auch grundlegende mathematische Einsichten notwendig. So lässt sich ein Fahrplan nur verstehen, wenn grundlegendes Wissen über Zeiteinheiten bzw. Zeitspannen im Zusammenhang mit Wochentagen vorhanden ist. Werbeangebote über Preisreduzierungen benötigen zu einem sinnerfassenden Lesen und Verstehen neben basalen Lesekompetenzen grundlegende Einsichten in Geldeinheiten, Umrechnungsmodalitäten, Prozentrechnung usw.

Wie eng die Verzahnung zwischen Lese-, Schreib- und mathematischen Kompetenzen bei der Bewältigung lebenspraktischer Situationen ist bzw. wie wichtig diese zur gesellschaftlichen Teilhabe ist, unterstreichen die Ansätze der UNESCO, der PISA-Studie als auch die Alphabetisierungsdiskussion bei Erwachsenen. Neben den *klassischen* Lesekompetenzen werden auch mathematische Kompetenzen als Kernbestandteile der Alphabetisierung benannt.

Dies spiegelt sich in der Ausdifferenzierung des Alphabetisierungsbegriffs auf folgenden drei Ebenen wider:

1. Prose literacy (Prosa Alphabetisierung), d. h. die Kenntnisse und Fähigkeiten die erforderlich sind, Informationen aus Texten, einschließlich Leitartikeln, Nachrichten, Geschichten, Gedichte und Fiktion, zu verstehen und zu nutzen.
2. Document literacy (Dokument Alphabetisierung), d. h. das Wissen und die erforderlichen Kompetenzen, um die in verschiedenen Formaten wie Bewerbungen, Lohnabrechnungen, Fahrplänen, Karten, Tabellen und Grafiken enthaltenen Informationen zu erkennen und zu verwenden.
3. Quantitative literacy (Quantitative Kompetenz), d. h. das Wissen und die Fähigkeiten, die erforderlichen Rechenoperationen entweder einzeln oder hintereinander auszuführen und dabei auf abgedruckte Zahlen anzuwenden, wie es beispielsweise nötig ist zum Führen eines Scheckheftes, beim Herausfinden der Höhe des Trinkgeldes einer Rechnung oder bei der Berechnung des Zinssatzes eines angebotenen Kredites (vgl. OECD 2000; Kaiser/Schwarz 2003, 359 f.).

Diese Erweiterung des Literacy-Begriffs »impliziert, dass die Techniken des Lesens und Schreibens nicht die einzigen Voraussetzungen für die Teilnahme an den heutigen Gesellschaften sind, sondern dass sie vielmehr durch kommunikative Fähigkeiten ergänzt werden müssen« (Hussain 2010, 43).

Das Konzept der Grundbildung gilt seitdem als Minimalstandard, als unterste Stufe von Bildung. Grundbildung markiert keinen festen Wissens- oder Themenkanon, sondern ist ein relativer Begriff, der sich an aktuelle gesellschaftliche Erfordernisse anpasst. Die UNESCO definiert eine allgemeine Grundbildung als grundlegenden Anspruch eines jeden Menschen zur Ermöglichung (s)einer gesellschaftlichen Teilhabe.

> »Literacy is a human right, a tool of personal empowerment and a means for social and human development. Educational opportunities depend on literacy. Literacy is at the heart of basic education for all, and essential for eradicating poverty, reducing child mortality, curbing population growth, achieving gender equality and ensuring sustainable development, peace and democracy« (UNESCO-education o.J.).

Literacy bildet demnach den Kern einer Bildung für alle. Sie befähigt die Menschen zum Lernen und zum (Weiter-)Lernen und sichert ein erfolgreiches lebenslanges Lernen. Nicht grundgebildet zu sein bedeutet, sich an zielgerichteten Aktivitäten und ihren jeweiligen gesellschaftlichen Bezügen, bei denen Lesen, Schreiben und Rechnen erforderlich sind, nicht beteiligen zu können (Linde 2008, 53 f.).

Alphabetisierung und Grundbildung sind zwischen Bildungsarbeit und sozialer Arbeit angesiedelt, d. h. es wird zunehmend die »soziale Frage« an die Bildung aufgeworfen. Es geht sowohl um die Vermittlung von Grundkompetenzen in den Bereichen Lesen, Schreiben, Rechnen als auch um Beratung und Unterstützung in der individuellen Lebenslage. Die Orientierung an der Alltags- und Lebenswelt der Lernenden ist unabdingbares Prinzip der Bildungsarbeit, um so deren Sinnhaftigkeit zu unterstützen. Ein direkter Verwendungszusammenhang des Gelernten stärkt die Motivation und ermöglicht einen Transfer auf weitere, alltägliche Anforderungen. Übergeordnetes Ziel bedeutsamer Konzepte ist die Ermöglichung gesellschaftlicher Teilhabe und Förderung der Emanzipation der Adressatengruppe (vgl. Tröster 2010, 231).

3.4 Grundbildung als inhaltliche Rahmung der PISA-Studie

Spätestens seit der PISA-Diskussion ab dem Jahr 2000 tritt der Begriff der »Grundbilung/Literacy« meist in Kombination mit dem Begriff »Kompetenzen« in bildungspolitischen Diskussionen auf. Trotz aller Fachspezifik und Unterschiedlichkeit in den Ausprägungen liest es sich, auch wenn ein solches Verständnis von den PISA-Autoren nicht intendiert war, wie der »Inbegriff einer neuen Allgemeinbildung« (Messner 2003, 401). Er markiert vor allem einen Perspektivwechsel hin zu einer nach- und außerschulischen Funktion von Bildungsangeboten. Die international vergleichende Schulleistungsstudie PISA definiert für 15-Jährige sogenannte »Basiskompetenzen«, »die in modernen Gesellschaften für eine befriedigende Lebensführung in persönlicher und wirtschaftlicher Hinsicht sowie für eine aktive Teilnahme am gesellschaftlichen Leben notwendig sind« (Deutsches PISA-Konsortium 2001, 16).

Die Grundidee der PISA-Studien dokumentiert sich in dem Begriff einer kulturellen Literalität, einer kulturellen Grundbildung. Kulturelle Literalität erweitert die Vermittlung eines elementaren Basiswissens in den Kernbereichen Sprache/Deutsch und Mathematik um die Funktionalität des vermittelten Wissens. D. h. die Transferierbarkeit, die Anwendbarkeit des (schulisch) vermittelten Wissens in alltagbezogenen, kulturellen, beruflichen, sozialen Kontexten wird zum charakteristischen Merkmal einer Grundbildung. Grundbildung beruht auf bereichsspezifischem Wissen. Die Testaufgaben sollen das Potential der Jugendlichen erkunden, ihr Wissen zielgerichtet und reflektiert in Problemsituationen einzusetzen (PISA-Konsortium 2007, 36). Damit wird die Funktionalität von Kompetenzen im kulturellen und gesellschaftlichen Zusammenhang unterstrichen. Beide Items, sowohl das Konzept- als auch das Prozesswissen, sind grundlegende und notwendige Voraussetzung für weiterführendes, lebenslanges Lernen (a. a. O.). Es besteht

Konsens darüber, dass Literalität als das grundlegende Fundament von Bildung betrachtet wird. Literalität soll Partizipation an allen gesellschaftlichen Prozessen sichern sowie ein gleichberechtigtes und selbstbestimmtes Leben ermöglichen.

Der Begriff Grundbildung (Literacy) wurde gewählt, um zu betonen, dass vor allem mathematische und schriftsprachliche Kenntnisse und Fähigkeiten, wie sie im traditionellen Curriculum der Schulmathematik definiert werden, im Rahmen von OECD/PISA nicht im Vordergrund stehen. Stattdessen liegt der Schwerpunkt auf der funktionalen Anwendung schriftsprachlicher und mathematischer Kenntnisse in ganz unterschiedlichen Kontexten und auf ganz unterschiedliche, Reflexion und Einsicht erfordernde Weise. Hervorzuheben ist die enge Verzahnung zwischen schriftsprachlichen und mathematischen Kompetenzen. Beide Aspekte markieren die zentralen Bereiche gesellschaftlicher Teilhabe:

> »Die Beherrschung der Muttersprache in Wort und Schrift sowie ein hinreichender Umgang mit mathematischen Symbolen und Modellen gehören in allen modernen Informations- und Kommunikationsgesellschaften zum Kernbestand kultureller Literalität« (Deutsches PISA-Konsortium 2001, 20).

Mit der Konzentration auf die Erfassung von Basiskompetenzen als Kern einer kulturellen Literalität wird ein didaktisch und bildungstheoretisch normatives Konzept skizziert (Deutsches PISA-Konsortium 2001, 19). Die Unterrichtsfächer und die schulischen Themen sind zwar variabel, nicht aber der Auftrag, notwendige kulturelle Basiskompetenzen zu vermitteln. Diese »Basiskompetenzen« für gesellschaftliche Teilhabe sind sozial offener, langfristiger und inhaltlich anspruchsvoller als herkömmliche Lernziele (Kaiser/Schwarz 2003). In dieser funktional-pragmatischen Auffassung wird der Inhalt schulischer Bildung an seinem Gebrauchswert für die Lebens- und Berufswelt gemessen.

3.5 Grundbildung aus ausbildungs- und berufspädagogischer Perspektive

Gerade im nachschulischen Kontext wird immer wieder darauf aufmerksam gemacht, dass eine genaue Begriffsdefinition von Grundbildung schwierig ist, da »kein einheitliches Verständnis« existiert (Tröster 2000, 17). Dennoch lassen sich im Diskurs um Grundbildung innerhalb der Berufspädagogik verschiedene Diskussionslinien nachzeichnen. Zum einen wird Grundbildung hinsichtlich seiner Abgrenzung zum Alphabetisierungsbegriff thematisiert. Wenngleich »bisher kein Konsens über eine eindeutige Abgrenzung bzw. das Zusammenspiel von Alphabetisierung und Grundbildung« (Linde 2008, 53) besteht, wird Grundbildung als der umfassendere Begriff angesehen. Alphabetisierung stellt sich dabei als ein Teil von Grundbildung dar (Tröster 2000, 13). Zum anderen wird Grundbildung als relativer Begriff betrachtet, der sich an aktuellen gesellschaftlichen Erfordernissen orientiert und insofern einem beständigen Wandel unterliegt (Döbert 1999; Tröster 2000, 17). Verbunden mit der Ausrichtung an gesellschaftlichen Anforderungen wird der Grundbildungsbegriff in diesem Bereich vor allem arbeits- und berufsorientiert ausgelegt und ist »im Spannungsfeld von individueller Lebensbewältigung und fachlich-arbeitsmarktbezogener Qualifizierung« (Bastian 2002, 7) verortet.

Verschiedene Interessengruppen plädieren aus unterschiedlichen Motiven für eine gesicherte Grundbildung. Die Wirtschaft fordert diese als Voraussetzung für den Wirtschaftsstandort; die Gewerkschaften betonen Grundbildung als notwendige Voraussetzung für eine aktive Partizipation an der Gesellschaft und den Erhalt demokratischer Strukturen. Die Bildungspolitik und Erwachsenenbildung betonen das Recht des Menschen auf Bildung generell und Vertreter sogenannter gesellschaftlicher Randgruppen verweisen auf den Integrationsaspekt von Bildung und Erwerbsarbeit (Döbert/Hubertus 2000, 124).

Gerade dieses Spannungsfeld zwischen Bildungsstandards bzw. Zertifikatsorientierung und individuellen Kompetenzen ist vor allem für die Diskussion um Bildungsangebote bei Benachteiligten äußerst relevant. Folgende ausgewählte, exemplarische Befunde unterstreichen noch einmal die Notwendigkeit:

- Schon die Ergebnisse der PISA-Studien belegen, dass sich das Problem mangelnder Grundbildung nicht von selbst erübrigt, sondern kontinuierlich »nachwächst«: Immer noch verlässt etwa ein Fünftel der Schüler am Ende der Sekundarstufe I die Schule, ohne über ausreichende Grundbildung zu verfügen (vgl. Deutsches PISA-Konsortium 2001; PISA-Konsortium 2004; PISA 2012). Trotz einer mindestens neunjährigen Schulpflicht und eines hoch entwickelten Schulsystems erfüllt die allgemeinbildende Schule ihren Bildungs- und Erziehungsauftrag nur bedingt.
- Die Annahme, dass Bildungszertifikate die Lernfähigkeit und die zu erwartende Produktivität der Jugendlichen und jungen Erwachsenen abbildet, ist nicht ausreichend (Konietzka, 2012, 825). Zudem gibt es keine signifikanten Befunde, die auf die Vorteile eines Hauptschulabschlusses hindeuten (Gentner/Meier 2012, 77).
- Einfacharbeitsplätze sind meist durch nicht formal Qualifizierte besetzt. Einfache Tätigkeiten können oft schon nach einer Einarbeitungszeit von wenigen Tagen übernommen werden, eine abgeschlossene qualifizierende Ausbildung wird in der Regel nicht vorausgesetzt (vgl. Badel/Nierhaus 2009; Schroeder 2012; Basendowski 2013).
- Durch die ständige Änderung von Arbeitsprozessen, besonders durch die Entwicklung neuer Technologien und weiter fortschreitende Automatisierung der Produktion, steigen die Anforderungen an Arbeitstätigkeiten kontinuierlich. Gleichzeitig ist ein Anstieg der Anforderungen an niedrig qualifizierte Arbeitskräfte festzustellen. Einfache Arbeit erweist sich als Tätigkeit, für die Arbeitnehmer durchaus gewisse Qualifikationen und Kompetenzen vorweisen müssen. Hierzu zählen vor allem grundlegende Kenntnisse und Fähigkeiten im mathematischen und sprachlichen

Bereich sowie dementsprechende soziale und kommunikative Basiskompetenzen (Badel/Nierhaus 2009, 1).

- In Deutschland waren um das Jahre 2010 etwa 7,3 Millionen Erwerbstätige beschäftigt, die über keinen Berufsabschluss verfügen und vielfach als Ungelernte oder Geringqualifizierte bezeichnet wurden. Die meisten dieser Erwerbstätigen haben Schwierigkeiten, die Mindestanforderungen an Lese- und Schreibkompetenzen der modernen Arbeitswelt zu erfüllen (Klein/Schöpper-Grabe 2012b). Mit dem Niveau des zu erreichenden Bildungsabschlusses nimmt »auch die Dichte an additiven Fördermaßnahmen zu […]«. Im Gegenzug dazu existieren für die Zielgruppen mit den größten Defiziten die am wenigsten ausdifferenzierten und übergreifenden Förderansätze (a. a. O., 65).

Das Institut der deutschen Wirtschaft Köln (IW Köln) hat in einer repräsentativen bundesweiten Online-Befragung unter mehr als 1.100 Unternehmen (davon 911 ausbildungsaktive Unternehmen) 2010 die Erwartungen der Unternehmen erhoben, die diese an die Fähigkeiten von an- und ungelernten Erwerbspersonen richten (Klein/Schöpper-Grabe 2012a, 5f).

Unternehmen achten bei der Auswahl von Geringqualifizierten vor allem auf vorhandene Sozial- und Selbstkompetenzen wie Ehrlichkeit, Zuverlässigkeit, Pünktlichkeit, Leistungsbereitschaft (► Abb. 3). Von insgesamt 16 genannten Kompetenzbereichen umfassen acht den klassisch-akademischen bzw. schulischen Bereich und sieben den Bereich sozialer Kompetenzen. In den schulisch geprägten Wissensbereichen wurden ausschließlich schriftsprachliche und mathematische Themenfelder benannt. Weder informationstechnologische noch Fremdsprachenkenntnisse sind in diesem Sektor relevant. Als Grundlage der Verständigung am Arbeitsplatz und für nahezu alle Unternehmen eine nicht verhandelbare Arbeitsbedingung ist die mündliche Beherrschung der deutschen Sprache. Für die überwiegende Mehrheit der Unternehmen müssen Geringqualifizierte darüber hinaus Sachverhalte mündlich verständlich darstellen und tätigkeitsrelevante Texte verstehen können. Auch

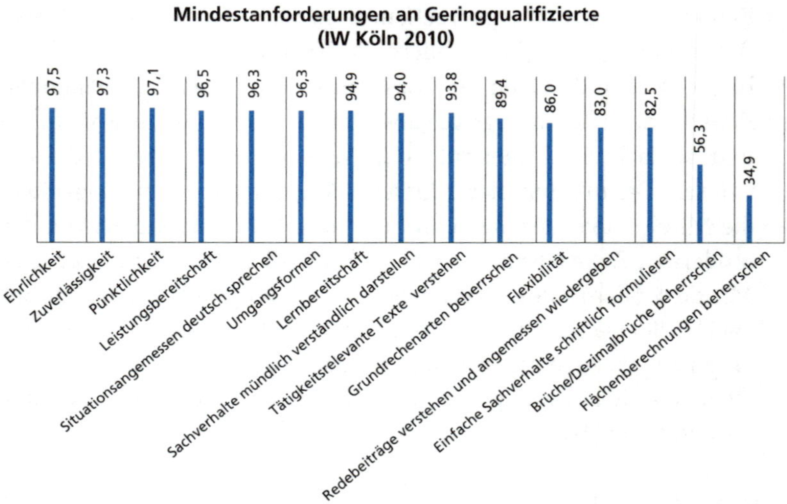

Abb. 3: Mindestanforderungen der Unternehmen an Geringqualifizierte (nach Klein/Schöpper-Grabe 2012a, 5 f.)

zählen die Beherrschung der Grundrechenarten und die Fähigkeit, einfache Sachverhalte schriftlich formulieren zu können, bei den Unternehmen mehrheitlich zu den Mindestanforderungen. Bruchrechnen und Flächenberechnungen haben eine geringere Relevanz.

Berufsbildenden Einrichtungen stehen vor dem Dilemma, einmal »Reparaturanstalt für Grundbildung« zu sein und andererseits auch darin berufsfeldbezogene, fachtheoretische und fachpraktische Lerninhalte – gerade bei lernschwachen Schülern – zu vermitteln (Klein/Schöpper-Grabe 2012, 63). Es fehlen Verbindlichkeiten zwischen allgemeinen und berufsbildenden Systemen, d. h. an passgenauen und anschlussfähigen Kompetenzen. Aus der Sicht der Berufspädagogik wird gefordert, »das weit gefasste Kompetenzverständnis der beruflichen Bildung systematisch in die allgemeinbildende Schule einzuarbeiten und dort umzusetzen« (Gentner/Meier 2012, 81).

3.6 Grundzüge einer Grundbildung als Mindeststandard für gesellschaftliche respektive berufliche Teilhabe

Der Begriff Grundbildung – häufig wird auch synonym der Begriff Literacy bzw. Literalität verwendet – wird in der pädagogischen und bildungspolitischen Literatur in einer nahezu unüberschaubaren Vielfalt benutzt. Zahlreiche gesellschaftliche und fachwissenschaftliche Bereiche werden damit in Verbindung gebracht (scientific literacy, visual literacy, family literacy, teaching information literacy, media-literacy, computer-literacy, reading literacy, health-literacy, emotional literacy usw.). In allen Bereichen fungiert der Begriffe als Definition von Bildungszielen. Gleichzeitig dokumentiert er auch ein basales Verständnis, eine Einstellung gegenüber einer inhaltsbezogenen, fachspezifischen Grundbildung einschließlich der Methoden ihrer Vermittlung.

Ein einheitliches Verständnis zur Frage, was Grundbildung eigentlich ist, existiert nicht. Dies liegt vor allem darin begründet, dass Grundbildung zunehmend in Abhängigkeit zu den gesellschaftlichen Erfordernissen betrachtet wird (vgl. Döbert 1998; Tröster 2000; Klein/Schöpper-Grabe 2011a; Basendowski 2014). Diese divergieren und stellen somit unterschiedliche Mindeststandards an Grundbildung und an die in ihnen agierenden Personen. Damit muss Grundbildung regional bzw. global, aber auch aufgrund individueller Dispositionen unterschiedlich definiert und konzipiert werden.

Dies begründet sich vor allem mit der Entfremdung bzw. Distanzierung zwischen Schule und Alltags- bzw. individueller Lebenswelt. Schon der Kinder- und Jugendbericht aus dem Jahr 2005 kritisiert das »Selbstverständnis einer Schule, die ihren spezifischen Charakter genau aus einer gewissen Distanzierung von Alltags- und Lebensweltkontexten« herausbildet und betont im Gegenzug »die Gesellschaftlichkeit von Schule« als Kern ihrer Tätigkeit (Kinder- und Jugendbericht 2005, 299). Gesellschaftliche Teilhabe für alle Kinder und Jugendlichen kann von Schule alleine nicht erreicht werden, sondern bedarf einer umfassenden Grundbildung. Diese reicht weit über den spezifischen Lernort Schule und die in ihm kultivierte formale Lernform hinaus und kann nur in inter-institutioneller Kooperation und in enger Zusammenarbeit mit den Familien, einschließlich der Kinder und Jugendlichen selbst, erfüllt werden (Kinder- und Jugendbericht 2005, 299). Auch die internationalen Vergleichsstudien (IALS, PISA) unterstreichen, dass die allgemeinbildenden Schulen ihren Bildungs- und Erziehungsauftrag nur bedingt erfüllen. Denn das Mindestziel ist es, alle Schüler mit grundlegenden Fähigkeiten, mit Wissen und Können auszustatten, damit gesellschaftliche respektive berufliche Teilhabe gesichert ist. Diese Paradoxie diskutiert Basendowski (2014) und fragt:

> »ob Teilhabe im Sinne von PISA bzw. der Bildungsstandards begrifflich deckungsgleich ist mit Teilhabe aus dem UN-Übereinkommen für die Belange von Menschen mit Behinderungen. Die Vermutung liegt nahe, dass wir es mit zwei unterschiedlichen Begriffsverständnissen zu tun haben. Zugespitzt formuliert würde das heißen: mit einer gesellschaftlich-wirtschaftlichen (PISA) und einer menschenrechtlichen (UN-Konvention) Teilhabe. Dies hätte jedoch zur Folge, dass den jungen Menschen, die aufgrund diverser Wechselwirkungen von individuellen Ausgangslagen und sozialen Bedingungen das unterste Limit an Grundbildungscompetencies nicht erreichen, auf der einen Seite zwar das Recht auf Teilhabe zugesprochen wird, ihnen auf der anderen Seite jedoch gleichzeitig nur geringe Teilhabechancen prognostiziert werden« (Basendowski 2014, 194).

Diese Argumentationen sind weniger als normative Setzung zu verstehen, sondern begründen dringend notwendige Modifikation schulischer Angebote. Sie dienen in einem weiteren Schritt als Grundlage für die Erarbeitung eines passfähigen, individuell ausgerichteten Konzepts von Grundbildung.

All diese Argumentationen verweisen im Wesentlichen auf die programmatische Verbindungslinie zwischen Grundbildung und gesellschaftlicher Teilhabe. Grundbildung lässt sich wie folgt zusammenfassend durch folgende Kriterien charakterisieren:

Tab. 4: Charakteristika der Grundbildung

Ziel	Inhalt	Konzeptionelle Überlegungen
• Grundbildung bezeichnet die Minimalvoraussetzungen an Wissensbeständen, Kenntnissen, Fertigkeiten, personalen und sozialen Kompetenzen, die für die Orientierung und aktives Handeln in der Gesellschaft notwendig sind (vgl. Döbert 1998; Tröster 2000; Kinder- und Jugendbericht 2005). • Grundbildung ist ein Oberbegriff für die grundlegenden Kompetenzen, die Voraussetzung für eine erfolgreiche Teilnahme an der Gesellschaft, sowohl im privaten Umfeld wie im beruflichen Alltag, sind. • Als Basisbildung ist sie noch unterhalb des Begriffs Allgemeinbildung angesiedelt und gilt als Mindeststandard für gesellschaftliche Teilhabe. • Grundbildung wird dabei als ein »Kontinuum« angesehen, auf	• Grundbildung erfasst die elementaren Fähigkeiten und Fertigkeiten des Lesens, Schreibens, Rechnens und den Umgang mit Symbolen und Zeichen, die für die alltags- und berufliche Kommunikation unverzichtbar sind. Als elementarer Bestandteil von Handlungskompetenz schließt sie auch soziale und personale Kompetenzen ein (vgl. Kaiser/Schwarz 2003; Klein/Schöpper-Grabe 2012; Tröster 2002). • Grundbildung ist vom Inhalt her kein feststehend definierter Begriff, da gesellschaftliche Anforderungen und individuelle Lebenslagen zu berücksichtigen sind (vgl. Döbert 1998). Damit bewegt sich Grundbildung im Spannungsfeld von individueller Lebensbewältigung und fachlicher, arbeitsplatz- und	• Grundbildung basiert auf einem dynamischen Verständnis von Bildung, d. h. auf der Basis eines soliden Wissensfundaments werden neue Kenntnisse und Fähigkeiten erworben. Diese Sichtweise betont zum einen die Anwendungs- bzw. Transferfähigkeit und zum anderen die Anschlussfähigkeit für nachfolgendes Lernen. • Didaktik, Methoden und Organisation der Lernprozesse müssen die Bedürfnisse und Lernvoraussetzungen der Bezugsgruppe zum Ausgangspunkt nehmen (vgl. Döbert 1998). • In der Förderung ist zunächst von situativen, literalen Mindestanforderungen auszugehen und auf ein konkretes, situationsspezifisches (schulisches, betriebliches, alltagsrelevantes) Anforderungsniveau hin zu qualifizieren. • Förderung wird hier nicht in Form festgelegter curricularer Einheiten angeboten, sondern ist gezielt und individuell abgestimmt für und mit einzelne/n Personen zu erarbeiten. Auf eine vorab festgelegte Reihenfolge notwendiger Lernschritte, d. h. auch auf eine generalisierte Entscheidung über die vermeintlich notwen-

Tab. 4: Charakteristika der Grundbildung – Fortsetzung

Ziel	Inhalt	Konzeptionelle Überlegungen
dem verschiedene Stufen zu erreichen sind (Kaiser/Schwarz 2003, 361). • Sie zielt darauf ab, insbesondere bildungsbenachteiligten und lernungewohnten Menschen Lernen zu ermöglichen und sie mit grundlegenden Fähigkeiten, mit Wissen und Können auszustatten, um Partizipation zu ermöglichen und die Emanzipation der Individuen zu fördern (vgl. Döbert 1998; Klein/Schöpper-Grabe 2011b, 13).	arbeitsweltbezogener Qualifizierung. Dies schließt neben den sogenannten Schlüsselqualifikationen auch branchen-, bereichs- und berufsspezifische Inhalte ein, z. B. in Form von Basiswissen bzw. Fachvokabular (vgl. Bastian 2002; Kilian 2011; Tröster 2002; Kohl/Kramer 2008). • Die Abkehr von vorrangig abschlussorientierten Bildungsintentionen ermöglicht es, Bildungsinhalte kreativ und situationsbezogen zu bestimmen (Hopf 2011, 197).	dige Abfolge eines Lernprozesses, wird verzichtet. Favorisiert wird – gerade abgeleitet aus den Erfahrungen der Alphabetisierung – ein Methodenpluralismus (vgl. Nickel 2000; Tröster 2002; Hopf 2011). • Grundbildungsarbeit vollzieht sich an unterschiedlichen Orten, in verschiedensten Organisationsformen und in unterschiedlichen konkreten Verwendungszusammenhängen. Sie knüpft an das Alltagshandeln an und fokussiert auf den ständigen Transfer des Gelernten. Als mehrheitlich non-formale Bildungsformate sind sie vorrangig anschluss- und nachrangig abschlussorientiert.

Die Schule orientiert sich gegenwärtig nicht an den Erfordernissen der Mindestkompetenzen, die i.S. einer Grundbildung für Ausbildung notwendig sind.

> »Ebenso wenig wird überprüft, ob und in welchem Umfang die Schulen den kodifizierten Erziehungs- und Bildungsauftrag nachkommen und allen Schülerinnen und Schülern die zur Bewältigung späterer Lebenssituationen notwendigen Kompetenzen vermitteln« (Klein/Schöpper-Grabe 2012b, 6).

Wiederholt wird betont, dass ein »gesellschaftlich notwendiger Konsens über schulische Grundbildung i.S. verbindlicher Mindeststandards dringend geboten ist« (a. a. O., 7).

Grundbildung kann – wenn sie als Bildungs- und Weiterbildungsmaßnahme, als pädagogischer Vermittlungsprozess im gesellschaftlichen Kontext des Erziehungssystems operiert und damit einen Systemkontext aller Bildungsangebote herstellt – zum kommunikativen Bestandteil des Erziehungssystems werden (Kurtz 2006, 114).

> »Man könnte von einem Kernbereich des Erziehungssystems sprechen, wenn alle drei Ebenen Interaktion, Organisation und Gesellschaft dem pädagogischen Primat folgen, oder anders: wenn die Absicht, etwas für den Lebenslauf Brauchbares zu vermitteln, in Organisationen geschieht, die dem Primat des Erziehungssystems folgen (also Schule, Kindergarten und Volkshochschule)« (a. a. O., 114).

4

Konzeptionelle Überlegungen

Die Kulturtechniken, d.h. schriftsprachliche und mathematische Kompetenzen, gelten im Grundbildungs-Konzept als basale, kulturelle Werkzeuge. Sie sind die wichtigsten Voraussetzungen zur Generalisierung universeller Prämissen für die Teilhabe an Kommunikation und damit auch Lernfähigkeit (Deutsches PISA-Konsortium 2001, 21). Sie zielen auf bereichsspezifische sowie fachübergreifende Kompetenzbereiche ab, die i.S. einer Handlungsfähigkeit auf die aktive Teilnahme am gesellschaftlichen Leben vorbereiten sollen. Kulturelle Literalität erweitert die Vermittlung eines elementaren Basiswissens in den Kernbereichen Sprache/Deutsch und Mathematik um die Funktionalität des vermittelten Wissens. Schriftsprachliche und mathematische Kompetenzen (Kulturtechniken) werden in variierenden Anwendungssituationen modelliert und zielen auf bereichsspezifische sowie -übergreifende Kompetenzbereiche ab. Das bedeutet, die Transferierbarkeit bzw. die Anwendbarkeit des (schulisch) vermittelten Wissens in alltagsbezogenen, kulturellen, beruflichen sowie letztlich in sozialen Kontexten wird zum charakteristischen Merkmal kultureller Literalität.

4.1 Schriftsprachliche und mathematische Kompetenzen als Basiskompetenzen

Teilhabe in dem Verständnis als selbstbestimmtes und gleichberechtigtes Einbezogensein in eine Lebenssituation bzw. in alle Lebensbereiche (▸ Kap. 1) basiert auf Informationen.

Gerade öffentliche Arbeits-, Wohnungs-, Freizeit- und Bildungsangebote sind zunächst reine Informationsangebote. Über Flyer, Anzeigetafeln, Werbeprospekte, Hinweistafeln in öffentlichen Gebäuden und Räumen, aber auch über Formulare, Internetseiten, Plakate usw. werden diese Informationen verbreitet. Wir sind tagtäglich von unzähligen Informationsangeboten umgeben. Ein wesentliches Charakteristikum unseres gegenwärtigen Alltags ist sein hoher Informationsgehalt: Unsere heutige Gesellschaft ist eine Informationsgesellschaft. Unser Alltag beruht auf einem ständigen Fluss an Informationen, die weitgehend medial gestützt sind und verbreitet werden. Das Internet ist z. B. ein modernes Netzwerk zur extrem schnellen Generierung und Verbreitung von Informationen, die für eine nahezu unbegrenzte Anzahl von Personen verfügbar werden. Die Gewinnung, Speicherung und letztlich auch der produktive Umgang mit Informationen sind eine grundlegende Voraussetzung für gesellschaftliche Teilhabe.

Welche Kompetenzen sind notwendig, um diese Informationsangebote sinnvoll nutzen zu können?

Die auf Plakaten, Hinweisschildern, Prospekten, Internetseiten usw. enthaltenen Informationen lassen sich als eine besonders herausfordernde Textform charakterisieren, als diskontinuierliche bzw. nichtlineare Texte. Sie bestehen aus einer Kombination grafischer und textueller Elemente, aus einem Geflecht von Grafiken, Symbolen, Schrift- und Ziffernsymbolen, Icons und häufig auch bewegten Bildern bzw. Typografien. Oft sind diese Codierungen noch mit Maßeinheiten wie Währung und Zeit verbunden. Die in solchen Situationen angebotenen Informationen basieren im Wesentlichen auf schriftsprachlichen und mathematischen Zeichen, d. h. auf unserem kulturell geprägten und konventionellen Zeichen- und Symbolsystem. Es müssen die Einzelelemente (Zahlen, Signalwörter, Schlagzeilen, Firmenlogos, Terme, Wortgruppen usw.) kombiniert und in einen Sinnzusammenhang gesetzt werden. Die Schwierigkeit, sich in diesen Situationen angemessen zu orientieren, besteht sicher nicht in der Anwendung der jeweiligen Einzelkompetenz wie Lesen, Schreiben und Rechnen, sondern darin, diese Einzelkompetenzen in einen subjektiv bedeutsamen Zusammenhang zu bringen, d. h. unsere basalen schriftsprachlichen und mathematischen Kenntnisse situationsadäquat anzuwenden. Diese Informationen werden erst durch die Berücksichtigung des Kontextes für die jeweilige Person brauchbar und sinnvoll.

Ein fast alltäglich genutztes und aus unserem Alltag kaum noch wegzudenkendes Informationsangebot stellen neben diversen Printmedien Internetseiten dar. Welche Voraussetzungen muss der Nutzer mitbringen, um dieses Angebote für sich sinnvoll nutzen zu können? Das Beispiel der Homepage der Deutschen Bahn mag dies illustrieren (www.bahn.de).

Die Darstellungen auf dieser Internetseite entsprechen nicht unseren stark schulisch geprägten Vorstellungen von Lesen, Schreiben und Rechnen. Es ist auf der Seite kaum ein vollständiger Satz zu finden, direkte Hinweise für Rechenoperationen finden sich ebenfalls nicht. Die potentiellen, subjektiv relevanten Informationen sind aus der Kombination schriftsprachlicher, bildlicher, grafischer und mathematischer Zeichen und Symbolen herauszufiltern. Der Umgang mit dieser Seite setzt situationsbezogenes Vorwissen voraus, z. B. die Funktion und Intention einer Internetseite selbst. Charakteristisch für diese Textform ist u. a. die »Verlinkung« von textuellen und grafisch formalen Elementen. Beide Darstellungsformen verweisen aufeinander bzw. ergänzen sich idealerweise. Digitale Texte, die zugleich auch immer diskontinuierliche Texte sind, ermöglichen und erfordern erweiterte Lesestrategien. Anders als in den gewohnten Printmedien wird hier ohne eine vorgegebene Reihenfolge (üblich ist zeilenweises Lesen) gelesen. Die dieser Seite hinterlegte Struktur ist nicht linear, sondern netzartig. Die Fülle der Informationen erschließt sich erst in der interaktiven Auseinandersetzung mit der Seite, z. B. durch das Aufrufen von Links. Die dahinterliegende Struktur ist für den Nutzer oft nur schwer zu überblicken. Sie bildet ein »Geflecht aus einzelnen, durch Links nichtlinear miteinander verbundenen Textmodulen« (Bertschi-Kaufmann/Härvelid 2007, 37). Die auf der Seite auffindbaren Textstrukturen (hier vor allem Wörter, Wortgruppen und Abkürzungen) weisen zwar gleiche Formalstrukturen wie in der regulären Schriftsprache auf, erfüllen aber jeweils andere Funktionen. Es muss dem Nutzer klar sein, dass – wenngleich oft auf gleicher Zeile geschrieben – die themenbezogenen Wörter und Begriffe zur Funktionalität der Seite (z. B. »Drucken« oder auch ein Leerfeld auf der Seite rechts oben, hinter dem sich die Suchfunktion verbirgt) nicht in einem unmittelbaren Zusammenhang stehen. Icons bzw. grafische Elemente wie das Symbol eines Briefumschlags oder auch »@« verweisen auf weitere Steuer- bzw. Bedienungselemente einer grafischen Benutzeroberfläche. Über die Nutzung der Maus als Eingabegerät wiederum werden einzelne Wörter (meist über einen symbolisierten Zeigfinger) so markiert, dass sie auf weiterführende Informationen verweisen, meist auf einen Hyperlink, d. h. auf einen Querverweis in einem Hypertext, der einen Sprung zu einem anderen elektronischen Dokument anzeigt. Hier wird vorausgesetzt, dass der Nutzer um diese potentiell zusätzlichen Informationen weiß und diese auch adäquat (eben durch einen definierten Eingabemodus, z. B. Mausklick) aufrufen kann. Ist diese weiterführende Information nicht mehr wichtig, muss der Weg zurück auf die Hauptseite menügesteuert gefunden werden.

Auch »Zahlenmaterial« findet sich auf der Internetseite häufig. Jedoch anders als im Arithmetikunterricht sind nahezu alle Ziffernangaben kontextgebunden, d. h. mit Maßeinheiten versehen. Sie verweisen eben nicht auf schultypische innermathematische Bezüge bzw. auf konkrete Rechenoperationen. Die Zahlen beziehen sich auf unterschiedlichste Kontexte (wie z. B. Preise, Abfahrt und Ankunftszeiten, Datumsangaben, Uhrzeit usw.). Weiterführende Informationen zu Städtereisen, Hotels, Autovermietungen, Bahncards oder auch Fahrkarten selbst ergänzen die Seite. Hinzu kommen inzwischen animierte, häufig auch akustisch unterlegte Werbeanzeigen aus unterschiedlichsten Branchen.

Dieses Informationslesen wird zukünftig eine zentrale Rolle einnehmen:

> »Der Schwerpunkt der Lesekompetenz in der Mediengesellschaft dürfte sich [...] in Richtung auf das Informationslesen verlagern. Zu gleich aber verändern sich auch die Informationstexte selbst: Mit der Präsentation von Informationen als Hypertexte im WWW erhalten Informationstexte eine neue Struktur, die nicht zuletzt durch assoziativ-konzeptuelle Elemente gekennzeichnet ist [...].« (Schreier/Rupp 2006, 286).

Welche pädagogischen Herausforderungen bringen diese Anforderungen für die Vermittlung von Grundbildung mit sich?

Nachfolgend werden die dazu grundlegenden Kompetenzmodelle für Deutsch und Mathematik skizziert. Der Rückgriff auf die Kompetenzmodelle begründet sich einmal in ihrer fachlichen bzw. fachwissenschaftlichen Fundierung und ihrer internationalen Anerkennung und Verwendung. Sie vermögen didaktisch-methodischen Entscheidungen einen Rahmen, eine Orientierung zu geben. Diese Modelle als Kompetenzstrukturmodelle (▶ Kap. 3.1.) sind schulformunabhängig und eignen sich als fachwissenschaftliche Fundierung der Bildungsangebote. Sie können als Interpretationsfolie sowohl für die Planung der Unterrichtsangebote als auch für die Einordnung der Schülerleistungen dienen. Eine Prognostik des Lernverlaufes oder auch der Lernergebnisse hingegen ist nicht möglich.

Die seit Jahren konstatierten Diskrepanzen zwischen den Erwartungen der Schulleistungen und den tatsächlichen fachbezogenen

Leistungen der Schüler (▸ Kap. 3) ist primär nicht der Validität dieser Konstrukte zuzuschreiben. Auch wenn die Befunde der vergleichenden Schulleistungsstudien eher ernüchternd sind, ist dies nicht dem Konstrukt selbst, sondern dem jeweils konkreten schulischen Setting, den konkreten didaktisch-methodischen Entscheidungen und situativen Bedingungen zuzuschreiben.

Zunächst wird der Begriff der Kompetenzen erläutert. Nachfolgend werden die Kompetenzstrukturmodelle für Deutsch und Mathematik skizziert.

4.1.1 Kompetenzbegriff

Kompetenzen erfassen sowohl aktuale als auch potentielle Fähigkeiten und Fertigkeiten einer Person, die jeweils situations-, d. h. anforderungsabhängig sind. Nach Weinert werden Kompetenzen definiert als »die bei dem Individuum verfügbaren oder durch sie erlernbaren kognitiven Fähigkeiten und Fertigkeiten, um bestimmte Probleme zu lösen sowie die damit verbundenen motivationalen, volitionalen (d. h. absichts- und willensbezogenen) und sozialen Bereitschaften und Fähigkeiten, um die Problemlösungen in variablen Situationen erfolgreich und verantwortungsvoll nutzen zu können« (Weinert 2001, 27). Sie verstehen sich als Verhaltensdisposition, stellen die Verbindung zwischen Wissen und Können her und sind als Befähigung zur Bewältigung unterschiedlicher Situationen zu sehen (vgl. Klieme 2004, 13). Individuelle Kompetenz umfasst demzufolge all jene Teile der Persönlichkeit (Wissen, Fähigkeiten, Verstehen, Können, Handeln, Erfahrung, Motivation), die eine Person dazu befähigen, konkrete Anforderungssituationen eines bestimmten Typs zu bewältigen (Stanat et al. 2012). Erpenbeck und Rosenstiel (2003) definieren Kompetenzen allgemein als das, »was jemanden in die Lage versetzt, ein Handlungsziel in gegebene Situationen aufgrund von Erfahrungen, Wissen und Können selbstorgansiert zu erreichen« (Erpenbeck/Rosenstiel 2003, X–XII). Kompetenzen gehen weit über die Formulierung/Festschreibung traditioneller Wissensziele als reproduzierbares Faktenwissen hinaus. Kompetenzen respektive Problemlösefähigkeiten basieren auf einem kognitiven Kompetenzbegriff, der sich auf »prinzipiell erlernbare, mehr oder minder bereichsspezifische Kenntnisse, Fertigkeiten und Strategien bezieht« (Deutsches PISA-Konsortium 2001, 22). In diesem Verständnis sind intellektuelle Fähigkeiten mit bereichsspezifischem Vorwissen, Fertigkeiten und Routinen, motivationalen Orientierungen, metakognitiven und volitionalen Kontrollsystemen sowie persönlichen Wertorientierungen in einem komplexen System eng verbunden (vgl. Weinert 2001 in Klieme 2004).

Bei aller Unterschiedlichkeit in der Kompetenzdiskussion lassen sich folgende Merkmale von Kompetenzen als charakteristisch festhalten:

- Kompetenzen sind die dem Individuum verfügbaren oder durch sie erlernbaren kognitiven Fähigkeiten und Fertigkeiten, um bestimmte Probleme zu lösen sowie die damit verbundenen motivationalen, volitionalen und sozialen Bereitschaften und Fähigkeiten, um die Problemlösungen in variablen Situationen erfolgreich und verantwortungsvoll nutzen zu können (vgl. Weinert 2001).
- Kompetenzen sind keine kontextfreien Fähigkeitsdimensionen, sondern jeweils anforderungs- und situationsbezogen (vgl. Erpenbeck/Rosenstiel 2007).
- Sie werden durch Erfahrung und Lernen erworben und können durch institutionalisierte Bildungsprozesse beeinflusst werden (vgl. Jung 2010).
- Kompetenzen sind die normative Deskription unterschiedlicher Handlungsfelder; sie beschreiben erwünschte, hypothetische Verhaltensdispositionen in einer Situation innerhalb sozial gesetzter Handlungsfelder, die in Handlungen als Performanzen komplex in Erscheinung treten (vgl. Basendowski 2013).

Spätestens seit den ersten Befunden der PISA und IGLU-Studien im Jahr 2000 taucht der Begriff der Kompetenzen in der pädagogischen Diskussion fast inflationär auf. Lernziele werden seitdem als

Kompetenzen formuliert und in äußerst ausdifferenzierten Kompetenzkatalogen zusammengestellt. In schulischen Kontexten weit verbreitet sind Kompetenzraster. In Form eines Einschätzungsrasters werden hier differenzierte (Lern-)Wege der Schüler beschrieben, um (curricular valide) Wissenselemente in den Abstufungen von Grundkenntnissen bis hin zu komplexen Fähigkeitsstufen zu erwerben. Kompetenzraster bilden oft den Entwurf eines Kompetenzerwerbsschemas ab (Lersch 2010). Es werden Inhalte (fachspezifische Fähigkeiten sowie Schlüsselqualifikationen) und Qualitätsmerkmale (meist in Form von Niveaustufen) präskriptiv erfasst (a. a. O.). Die bislang genutzten Kompetenzraster basieren im Wesentlichen auf fachwissenschaftlich begründeten und curricular definierten schulischen Inhaltsbereichen. Vorrangig werden Wissens-, Könnens- oder Fertigkeitsbereiche benannt. Das beobachtbare, abgeprüfte, d. h. performante Wissen wird in schulischen Kontexten als Kompetenz interpretiert. Orientiert an diesem sachlogischen Aufbau des Lehrgegenstands implizieren sie häufig ein fachdidaktisches Vorgehen, das gleichzeitig auch die intendierte Lernentwicklung und den Lernfortschritt abbilden soll.

Dieses Verständnis von Kompetenzen vermag zwar ein didaktisch-methodisches Vorgehen fachwissenschaftlich begründen, für eine Präskription von individuellen Lernprozessen jedoch greift sie deutlich zu kurz. Diese Sichtweise vernachlässigt alle weiteren Einflussfaktoren auf einen Kompetenzerwerb wie beispielsweise die Faktoren Motive und Motivation oder auch Vorerfahrungen sowie den Einfluss situativer Momente in der konkreten Lernsituation. Eine rein fachwissenschaftlich begründete Sachlogik allein begründet und provoziert nicht zwingend eine Lernlogik.

Spätestens seit der Hattie-Studie ist aber auch bekannt, dass der Unterrichtsstil bzw. die pädagogische Grundhaltung sowie die fachbezogenen, pädagogisch-didaktischen, diagnostischen Kompetenzen einer Lehrkraft einen erheblichen Einfluss auf die Leistungen der Lernenden haben.

Da der Kompetenzbegriff nicht allein fachspezifische, sondern auch emotional-soziale und situationsspezifische Faktoren umfasst, sind weitere Variablen wie Vorwissen, Intelligenz, Gedächtnis, Konzentrationsfähigkeit mit ihrem je moderierenden Charakter aber auch Aspekte wie das Lern- und Leistungs- bzw. schulische Selbst- und Begabungskonzept zu berücksichtigen. Kompetenzen sind im hohen Maße abhängig von der sozialen Rolle, dem Selbstbild und den situationsbezogenen Vorerfahrungen des Einzelnen. Schulisch vermittelte Grundfertigkeiten wie Lese-, Schreib- und Rechenstrategien werden erst mit ihrem Transfer, mit ihrer Anwendung in sozialen Situationen zu Kompetenzen.

Zudem sind darüber hinaus spezifische Fragestellungen mehrheitlich aus der Persönlichkeitspsychologie, wie beispielsweise die Diagnose und Förderung von Aufmerksamkeits-, Konzentrations-, Gedächtnisleistungen und metakognitiven Fähigkeiten, Fragen motivationaler und emotionaler Befindlichkeiten, zu berücksichtigen (Lauth et al. 2014). In Interventionen, gerade bei lernschwachen Schülern, gilt es wirksame Anreize für angemessenes Lernverhalten einzusetzen (Linderkamp 2014). Durch operante Techniken können komplexe Verhaltensweisen wie Selbstkontrolle, Kreativität, Kritikfähigkeit und Autonomie aufgebaut und die Motivation gefördert werden (a. a. O., 235).

Interventionsmaßnahmen erweisen sich beispielsweise dann als effektiv, wenn durch Rückmeldungen und Bekräftigungen die eigenen Kompetenzen wahrgenommen werden (Schiefele 2014). Gerade bei Schülern mit Lernschwierigkeiten ist es wichtig, auch kleinste Lernfortschritte zurück zu melden. Das Interesse wird besonders durch lebensnahe und real-authentische Aktivitäten gefördert. Bringt ein Schüler dem Unterrichtsstoff eine hohe Wertschätzung entgegen, erlebt er die Auseinandersetzung damit als emotional befriedigend (a. a. O.). Aufgaben sollten in ihrem Schwierigkeitsniveau so gestaltet sein, dass sie bei hinreichender Anstrengung für den Schüler lösbar sind. Zentral und übergeordnet ist es hier, die persönliche Bedeutsamkeit des Lehrgegenstandes zu sichern. Für den Lernenden muss es sinnvoll und plausibel sein, etwas Bestimmtes zu lernen, das Ziel muss klar und persönlich bedeutungsvoll sein (a. a. O.).

Neben diesen sozial-emotionalen Komponenten bilden kognitive Strategien (Elaborations-, Organisations-, Selbstkontroll- und Selbstregulationsstrategien) sowie metakognitive Strategien eine wesentliche Grundlage erfolgreichen Lernens (vgl. Lauth et al. 2014). Studien belegen die Wirksamkeit direkter Instruktionen und Strategieinstruktionen gerade bei lernschwachen Schülern (Lebens/Lauth 2014, 427).

Neuere, kompetenzorientierte Prüfformate präferieren – in Anlehnung an die Konstrukte der PISA-Aufgaben – Transferaufgaben, müssen aber systembedingt auf Anwendungssituationen bzw. realitätsnahe Situationen beschränkt bleiben. Ein tatsächlicher Gebrauch dieser Wissenselemente jedoch in authentischen, berufs- und lebensoriginalen Situationen lässt sich in schulischen Kontexten hingegen kaum realisieren. Diese Überlegungen werden vor allem bei der Planung von Lernangeboten gerade für die Schüler der »Risikogruppen« bzw. von Bildungswegen außerhalb von Regelstandards relevant.

4.1.2 Modelle schriftsprachlicher und mathematischer Kompetenzen: Die Bildungsstandards der KMK (2004)

Die KMK-Standards stellen in der Klassifikation zu Kompetenzmodellen von Schecker und Parchmann (2006) ein normatives Kompetenzstrukturmodell dar. Da diese zur Deskription der Basiskompetenzen innerhalb der Grundbildung geeignet erscheinen, werden deren Inhalte und Strukturen hier nachfolgend kurz dargestellt.

Schriftsprachliche Kompetenzen (KMK 2004)

Dieses Modell erfasst sowohl den Inhalt als auch die Funktion und die didaktischen Prinzipien im Deutschunterricht: »Die deutsche Sprache ist vom fachlichen Grundverständnis her Medium, Gegenstand und Unterrichtsprinzip zugleich« (KMK 2004, 7). Der Anspruch dieses Unterrichts ist sehr umfassend. Die Sprache hat für die schulische Arbeit in der Sekundarstufe I grundlegende Bedeutung und ist auch für »die Teilhabe am gesellschaftlichen Leben, für die eigenverantwortliche Bewältigung der Anforderungen von Schule, Alltag, Gesellschaft und Arbeitswelt und für die Fortsetzung der Schullaufbahn notwendig« relevant (a. a. O.). Darüber hinaus leistet das Fach seinen Beitrag, um auf »die Anforderungen der Berufsausbildung« vorzubereiten und einen »wesentlichen Beitrag zur Allgemeinbildung« zu leisten (KMK 2004, 6).

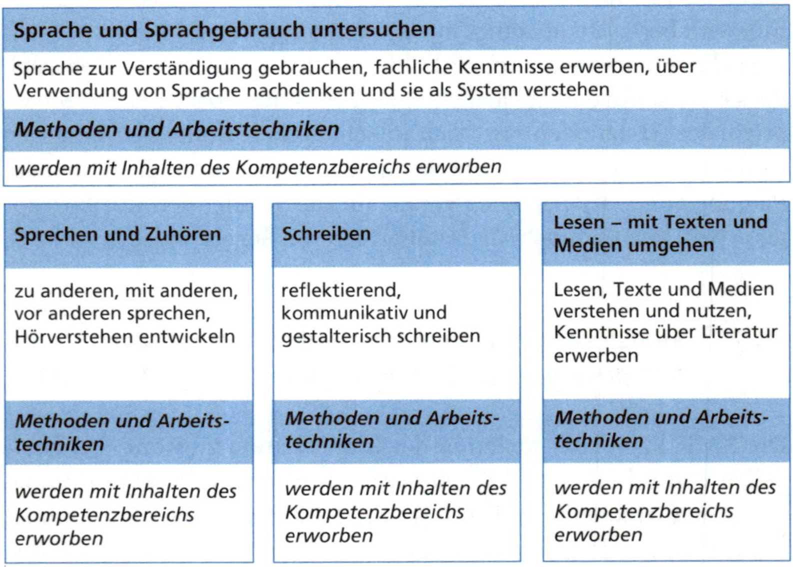

Abb. 4: Kompetenzstrukturmodell schriftsprachlicher Kompetenzen (KMK Deutsch 2004, 8)

Zentral für gesellschaftliche Teilhabe und auch in diesem Modell ist die Lesekompetenz im Sinne von »Reading Literacy«. Dies beschreibt die Fähigkeit, Lesen in verschiedenen lebenspraktisch bedeutsamen Situationen einsetzen zu können (Bos et al. 2003a; Deutsches PISA-Konsortium, 2001, 2002, 2004). Reading literacy geht deutlich über die bloße Lesefertigkeit hinaus und beschreibt die Fähigkeit »geschriebene Texte zu verstehen, zu nutzen und über sie zu reflektieren, um eigene Ziele zu erreichen, das eigene Wissen und Potential weiterzuentwickeln und am gesellschaftlichen Leben teilzunehmen« (Baumert et al. 2001, 23). Das Verstehen basiert, grob unterschieden, auf textimmanenten und wissensbasierten Verstehensleistungen. Beim textimmanenten Verstehen bilden die im Text enthaltenen Informationen ausreichend Grundlage für die Beantwortung der Fragen. Das wissensbasierte Verstehen setzt eine situationsadäquate Interpretation unter Rückgriff auf weiteres Vorwissen voraus. Lesen selbst versteht sich nicht ausschließlich als reine Fertigkeit bzw. Technik. Lesen wird als aktive Auseinandersetzung mit Texten aufgefasst (Groeben/Hurrelmann 2002). Es wird als informationsverarbeitender Prozess verstanden, bei dem der Lesende die im Text enthaltenen Aussagen aktiv mit seinem Vor-, Welt- und Sprachwissen verbindet (Bos et al. 2003a; Deutsches PISA-Konsortium 2001, 2002). So verstanden impliziert Lesekompetenz gleichzeitig Handlungskompetenz (Mokhlesgerami 2004) und differenziert sich unter dem Aspekt des Leseverstehens in drei grundlegende Dimensionen aus:

1. *Textarten*: Lesekompetenz zeigt sich darin, verschiedene Arten von Texten lesen zu können, wie z. B. Beschreibungen, Erzählungen, Tabellen, Übersichten, Fahrpläne, Formulare, Grafiken, elektronische Texte oder auch in Texte eingebundene bildliche Veranschaulichungen, wie z. B. auf Internetseiten.
2. *Leseaufgaben*: Lesekompetenz zeigt sich darin, verschiedene Leseaufgaben auszuführen, wie z. B. Informationen heraussuchen, Interpretationen entwickeln, über die Inhalte eines Textes und auch seine Form zu reflektieren.
3. *Situationen*: Lesekompetenz zeigt sich darüber hinaus darin, Texte zu lesen, die für verschieden Situationen geschrieben wurden, z. B. private Texte, Texte zur Arbeitsanleitung (Deutsches PISA-Konsortium 2001, 23).

Für den Kompetenzbereich »Lesen mit Texten und Medien umgehen« sind drei Kompetenzniveaus definiert:

- Informationen aus Texten entnehmen = *Textverständnis*
- Informationen interpretieren, d. h. miteinander verknüpfen und mit eigenem Vorwissen verbinden = *Bedeutungskonstruktion*
- Informationen und ihre Darbietungsform reflektieren und bewerten = *Schlussfolgerungen ziehen* (KMK 2004)

Seit den PISA-Studien geht man von einem erweiterten Textbegriff aus. Als Texte werden nicht mehr nur fortlaufend lesbare (kontinuierliche) Prosatexte angesehen, sondern auch Darstellungen, die Informationen diskontinuierlich, also tabellarisch oder grafisch wiedergeben, wie zum Beispiel Diagramme, Formulare, Karten, Fahrpläne, Ergebnislisten etc. Eingeschlossen ist hier auch die Bildkompetenz, die Fähigkeit, »depiktionale Repräsentationen« (Balkenhol 2016), ohne die die komplexen Bild-Text-Beziehungen, wie es sie beispielsweise bei Internetseiten gibt, nicht erschlossen werden können.

Mathematische Kompetenzen (KMK 2004)

Auch zur Charakterisierung mathematischer Kompetenzen bieten die Bildungsstandards im Fach Mathematik für den Primar- und Sekundarbereich eine grundlegende Orientierung (KMK 2004). Mathematische Kompetenzen umfassen zwei zentrale Inhaltsbereiche: die allgemeinen und die inhaltsbezogenen mathematischen Kompetenzen. Beide Kompetenzbereiche sind untrennbar miteinander verbunden und in der Planung, Durchführung und Reflexion des Unterrichts gleichermaßen und gleichberechtigt zu berücksichtigen. Damit wird unterstrichen, dass der Mathematikunterricht weit über die Aneignung basaler Kenntnisse und Fertigkeiten hinausgehen muss.

Auf internationaler Ebene wird vor allem der enge Zusammenhang zwischen Mathematik und Sprache herausgestellt und kommt damit dem Gedanken einer schulisch fächerübergreifenden Grundbildung deutlich näher. Unsere Sprache ist das zentrale Werkzeug zum Wissenserwerb und unabdingbar für soziale Aktivitäten. Sie erfüllt eine Doppelfunktion und ist in der Mathematik sowohl Lerngegenstand als auch Unterrichtsmedium. In den Standards für den Mathematikunterricht werden seit knapp zehn Jahren als Reaktion auf die veränderten Anforderungen der Gesellschaft drei Komponenten als zentral herausgearbeitet:

1. Mathematische Literalität verlangt Fähigkeiten und Fertigkeiten, die über Arithmetik und einfaches Rechnen hinausgehen und die Entwicklung von Problemlösefähigkeiten mit einschließen.
2. Mathematische Literalität beinhaltet eine spezifische Position zur Sprache: Innerhalb der natürlichen Sprache werden mittels Konventionen, spezifischer Ausdrücke und Symbole Uneindeutigkeiten vermieden. Darüber hinaus kann unter diesem Aspekt auch berücksichtigt werden, dass selbst eine mathematische Sprache über eine eigene Grammatik und Syntax verfügt. Die Schüler müssen in der Lage sein, mit Mathematik über Mathematik kommunizieren zu können.
3. Mathematische Literalität geht von einer dynamischen, tätigkeitsorientierten Auffassung von Mathematik aus und beinhaltet demnach Prozessziele (Kaiser/Schwarz 2003, 361).

Eine zentrale Kompetenz ist das *Modellieren*. Diese Kompetenz sollen die Schüler dadurch erwerben, indem sie sich mit konkreten Situationen ihrer Lebenswelt auseinandersetzen, authentische Fragen und Probleme formulieren und diese mathematisch lösen. Die so erworbenen Kompetenzen werden als neues Können und Wissen in neuen Situationen angewandt. Eine mathematische Einstellung zeigt sich auch in einer kritisch konstruktiven Fragehaltung zu realen und konstruierten Sachsituationen (KMK 2004).

Wie bereits in Kapitel 3 ausgeführt, sind diese Intentionen dem Grundgedanken einer Grundbildung inhärent. Mathematische Grundbildung bedeutet,

> »die Rolle zu erkennen und zu verstehen, die die Mathematik in der Welt spielt, fundiert mathematische Urteile abzugeben und sich auf eine Weise mit der Mathematik zu befassen, die den Anforderungen des gegenwärtigen und zukünftigen Lebens einer Person als konstruktivem, engagiertem und reflektierendem Bürger entspricht« (Deutsches PISA-Konsortium 2001, 23).

Mathematische Kompetenzen i.S. der Bildungsstandards lassen sich als dreidimensionale Matrix in ihrer Vernetzung wie folgt darstellen:

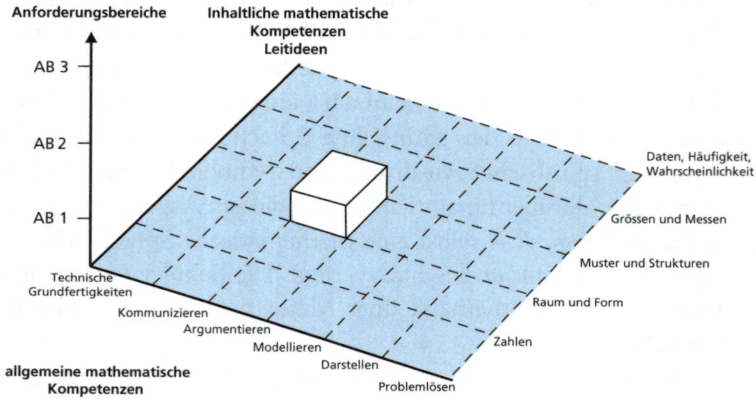

Abb. 5: Kompetenzmodell der Bildungsstandards für die Grundschule (Walther 2008)

Die Kategorie *Leitidee* umfasst die bekannten mathematischen Inhalte als eine eher schematisch geprägte Facette der Mathematik (Ufer et al. 2013): Zahlen und Operationen, Raum, Muster, Größen, Daten und Zufall. Diese sind i.S. des Kompetenzbegriffs unmittelbar verbunden mit den sogenannten »allgemeinen mathematischen Kompetenzen«, die eher eine sozial-kommunikative bzw. konzeptuell-inhaltliche Facette widerspiegeln (a. a. O.). Sie haben überwiegend sprachlich-kommunikativen Charakter und befähigen erst in Verbindung mit den mathematischen Leitideen zum mathematisch kompetenten Handeln.

Mathematische Kompetenzen werden zudem über drei Niveaus bzw. Anforderungsbereiche ausdifferenziert:

1. Verfahren ausführen/reproduzieren
2. Verbindungen und Zusammenhänge herstellen – anwenden, transferieren
3. Mathematisches Denken und Verallgemeinern – reflektieren

Mathematische Kompetenzen fokussieren auf die Anwendung von Mathematik in unterschiedlichen Situationen (Deutsches PISA-Konsortium 2001, 23). Sie begrenzen sich nicht auf die Kenntnis mathematischer Sätze und Regeln und die Beherrschung mathematischer Verfahren. Sie zeigen sich vielmehr »im verständnisvollen Umgang mit Mathematik und in der Fähigkeit, mathematische Begriffe als ›Werkzeug‹ in einer Vielfalt von Kontexten einzusetzen« (a. a. O., 141). In diesem Verständnis wird Mathematik mit einem Werkzeug verglichen. Ein Werkzeug ist ein Gegenstand, der in unserem Alltag erst dann zum Einsatz kommt, wenn wir ein Problem haben, das wir ohne seine Hilfe nicht lösen können. Aus der Vielzahl unserer Werkzeuge suchen wir uns genau das heraus, was zur Lösung dieses konkreten Problems nützt. Alle anderen Werkzeuge bleiben in diesem Moment unbeachtet, können aber in einer anderen Situation wieder sehr sinnvoll eingesetzt werden. Ebenso versteht sich Mathematik als ein Hilfsmittel, eine Technik in unserer Kultur, die hilft, Probleme zu lösen. Für diese Lösungen jedoch kann es keine generell verbindlichen, keine richtigen oder falschen, sondern nur geeignete oder weniger geeignete Wege geben. Abzuwägen, auszuwählen, zu begründen i.S. einer allgemeinen mathematischen Kompetenz ist jedoch, welche Strategie in welcher Situation besonders geeignet ist. Nicht der Lösungsweg selbst, sondern seine Funktionalität, seine Angemessenheit in der jeweiligen Situation, machen eine mathematische Fähigkeit erst zu einer mathematischen Kompetenz.

4.1.3 Mehrebenmodell zur Systematisierung und Rahmung von Basiskompetenzen im Kontext von Teilhabe

Der Begriff der Basis- bzw. Grundbildung erfasst die Kompetenzen, die für eine erfolgreiche Teilnahme an der Gesellschaft Voraussetzung sind. Er bezieht sich auf die konkreten Anforderungen einer Gesellschaft und ist deshalb ein relativer und sich ändernder Begriff, da er sehr stark abhängig ist von den gesellschaftlichen (Weiter-)

Entwicklungen, z. B. den technologischen Entwicklungen, der wachsenden Bedeutung moderner Informations- und Kommunikationstechnologien sowie den Veränderungen in der Arbeitswelt. So fordern heute beispielsweise bereits einfache Tätigkeiten in der Arbeitswelt entsprechende Lese- und Schreibkenntnisse. Neben den traditionellen Inhaltsbereichen wie Lesen, Schreiben und Rechnen tritt heutzutage auch der Umgang mit elektronischen Medien wie Tablets, Computer, Mobiltelefonen, Bank- und Ticketautomaten u. ä. i.S. einer informationstechnischen, -technologischen Grundbildung hinzu.

Kompetenzen sind in hohem Maße abhängig von der sozialen Rolle, dem Selbstbild und den situationsbezogenen Vorerfahrungen des Einzelnen. Schulisch vermittelte Grund- oder Basisfertigkeiten wie beispielsweise Lese-, Schreib- und Rechenstrategien werden erst mit ihrem Transfer, mit ihrer Anwendung in sozialen Situationen zu Kompetenzen. So ist die erfolgreiche Umsetzung beispielsweise eines Kochrezepts sowohl von den schriftsprachlichen und mathematischen Basiskompetenzen abhängig als auch von der jeweils konkreten sozialen Rolle bzw. der Funktion des Betreffenden (beispielsweise als Hobbykoch im privaten Haushalt oder als Auszubildender in einer Lehrküche).

Eine generalisierbare und allgemeingültige Beschreibung notwendiger allgemeingültiger Kompetenzen für gesellschaftliche Teilhabe erscheint somit weder möglich noch erstrebenswert. Deskriptive Analysen sind jeweils nur im Kontext der konkreten sozialen Situation realisierbar. Grundlage für Handlungs- bzw. Interventionsplanungen müssen daher sowohl die normativen Anforderungen in den jeweiligen, konkreten Situationen ebenso wie die Kompetenzen der Beteiligten sein.

Das nachfolgende Mehrebenenmodell erfasst und systematisiert die verschiedenen Kompetenzebenen (Prozess-, Subjekt- und soziale Ebene). Es basiert auf dem bekannten Modell zur Beschreibung schriftsprachlicher Kompetenzen (vgl. Rosebrock/Nix 2008) sowie auf dem Ansatz einer »situativen Mathematik« (vgl. Basendowski 2013). Situative Mathematik skizziert ein Verständnis von Mathematik, die ihren Wert erst als »Tauschwert« im Zugang zur Alltagsbewältigung und zu den Berufsbildungssystemen entfaltet (a.a.O., 66).

Dieses Konzept stellt eine Synthese aus schriftsprachlichen und mathematischen Kompetenzen mit situationsabhängigen, arbeits- und alltagsbezogenen Schwerpunkten dar. In seiner Kombination verschiedener Kompetenzebenen ist es als erweitertes Kompetenzstrukturmodell zu verstehen, dass neben individuellen kognitiven, sozialen und motivationalen umwelt- und umfeldbezogene Merkmale berücksichtigt. Das Modell bildet drei zentrale Dimensionen (Prozess-, Subjekt- und soziale Ebene) ab, die zur Bewältigung des Alltags notwendig sind (▸ Abb. 6). Schriftsprachliche und mathematische Fertigkeiten sind als hierarchieniedrige Prozesse charakterisiert. Über sie zu verfügen, ist zwar eine notwendige, aber keine hinreichende Voraussetzung für Teilhabe; über diese zu verfügen, sichert allein diese nicht. Für kompetentes Handeln im Alltag sind des Weiteren subjektive Faktoren zu berücksichtigen. Diese wiederum müssen im engen Zusammenhang mit den situativen Gegebenheiten und den dahinterliegenden gesellschaftlichen Diskursen analysiert werden.

Diese Dimensionen dienen ihrer Deskription und Systematisierung. Die sich überlappenden Kreise illustrieren die wechselseitigen Beziehungen der einzelnen Kompetenzebenen. Angelehnt an das ökosystemische Modell von Bronfenbrenner (1981) (mit den Systemebenen Mikro-, Meso- und Makrosystem) bilden sie die Interdependenzen zwischen Person und Situation ab. Sie betonen die Wechselwirkungen zwischen den jeweiligen Ebenen, an denen der Betreffende beteiligt ist. Darüber hinaus werden Bereiche abgebildet, in denen die Person nicht unmittelbar selbst beteiligt ist, die aber dennoch, z. B. durch Ausbildungsmöglichkeiten, Arbeitsmarksituationen, Konsum- und Freizeitangebote usw., seine Lebensbereiche beeinflussen.

Die Dimensionen begründen keine zwingende Abfolge im Erwerb bzw. in der Vermittlung. Im Gegenteil: Die Auswahl schulischer Inhalte muss sich an ihrem Beitrag zur gesellschaftlichen Teilhabe des Einzelnen orientieren, d. h. welche schriftsprachlichen und mathematischen Kompetenzen werden gebraucht, um sich beispielsweise im Fußballverein anzumelden, ein Kochrezept, eine Arbeitsanweisung umzusetzen, online eine Bewerbung zu versenden?

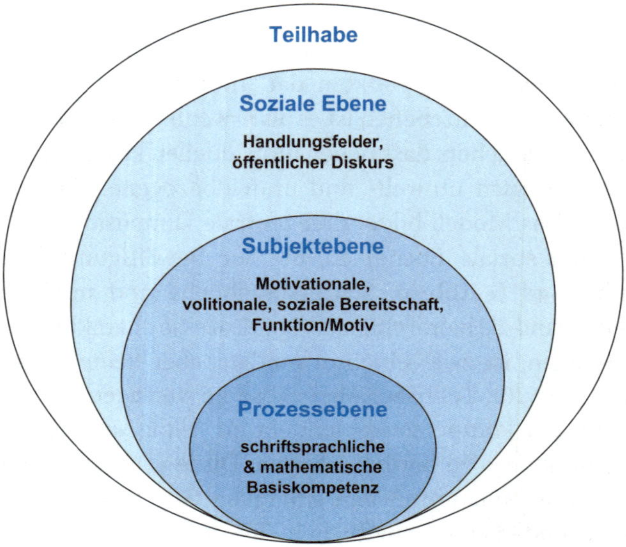

Abb. 6: Mehrebenenmodell schriftsprachlicher und mathematischer Kompetenzen im Kontext gesellschaftlicher Teilhabe (nach Basendowski 2013; Rosebrock/Nix 2008)

Die Prozessebene erfasst primär die konkreten basalen schriftsprachlichen und mathematischen Fertigkeiten. Diese zu vermitteln, wird gegenwärtig mehrheitlich als Auftrag von Schule wahrgenommen und umgesetzt. Dies spiegelt sich u. a. in den vielfältigen Diskussionen um geeignete Lehrwerke, Lehrgänge, didaktisch-methodische Prämissen, fachdidaktische Diskurse usw. wider. Mathematische und schriftsprachliche Anforderungen markieren das Lesen, Schreiben und Rechnen als literale Praxen. Bei deren Vermittlung spielen u. a. auch Lese- und Rechentrainings eine wichtige Rolle. Andererseits sind rein automatisierte Fertigkeiten kein Garant für kompetentes Handeln. Basale schriftsprachliche Anforderungen auf der Prozessebene sind beispielsweise die Buchstaben-, Wort- und Satzerkennung, die lokale Kohärenzbildung durch die Verknüpfung von Satzfolgen sowie das Einbeziehen von Sprach- und Weltwissen usw.

(vgl. Rosebrock/Nix 2008). Auf mathematischer Ebene zählen dazu die Grundfertigkeiten des Zählens und Rechnens, Einsichten zum Aufbaus des Zahlenraums, die Grundkenntnisse im Umgang mit Größen und geometrischen Begriffen.

Die Subjektebene erfasst individuelle Aspekte wie Interessen, Leistungsmotivation, Selbstbild, Begabungskonzepte, Einstellungen und Volition. Welche Rolle spielt das unmittelbare soziale Umfeld? Welche Bedeutung haben Lesen, Schreiben und Rechnen in der Familie, in der Peergroup? Zu berücksichtigen sind zudem auch funktionale Aspekte: Kann mit den Kompetenzen ein Schul-, ein beruflicher Abschluss, ein Zertifikat erreicht werden? Sind die Kompetenzen geeignet, innerhalb einer Bewerbungssituation zu bestehen?

Die soziale Ebene fokussiert stärker auf die jeweils situationsbedingten sozialen Kontexte und sichert die Anschlusskommunikation. Sie bildet jeweils einen spezifischen Ausschnitt aus dem gesellschaftlichen Alltag ab. So ist der Wortschatz jeweils berufsspezifisch, beispielsweise ist er in der öffentlichen Verwaltung stark durch behördenspezifisches Vokabular gekennzeichnet. Wer von uns ist nicht schon einmal – trotz entwickelter schriftsprachlicher Kompetenzen – an der Komplexität von Formularen einschließlich der dazugehörigen Verwaltungssprache gescheitert? Entscheidend sind für kompetentes Handeln auch das Erkennen der jeweils situationsbedingten sozialen Regeln, z. B. Kleidung, Sprachgebrauch, Arbeits- und soziale Routinen, Rituale usw. Die Berücksichtigung dieser Ebene erkennt an, dass die Nutzung von Schriftsprache in die jeweils soziale Praxis eingebunden ist und subjektiven Sinnsetzungen unterliegt (vgl. Barton/Hamilton 1998; Hurrelmann 2004; Linde 2008; Pape 2011). Die soziale Ebene thematisiert die notwendige Anschlusskommunikation, d. h. die Person soll in die Lage versetzt werden, das kommunikative Angebot für sich kritisch-reflektiert und sinnvoll zu nutzen.

Erst die Berücksichtigung der Trias aller Kompetenzebenen und die Synthese aller Kompetenzelemente entfaltet das Potential einer Grundbildung und vermag handlungsleitend für die Gestaltung kompetenz- und teilhabeorientierter Bildungsangebote zu sein.

Derartige Bildungsangebote müssen sich an den gegenwärtigen und möglichen zukünftigen sozialen Situationen gesellschaftlicher Teilhabe orientieren. Nicht die schulisch realitätsnah gestalteten Anwendungsfelder stehen im Mittelpunkt, sondern die Bewältigung konkreter sozialer Situationen selbst.

Unter dieser Prämisse mag es gelingen, Bildungsangebote tatsächlich als individuelle Kompetenzentwicklung zu verstehen und zu realisieren und gerade bei Jugendlichen mit Behinderungen und Benachteiligungen auf der Basis ihrer individuellen Kompetenzen gesellschaftliche Teilhabe zu sichern.

4.2 Grundbildungsorientierte Konzepte

Das Ende des Schulbesuchs und der Wechsel in die nachfolgenden Systeme der Berufsausbildung und des Arbeitsmarkts werfen die Frage nach einer externen Validierung schulisch vermittelter Kompetenzen auf: Sind die in der Schule vermittelten Kompetenzen tatsächlich für das nachfolgende Ausbildungs- und Beschäftigungssystem anschlussfähig? Die Befunde dazu aus dem berufsbildenden Bereich sind eher ernüchternd. Sie belegen immer wieder die große Diskrepanz zwischen schulisch vermittelten Kompetenzen und den Erwartungen innerhalb der beruflichen Bildung. Bei vielen Schulabgängern bestehen »basale Kompetenzmängel« (▸ Kap. 3).

Eine Erklärung dafür wird in den jeweils systembezogenen Semantiken des Kompetenzbegriffes gesehen (vgl. Spöttl 2011; v. Saldern 2011; Klein/Schöpper-Grabe 2012a, b; Gentner/Meier 2012; Basendowski 2014). Das in den Bildungsstandards grundgelegte Kompetenzverständnis ist nicht identisch mit den nachschulischen Kompetenzkatalogen (▸ Abb. 7). In schulischen Kontexten werden Kompetenzen weitgehend mit geeigneten bzw. »richtigem Wissen«, in ausbildungs- und berufsbezogenen Kontexten eher mit »richtigem

Handeln« in alltags- und berufsrealen Kontexten gleichgesetzt (vgl. Basendowski 2013; v. Saldern 2011). Im schulischen Kontext werden Kompetenzen aus dem Inhalt eines (Unterrichts-)Fachs definiert und über realitätsnahe, »situierte Aufgaben« (vgl. Spöttl 2011, 16) zum Ausdruck gebracht. Die fachwissenschaftliche Logik des Unterrichtsgegenstands begründet die zu erwartenden Kompetenzen, die sich mehrheitlich an kognitiver Leistungsfähigkeit orientieren. Die Praxis folgt der Theorie und intelligentes Handeln bedeutet, explizites Wissen zu reproduzieren. Die Inhalte der Bildungsstandards sind vorrangig durch die Schule bzw. durch die jeweiligen Fachwissenschaften bzw. -didaktiken bestimmt, d. h. in Domänen von z. B. Lesen, Mathematik, Naturwissenschaften usw. unterteilt. Die Praxis ist der Theorie nachrangig und wird z. B. in Form von Sachaufgaben, realitätsnahen (aber selten authentischen) Sach- und Fachtexten aufgearbeitet (v. Saldern 2011). Entsprechende Prüfformate verbleiben in

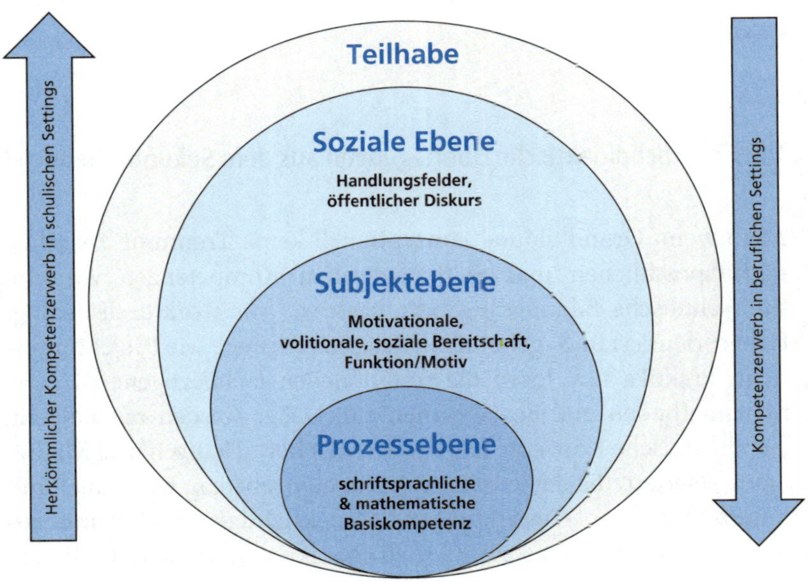

Abb. 7: Diversitäten im Kompetenzbegriff

der Logik dieses Systems, fokussieren systembedingt auf schulische Zertifikate und können lediglich systembezogene Kompetenzen dokumentieren. Innerhalb des beruflichen Systems hingegen verläuft dieser Prozess nahezu gegenläufig. Kompetenzen finden ihren Ausgangspunkt im konkreten beruflichen Handlungsfeld. Die Praxis geht der Theorie voraus und Wissen ist das Ergebnis der Reflexion auf intelligentes Handeln (a. a. O.).

Diese Diversitäten in der Diskussion um schriftsprachliche und mathematische Kompetenzen innerhalb verschiedener sozialer Systeme (Schule, Berufsbildung, Familie, Peer-Group, öffentliches Leben u. a.) werfen ein bislang wenig berücksichtigtes Spannungsfeld für die Lern- und Bildungsbiografie der Lernenden auf. Das in dieser Monographie skizziert Mehrebenenmodell einer Grundbildung (► Kap. 4.1) vermag diese Differenzen aufzulösen und den Kompetenzbegriff respektive das Verständnis von Grundbildung als Balance zwischen individuellen Lernvoraussetzungen und je situationsbezogenen gesellschaftlichen vs. beruflichen Anforderungen zu etablieren.

4.2.1 Fachdidaktische Überlegungen aus dem Sekundarbereich I

Auch wenn Grundbildung konzeptionell keine Trennung zwischen schriftsprachlichen und mathematischen Kompetenzen vorsieht, sind schulische Bildungsangebote nach wie vor strukturell bedingt fächerorientiert und -gebunden. Lediglich Formate wie Projektunterricht, Praktika u. a. lösen die traditionellen fachbezogenen Unterrichtsmethoden und Sozialformen auf. Daher werden nachfolgend fachdidaktische Konzepte aus den Kernfächern Deutsch und Mathematik referiert, die die jeweiligen Kompetenzebenen, wenn auch mit unterschiedlichen Gewichtungen, berücksichtigen und damit zumindest grundbildungsorientiert zu charakterisieren sind. In diesem Zusammenhang wird erneut auf die Intention der Bildungsstandards (vgl. KMK 2004) als geeignete Kompetenzstrukturmodelle verwiesen

(▸ Kap. 4.1.2). In diesem Konzept steht die Lösung möglichst authentischer Probleme mit Hilfe der Kulturtechniken Schriftsprache und Mathematik im Mittelpunkt. Erst die Lösung eines konkreten Problems gilt als kompetentes Handeln.

Förderung der Lesekompetenz

Im Bereich schriftsprachlicher Kompetenzen schält sich vor allem Lesekompetenz als zentral heraus (▸ Kap. 4.1). Nachfolgend werden evidenzbasierte Fördermöglichkeiten im Sekundarbereich gerade bei lernschwachen Schülern skizziert, deren Interventionsmöglichkeiten alle Kompetenzen innerhalb des Mehrebenenmodells berücksichtigen. Denn gerade die Förderung der Lesekompetenz bei lernschwachen Schülern darf nicht ausschließlich auf der rein technischen Ebene verharren, sondern muss das Lesen, im Sinne einer kulturellen Praxis, auch auf motivationaler Ebene und in einem kommunikativen Handlungszusammenhang fördern (Hurrelmann 2002, 12). D. h. die Verzahnung der drei Kompetenzebenen ist besonders wichtig. Neben der Förderung prozessualer Fertigkeiten kommt der Lesemotivation mit seinen zentralen Quellen, der intrinsischen und der extrinsischen Motivation, eine besondere Rolle zu (Möller/Schiefele 2004; Rosebrock/Nix 2008). Intrinsische Motivation liegt vor, wenn die Bereitschaft zum Lesen daraus resultiert, dass die Aktivität des Lesens an sich als genussvoll und belohnend empfunden wird. Bei der extrinsischen Motivation geht der Antrieb dagegen von den zu erwartenden positiven Folgen wie beispielweise besseren Noten im Fach Deutsch aus.

Die Lesemotivation ist entscheidend durch die individuelle Interpretation bisheriger Leseerfahrungen geprägt. Während die internale Attribution mangelnden Leseerfolg auf unzureichende Begabung (internal stabil) oder Anstrengung (internal variabel) zurückführt, wird bei der externalen Attribution der Misserfolg Faktoren in der Umgebung wie Schwierigkeitsgrad der Aufgabe zugeschrieben. Positiv im Sinne der Motivationsforschung und -förderung ist eine Zuschreibung auf veränderbare Faktoren in der eigenen Person, wie z. B. die eigene Anstrengung (Rosebrock/Nix 2008).

Die bisherigen Leseerfahrungen und deren Attribution verfestigen sich im Laufe der Zeit zu einem lesebezogenen Selbstkonzept, das dauerhaft die allgemeine Grundhaltung gegenüber der Tätigkeit des Lesens bestimmt. Wichtig sind in diesem Kontext die sogenannten Erwartungs- und Wertkomponenten. Die Erwartungskomponente beschreibt, inwiefern ein Leser das Vertrauen hat, das Lesen eines Textes erfolgreich zu bewältigen. Die Wertkomponente gibt an, welcher Wert dem Lesen vom Einzelnen generell zugeschrieben wird (vgl. Möller/Schiefele 2004, 102 ff.). Die Kumulation und Ausprägung dieser Faktoren bestimmt, wie viel und wie gerne gelesen wird. Untersuchungen aus dem angloamerikanischen Raum sowie die PISA-Studie 2000 (Deutsches PISA-Konsortium 2001) konnten einen positiven Einfluss der intrinsischen Lesemotivation auf die Lesemenge nachweisen, die wiederum die Lesekompetenz positiv beeinflusste.

Unbestritten ist, dass lernschwache Schüler Probleme auf allen Ebenen der Lesekompetenz haben, das heißt sowohl auf der Ebene des technischen Lesens als auch auf der motivationalen und der sozialen Ebene. Es ist davon auszugehen, dass sich diese Schwierigkeiten wechselseitig bedingen bzw. verstärken.

Die PISA-Studie 2009 zeigte, dass etwa drei Viertel der getesteten Sonderschüler (Schulen mit Förderschwerpunkt Lernen, Sprache und emotionale Entwicklung) nicht in der Lage sind, einfache Texte flüssig zu lesen und dabei Sinn zu konstruieren. Die Motivation und die Freude am Lesen sind vor allem bei schwachen Lesern aus Haupt- und Sonderschulen vergleichsweise gering ausgeprägt (vgl. Klieme et al. 2010, 44 ff.). Auch eine Studie zur Lesesozialisation in schriftfernen Lebenswelten (vgl. Pieper et al. 2004) bestätigt auf der Basis qualitativer Interviews mit Frankfurter Hauptschülern die Schwierigkeiten der Befragten auf der technischen Ebene des Lesens. Sie sind kaum lesemotiviert und zeigen fast durchgängig ein negatives lesebezogenes Selbstkonzept. Für die meisten spielt das Lesen als kulturelle Praxis in ihrem Alltag keine Rolle. Sie haben demnach ein Selbstverständnis von sich als Nicht-Leser und attribuieren ihren Misserfolg auf internal stabile Faktoren (a. a. O., 189 f.). Bezeichnend dafür sind Aussagen wie »Ich bin kein Typ, der gern liest« oder

»Bücher les ich nicht gern« (a. a. O., 158) deutlich. Diese Schüler nutzen nach eigenen Angaben im Alltag fast ausschließlich audiovisuelle Medien, vorrangig das Fernsehen und dies insbesondere als Möglichkeit zum Abschalten, zum Entspannen, zur Unterhaltung und zum Abtauchen in eine andere Welt (a. a. O.).

Schüler im Förderschwerpunkt Lernen respektive leseschwache Schüler lesen auch noch in der Sekundarstufe stockend, zeigen Vermeidungsverhalten und wenden wenig Energie auf, Texte mental zu verarbeiten. Dabei geraten sie in einen Teufelskreis aus mangelnder Lesemotivation und Lesekompetenz. Ihnen fehlen einerseits die Kompetenz zur Textverarbeitung und andererseits die Motivation zu lesen (Rosebrock/Nix 2008).

Förderung auf der Prozessebene

Grundsätzlich gilt, dass gerade ein gelenkter, klar strukturierter, direkter Unterricht mit regelmäßigen Lernkontrollen und Ergebnisrückmeldungen bei der Vermittlung prozessualer Fertigkeiten effektiver ist als ungeleiteter, eher auf induktive Problemlösungsprozesse angelegter Unterricht (vgl. Terhart 2014, 19). Aus den Befunden von Hattie (2009) lässt sich ableiten, dass gerade hierarchieniedrige Prozesse (Fertigkeiten) vor allem durch direkte und (metakognitive) Strategieinstruktion, durch herausfordernde Zielsetzungen, regelmäßige Feedbacks und Leistungstest effektiv gefördert werden können (vgl. Hattie 2009 in Terhart 2014, 19).

Auf der Prozessebene zur Förderung der Lesekompetenz haben sich vor allem zwei Verfahren als effektiv herausgestellt: die Lautleseverfahren und Verfahren zum Erlernen von Lesestrategien.

Lautleseverfahren setzen an den hierarchieniedrigen Leseprozessen an. Durch vielfältige methodischen Varianten fördern sie über die Leseflüssigkeit die Worterkennung, die Verbindung der Worte in Sätzen und die lokale Kohärenz, also das Herstellen von Relationen zwischen den einzelnen Sätzen (Gold 2011). Die Förderung der Leseflüssigkeit wirkt sich auf die Automatisierung der Worterkennung, die Genauigkeit der Worterkennung, die Sequenzierung und die Lesegeschwindigkeit aus. Bei einer Lesegeschwindigkeit von unter 180 WpM (Wörter pro Minute bei leisem Lesen) ist sinnverstehendes Lesen kaum möglich (vgl. Rosebrock et al. 2011). Lautleseverfahren trainieren im engeren Sinn die Lesegenauigkeit, den Automatisierungsgrad der Dekodierfähigkeit und die Lesegeschwindigkeit. Untersuchungsergebnisse belegen, dass mit diesen Verfahren in nahezu allen Klassenstufen beachtliche Erfolge erzielt werden können. Als effektiv hat sich ein wöchentliches Training mit 3–4 Einheiten á 15–20 Minuten (oder täglich 10 Minuten) über einen Zeitraum von ca. 8 Wochen erwiesen. Dabei unterstützt die Trainer-Sportler-Metapher die Bereitschaft der Beteiligten: Ein Trainer ist erfolgreich, wenn der Sportler sich verbessert und auch der Trainer lernt in diesen Situationen dazu (a. a. O.).

Generell lassen sich bei den Lautleseverfahren zwei Grundformen unterscheiden: das wiederholende Lautlesen und das begleitende Lesen.

Beim wiederholten Lautlesen lesen Schüler, die nicht flüssig lesen können, einem Tutor einen Text vor, bis sie eine bestimmte, vorab festgelegte Anzahl an Wörter pro Minute schaffen. Dieser Text sollte für die Schüler mittelschwer sein. Durch das wiederholte Lesen des Textes prägen sich die Schüler neue Buchstaben- und Wortkombinationen ein und vergrößern so schrittweise ihren Sichtwortschatz. Außerdem werden sie durch den Tutor darin unterstützt, auf Signale wie Zeichensetzung im Text zu achten (vgl. a. a. O.).

Die zweite Grundform ist das begleitende Lautlesen. Hier steht weniger das Prinzip der Wiederholung im Mittelpunkt, sondern die positive Wirkung des Lesemodells. Dabei wird ein kompetenteres Lesemodell im Vergleich zum schwachen Leser benötigt. In diesem Verfahren werden die passende Lesegeschwindigkeit und die sinnvolle Betonung von einem Schüler demonstriert. Anschließend besprechen beide Schüler das Gelesene. Dieses Vorgehen gestaltet sich in Förderschulen eher schwierig, da die meisten Schüler Probleme mit den hierarchieniedrigen Leseprozessen haben und somit nicht genügend Lesemodelle in den Klassen zur Verfügung stehen. Dennoch zeigten empirische Forschungsergebnisse positive Effekte des Lautleseverfahrens, vor allem auf die Leseflüssigkeit und auf das Textverstehen (Trenk-Hinterberger et al. 2007, 191–193).

Als weiteres effektives Verfahren zur Förderung der Prozessebene gilt das Einüben von Lesestrategien. Dieses Verfahren setzt bei den hierarchiehöheren Leseprozessen an, denn durch Lesestrategien wird die Bildung der lokalen und globalen Kohärenz unterstützt. Lesestrategien können zu unterschiedlichen Zeitpunkten im Leseprozess eingesetzt werden. Es gibt Strategien, welche den Schülern vor dem Lesen eine erste Orientierung über den Text geben, Strategien, welche für die Texterschließung während des Lesens verwendet werden, elaborierte Strategien, die über den Text hinausreichen und wiederholende Strategien, die eine Vertiefung des Textes bewirken sollen (Wildemann/Vach 2013, Gold 2007).

Der Vollständigkeit halber seinen hier noch die *Vielleseverfahren* erwähnt. Vielleseverfahren eignen sich für sogenannte freie Lesezeiten. In diesen Zeiten wählen die Kinder und Jugendlichen frei die Texte aus, die sie lesen möchten. Vielleseverfahren sollen interessante Lesestoffe zugänglich machen. Die Lesezeiten finden im Unterricht statt und sind verpflichtend. Die Lehrperson ist in diesem Verfahren Lesevorbild, indem sie in der Zeit selbst in einem ausgewählten Buch liest. Dabei ist die Lektüre vom Unterricht abgekoppelt, da das Gelesene nicht mehr Gegenstand bei weiteren Unterrichtshandlungen wird. Bei diesem Vorgehen stehen vor allem Schüler in Vordergrund, die in ihrer bisherigen Lesesozialisation keine habituelle Lesehaltung entwickeln konnten, wie dies meist bei Förderschülern der Fall ist. Damit versucht die Schule, die bisher anregungsarme Lesesozialisation dieser Schüler zu kompensieren (vgl. Rosebrock/Nix 2013).

Die Wirksamkeit von Vielleseverfahren auf die Lesemotivation und die technische Komponente der Lesekompetenz ist noch nicht ausreichend erforscht (vgl. Gold 2007). Ein Forschungsprojekt zur Leseförderung der Frankfurter Universität zeigte, dass im Vergleich zu Lautleseverfahren derzeit nur geringere Effekte in Lesekompetenz und Lesemotivation erkennbar waren. Um eine bessere Wirkung zu erzielen, sollte das individuelle Lesen gerade bei leseunmotivierten Schülern genauer analysiert werden (Rosebrock/Nix 2013).

Förderung der Lesekompetenzen durch Verfahren, die die Prozess-, Subjekt- und soziale Ebene verbinden

Diese nachfolgend genannten Verfahren zielen bewusst auf die Verbindung aller drei Ebenen (Prozess-, Subjekt- und soziale Ebene) ab.

Tutorielles Lernen – peer assisted learning strategies (Haag 2014)

Bei diesem Vorgehen – bei denen mittlere bis starke Effekte nachgewiesen werden konnten – lesen zwei Schüler dreimal wöchentlich je 35 Minuten über einen Zeitraum von insgesamt ca. 15 Wochen. Das Leseteam setzt sich zusammen aus einem leistungsstarken Leser (Tutor) und einem leseschwächeren Leser (Tutand). Die Förderung erfolgt in einem ritualisierten Ablauf:

1. Der Tutor beginnt den Text laut vorzulesen (ca. 5 Minuten) und der Tutand liest leise mit. Danach liest der Tutand den Text laut vor und der Tutor korrigiert falsch gelesene Wörter.
2. Der Tutand erzählt den Inhalt des Gelesenen nach und der Tutor korrigiert bei Bedarf. Der Tutor liest dann einen neuen Abschnitt laut vor und gibt eine Zusammenfassung, die mit dem Tutand besprochen wird. Anschließend liest der Tutand weiter, fasst den Abschnitt zusammen, gegebenenfalls macht der Tutor Verbesserungsvorschläge.
3. Der Tutor stellt Fragen zum Text. Gibt der Tutand keine Antwort, wird der Text noch mal vorgelesen. Bei falscher Antwort korrigiert der Tutor bzw. gibt selbst die richtige Antwort.
4. Der Tutor liest den Text vor und macht eine Vorhersage über den weiteren Inhalt. Der nächste Abschnitt wird gelesen und auf Richtigkeit der Vorhersage geprüft. Beim nächsten Textabschnitt macht der Tutand eine Vorhersage und der Tutor prüft diese auf Richtigkeit.

Die Teams werden von der Lehrkraft eingeteilt. Entscheidend ist, dass i.S. des Modelllernens die anzuwendende Lesestrategie zunächst von der Lehrkraft vor- und vom Tutor nachgemacht (»lautes Vordenken«) wird. Empfohlen wird, die Teams nach mehreren Wochen neu zusammenzusetzen (Haag 2014).

Reziprokes Lehren – Leseverständnis (Spörer et al. 2014)

Dieses Vorgehen vermittelt zentrale Strategien, wobei sie sich an den Strategien »guter Leser« orientieren:

- Klären
- Zusammenfassen
- Fragen
- Vorhersagen

Die Schüler arbeiten in Kleingruppen (4–6 Schüler) mit wechselnden Rollen (Lehrkraft/Trainer – Schüler). Für jeden Abschnitt innerhalb eines Textes bestimmt die Gruppe einen Schüler, der die »Leitung« übernimmt; diese Rollen werden von Abschnitt zu Abschnitt gewechselt. Nur am Anfang wird eine geschulte Lerntrainerin/eine Lehrkraft eingesetzt, die i.S. des Modelllernens die Strategie vormacht, bis der Trainer diese übernehmen kann. Motivationsfördernd ist die Tastsache, dass die Schüler Aufgaben übernehmen, die sonst die Lehrkraft erfüllt. Sie leiten die Kleingruppenarbeit, entscheiden, welche Strategie angewendet werden soll und übernehmen die Bewertung »richtig/falsch«. Voraussetzung dafür ist bei allen Teilnehmern die Dekodierfähigkeit, die Fähigkeit zum flüssigen Lesen und ein altersanagemessener Wortschatz. Für die Einführung sollte ca. eine Stunde geplant werden, das Vorgehen selbst lässt sich dann über 10–15 Stunden nutzen.

Folgende, prototypische Fragen können die Einsicht in die jeweilige Strategie unterstützen:

- *Klären*: Hat jemand ein Wort, das geklärt werden soll? Wer kann das Wort erklären? Wenn du das Wort nicht kennst, lies den Satz vor und nach dem Wort.
- *Zusammenfassen* (auf Kernaussagen reduzieren): Wer möchte den Absatz zusammenfassen? Oder: Wer ist die Hauptperson? Was ist die Hauptsache? Was ist das Wichtigste? Versuch, das Wichtigste in einem Satz zu sagen.
- *Fragen* (selbst Fragen zum Text stellen): Wer möchte eine Frage stellen? Welche Fragen würde eine Lehrkraft stellen? Mit welcher Frage findet man heraus, ob jemand den Text verstanden hat?
- *Vorhersagen*: Wer möchte eine Vorhersage treffen? Was haben wir schon erfahren? Ist das eine wahrscheinliche Vorhersage?

Abgeschlossen wird jeder Frageblock mit der Reflexion: Sage, was gut gemacht worden ist und was noch besser gemacht werden kann (Spörer et al. 2014, 168).

Projekte, die ganz speziell auf die Bedürfnisse gerade leseschwacher Schüler eingehen, sind wenig zu finden (vgl. Artelt et al. 2007). Es gilt theoretisch fundierte, didaktisch-methodische Möglichkeiten zu entwickeln, die die intrinsische Lesemotivation von lernschwachen Schülern erhöhen und dadurch die Lesemenge und Leseleistung steigern. Dazu bedarf es einer Modifikation der bisherigen Viellese-Verfahren und Verfahren der Leseanimation, die die spezifischen Voraussetzungen, Erfahrungen, Bedingungen im sozialen Umfeld und damit die Lebenswelt der lernschwachen Schüler berücksichtigen.

Nachfolgend werden zwei eher projektähnlich angelegte Vorgehensweisen beschrieben: einmal das Projekt »Buch auf – Ton ab« sowie das Projekt »Zeitschriften in die Schulen«. Beide Verfahren wurden bislang in Regelschulen eingesetzt. Für den Einsatz und die Evaluation dieser Verfahren an der Förderschule (Förderschwerpunkt Lernen) wurden Modifizierungen vorgenommen, die sich auf wichtige Aspekte der Förderung des Lernverhaltens, der Lesemotivation und des Mediennutzungsverhaltens sowie auf zentrale Prinzipien der Didaktik der Lernförderung stützen (Lauth et al. 2014; Mandl/Friedrich 2006; Werner 2009, 2011; Walter/Wember 2007; Gold 2011).

»Buch auf – Ton ab« (Leseverständnis und -motivation)

Das Projekt (Vorlage Schweiz: www.sikjm.ch) macht sich die förderliche Wirkung des Vorlesens zunutze und animiert Schüler durch das Hören von Buchanfängen auf dem MP3-Player zum Lesen. Konzipiert ist dies für die vierte bis sechste Klassenstufe. Die Hörausschnitte brechen immer an einer spannenden Stelle ab und die Schüler können dann entscheiden, welches der Bücher sie gerne lesen möchten. Das Hören der Geschichtenanfänge, das dem Vorlesen ähnlich ist, soll dabei den »Schritt ins Buch« erleichtern und begleiten. Die Ausschnitte sind ca. fünf bis zehn Minuten lang und ermöglichen den Schülern ohne eigene Leseanstrengung einen Einblick in den Inhalt der Bücher. Bei dem Projekt steht das lustvolle und selbstbestimmte Lesen während festgelegter Lesezeiten im Unterricht im Vordergrund und soll den Schülern ganz individuelle positive Erlebnisse mit dem Lesen von Büchern ermöglichen.

Die Evaluation dieses Vorgehens an einer Förderschule (Förderschwerpunkt Lernen; Klasse 5/6 mit n = 10) erbrachte folgende Effekte: Die intrinsische Motivation ist im Klassendurchschnitt leicht angestiegen und im Gegensatz dazu ist die als weniger förderlich angesehen Komponente der extrinsischen Lesemotivation gesunken. Bemerkenswert ist die Beobachtung, dass die internal stabile Attribution gesunken ist. Die Schüler sehen sich mehrheitlich nach dem Projekt weniger als lese-unbegabte Schüler. Die Attribution auf externale Faktoren ist ebenfalls gesunken, d. h. die Schüler machen nun deutlich seltener den Schwierigkeitsgrad von Texten für mangelnden Leseerfolg verantwortlich. Stattdessen sehen sie die Faktoren für etwaigen Misserfolg eher in variablen internalen Faktoren wie der eigenen Anstrengung (Werner et al. 2013).

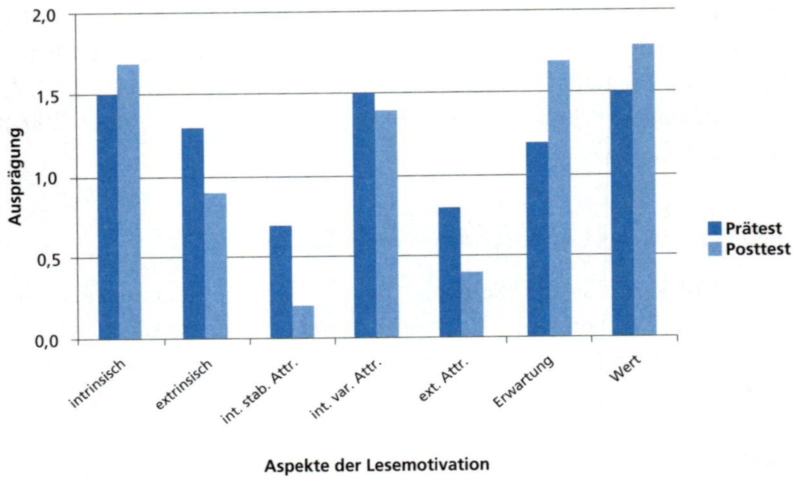

Abb. 8: Veränderung der Aspekte der Lesemotivation »Buch auf – Ton ab« (Werner et al. 2013, 94)

Auch die Erwartungs- und die Wertkomponente des Lesens sind im Posttest höher ausgeprägt. Das bedeutet, dass die Schüler mehr Vertrauen in sich selbst haben, das Lesen eines Textes bewältigen zu können. Das Lesen ist für sie gewinnbringender als vor dem Projekt und der Wert, den sie dem Lesen beimessen, ist gestiegen (▸ Abb. 8).

Bezüglich der Geschlechtsdifferenzen in der Entwicklung der Lesemotivation ist festzuhalten, dass sich bei beiden Geschlechtern in der Nacherhebung in etwa dieselben Aspekte der Lesemotivation ähnlich verändert haben. Bei Mädchen war aber sowohl im Prä- als auch im Posttest die Lesemotivation höher ausgeprägt (a. a. O.).

Das Leseverstehen, gemessen mit dem ELFE 1-6 (ein Leseverständnistest für Erst- bis Sechstklässler; Lenhard/Schneider 2006), hat sich ebenfalls vom Prä- zum Posttest verbessert (▸ Abb. 9). Im Posttest ist eine durchschnittliche Steigerung des Leseverstehens um vier T-Wert-Punkte zu verzeichnen. Bemerkenswert ist, dass die Leistungen von Mädchen und Jungen sich in deutlich unterschiedlichem Maße gesteigert haben (Mädchen um sieben T-Punkte, Jungen um zwei T-Punkte).

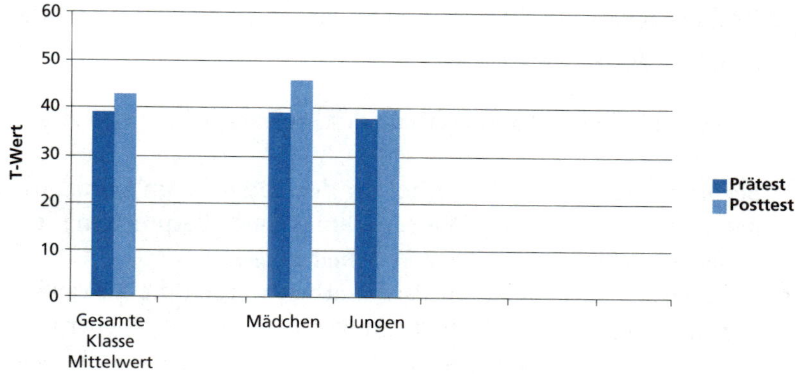

Abb. 9: Veränderungen des Leseverständnisses »Buch auf – Ton ab« (Werner et al. 2013, 95)

Projekt »Zeitschriften in die Schulen« zur Förderung von Lesemotivation und -verständnis (Stiftung Lesen o.J.)

Das Projekt »Zeitschriften in die Schulen« wird von der Stiftung Lesen in Zusammenarbeit mit dem Bundesverband Presse-Grosso e.V. und dem Verband Deutscher Zeitschriftenverleger e.V. angeboten. Das einmonatige Projekt wird seit 2003 in weiterführenden Schulen durchgeführt. Jährlich nehmen circa 17.000 Klassen daran teil. Im Schuljahr 2013/2014 wurde erstmals »Zeitschriften in die Schulen« neben den Klassen fünf bis acht der Sekundarstufe auch für die Klassen drei und vier angeboten.

Ziel des Projekts ist es, die individuelle Lesemotivation zu fördern und die schulische Medienerziehung zu unterstützen. Dabei möchte das Projekt die Lesemotivation durch Zeitschriften fördern, die viele Bilder enthalten und thematisch den Interessen der Kinder und Jugendlichen entsprechen. Dabei wird angenommen, dass die Hemmschwelle zum Lesen gerade für eher audiovisuell orientierte mit eher audiovisuell geprägten Nutzungspräferenzen niedriger ist. Bei dem Projekt werden die Klassen mit einer Zeitschriftenbox, in der 30 verschiedene Zeitschriften enthalten sind, beliefert. Die Studie (2009–2010) »Zeitschriftenlektüre und Diversität« belegte die Wirksamkeit bei Hauptschülern der Klassen fünf bis sieben gerade bei leseschwachen Schülern (vgl. Stiftung Lesen 2013).

Ein prototypischer Ablauf innerhalb des Projekts sieht wie folgt aus:

- *Beginn im Stuhlkreis:* Wiederholung der Tätigkeit am Vortag (didaktisches Prinzip der Wiederholung) und Besprechung der Aufgabenstellung der folgenden Arbeitsphase.
- *Arbeitsphase:* Lerntheke: In Partnerarbeit werden die Leseaufgaben bearbeitet. Die wiederholte Anwendung immer gleicher bzw. ähnlicher methodischer und sozialer Unterrichtsformen gibt dem Vorgehen eine wichtige Struktur. Am Ende werden die Leseaufgaben besprochen, den sozialen Austausch zu fördern.
- *Freie Lesezeit:* Die Zeitspanne ist abhängig von Tagesform und den jeweiligen Interessenlagen. Dabei ist wichtig, dass alle Schüler lesen und das Lesen als authentischer Leseanlass erkennbar bleibt. Strukturiert wird diese Phase dadurch, dass verpflichtend mindestens ein Artikel gelesen werden soll und dies auf einem Arbeitsblatt »Das habe ich schon gelesen« dokumentiert wird. Wichtig und förderlich ist es, wenn die Klassenlehrerin ebenfalls liest und als Lesevorbild fungiert.
- *Abschluss im Stuhlkreis:* Hier wird über das Gelesene berichtet und somit die Anschlusskommunikation gesichert (Stiftung Lesen 2013).

Innerhalb des modifizierten Projekts an einer Förderschule (Förderschwerpunkt Lernen; Klasse 6/7 mit n = 10) wurden die Zeitschriften nach zwei Kriterien ausgewählt. Ein Kriterium ist das persönliche, thematische Interesse der Schüler. Dabei fanden auch genderspezifische Präferenzen Berücksichtigung. Außerdem wurde darauf geachtet, eine breite Auswahl an Themen zu haben. Das zweite Kriterium ist, dass die Texte dem Niveau der technischen Lesekompetenz der Schüler entsprechen. Da diese in der Klasse sehr heterogen ist, wurden Zeitschriften mit Texten auf einfacherem sowie mit anspruchsvollerem Leseniveau ausgewählt. Anhaltspunkte dafür fanden sich u. a. in den Zeitschriftenboxen des Originalprojekts »Zeitschriften in die Schulen«.

Folgende Zeitschriften kamen zum Einsatz:

- Thema Jugend, Liebe und Sexualität: Bravo, Bravo Girl, Popcorn
- Thema Wissenschaft: Geolino, Galileo Genial, Zeit Leo, Was ist was Magazin, Dein Spiegel, Feuerwehr-Magazin, Computer Bild
- Sport und Motorsport: Auto Motor Sport, Bravo Sport, Sport Bild
- Tiere: Ein Herz für Tiere
- Comics: Das lustige Taschenbuch, Simpsons

Die Effekte bezüglich des Leseverständnisses und der Lesemotivation selbst wurden mit dem Leseverständnistest (ELFE 1–6; Lenhard/Schneider 2006) und dem Fragebogen zur habituellen Lesemotivation (FHLM; Möller/Bonerad 2007) erfasst. Die deutschsprachige Fassung des Fragebogens umfasst vier Aspekte zur Lesemotivation: Leselust (als tätigkeitsbezogene intrinsische Motivation), Lesen aus Interesse (als gegenstandsbezogene intrinsische Motivation), Wettbewerbscharakter (als extrinsische Motivation) und das Selbstkonzept.

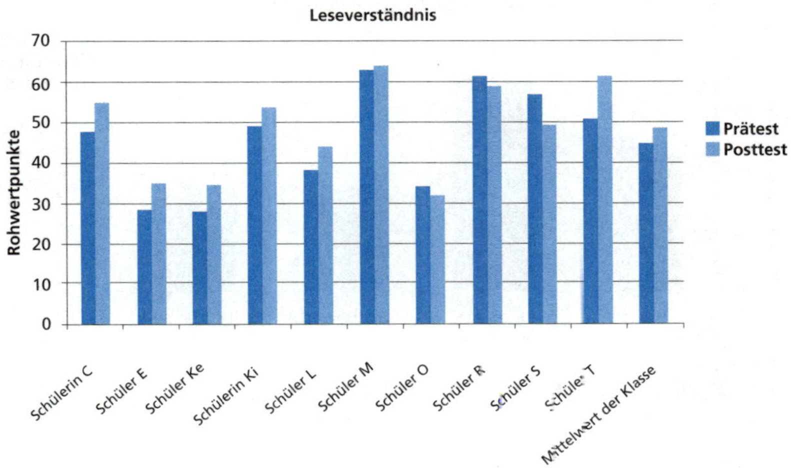

Abb. 10: Leseverständnis Prä-, Posttest (Drais 2014)

Die Abbildung 10 zeigt, dass das Leseverständnis insgesamt bei fast allen (d. h. bei acht von zehn) Schülern gestiegen ist. Die Steigerung liegt beim Gesamtergebnis des ELFE 1–6 (Lenhard/Schneider 2006) zwischen einem Rohwertpunkt und elf Rohwertpunkten. Nur bei zwei Schülern sank das Leseverständnis: einmal um drei und im anderen Fall um sieben Rohwertpunkte. Im Mittelwert der Klasse stieg das Leseverständnis von 45,2 auf 48,9 Rohwertpunkte und somit um 3,6 Rohwertpunkte, d. h., dass das Leseverständnis auch der Schüler, bei denen es gesunken ist, dennoch beim Posttest über dem Mittelwert der Klasse liegt.

In der Abbildung 11 wird deutlich, dass auch die beiden intrinsischen Aspekte der Lesemotivation – Leselust und Lesen aus Interesse – im Mittelwert gestiegen sind. Dabei stieg der intrinsische, tätigkeitsbezogene Aspekt um 2,1 und der intrinsische, gegenstandsbezogene Aspekt um 0,5 Rohwertpunkte. Der extrinsische Aspekt der Lesemotivation, der Wettbewerb, hingegen sank um einen Rohwertpunkt. Das lesebezogene Selbstkonzept der Schüler stieg im Mittelwert um 0,6 Rohwertpunkte.

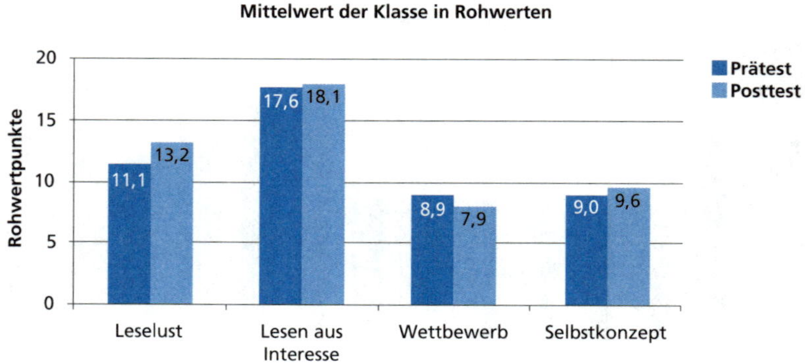

Abb. 11: Prä-, Posttest Lesemotivation (Drais 2014)

Auch wenn diese Studien aufgrund der geringen Probandenzahl nicht repräsentativ sind, lassen die Befunde dennoch vermuten, dass beide

Projekte durchaus Effekte zur Steigerung der Lesekompetenzen vor allem in Hinsicht auf die Sicherung gesellschaftlicher Teilhabe haben. Leseanlass und -inhalte sind nicht ausschließlich schulspezifisch und -bezogen, sondern stellen durch das Medium Zeitschrift und auch Hörbuch eine mediale Brücke zwischen Schule und Alltag dar. Zudem eignet sich dieses Vorgehen aufgrund seines hohen Potentials an natürlicher Differenzierung besonders auch für die Leseförderung in inklusiven Settings. Die Zeitschrift als gemeinsames Lernangebot für alle Schüler sichert eine inhaltliche Ganzheitlichkeit, präsentiert zugleich unterschiedliche Grade an Komplexität, ermöglicht unterschiedliche Bearbeitungsniveaus und Lösungswege und fördert das soziale Lernen von- und miteinander. Lernangebote dieser Art festigen und erweitern einen bestimmten Grundbestand von Kenntnissen und Fertigkeiten und ermöglichen darüber hinaus individuelle Lern- und Entwicklungswege.

Förderung mathematischer Kompetenzen

Die vielfältigen didaktisch-methodischen Reformbestrebungen in diesem schulischen Leistungsbereich basieren zum einen auf der Forderung, Mathematikunterricht kompetenzorientiert zu gestalten. Zum anderen begründen sie sich in den eher ernüchternden empirischen Befunden zu den mathematischen Kompetenzen gerade im Sekundarbereich I. Knapp 1/5 der 15-jähigen Schüler zählen zur sogenannten *Risikogruppe*. Diese Schüler erreichen Leistungen, die auf den unteren beiden Kompetenzstufen liegen (Deutsches PISA-Konsortium 2001), d. h. sie verfügen lediglich über arithmetisches und geometrisches Wissen auf Grundschulniveau. Sie können dieses Wissen dann abrufen und unmittelbar anwenden, wenn die Aufgabenstellung von vornherein eine bestimmte Standard-Mathematisierung nahelegt. Begriffliche Modellierungsleistungen stellen eher eine Überforderung dar. Auf der Kompetenzstufe II können die Schüler einfachste begriffliche Modellierungen vornehmen, die in einen außermathematischen Kontext eingebettet sind. Sie sind in der Lage, unter mehreren möglichen Lösungsansätzen den passenden zu finden, wenn durch Graphiken, Tabellen, Zeichnungen usw. eine Struktur vorgegeben ist, die das Modellieren erleichtert. Auch auf dieser Stufe sind nur die Wissensinhalte der Grundschulmathematik sicher verfügbar (a. a. O.). In der PISA-Studie 2009 erreichten unter den Hauptschülern nicht einmal 50 % die zweite Kompetenzstufe. Humbach (2009) entwickelte Kompetenzstufen des arithmetischen Basiswissens im 10. Schuljahr. Ihre Befunde belegen, dass 25 % der schwächsten Schüler Aufgaben lediglich auf Anforderungsniveau I lösen konnten und von den weniger anspruchsvollen Aufgaben aus Kompetenzstufe II weniger als die Hälfte.

Untersuchungen von Humbach (2009) und Moser Opitz (2005/2009) belegen, dass das in der Sekundarstufe vorausgesetzte arithmetische Wissen der Grundschule bei den Schülern häufig nicht vorhanden ist. Besonders markant ist dies in den Inhaltsbereichen Zählen/Dezimalsystem und Operationsverständnis (Mathematisieren), besonders beim Zählen in Schritten, beim Bündeln, im Verständnis für Stellenwert, dem Operationsverständnis beim Ergänzen und bei der Multiplikation und Division (Moser Opitz 2005, 124). Daneben weisen die Schüler auch Defizite in der Strategieverwendung auf. Sie verwenden bei einfachen Kopfrechenaufgaben Abzählstrategien und/oder schriftliche Rechenverfahren (Moser Opitz 2009, 33). Damit ist zu vermuten, dass sie in ihrem weiteren Ausbildungs- und Berufsleben erhebliche Probleme haben werden (Frey et al. 2010). Dies bestätigt sich auch in den Rückmeldungen der Ausbildungsbetriebe. Sie klagen immer wieder über mangelnde mathematische Fähigkeiten der Ausbildungsbewerber und fordern, diese Grundfertigkeiten der Schule intensiver zu üben (▸ Kap. 3.5).

Nachfolgend werden fachdidaktische Konzeptionen vorgestellt, die aufgrund ihrer Kompetenzorientierung gerade bei lernschwachen respektive benachteiligten Schülern nachhaltig wirksam sein können.

Ein anregendes didaktisches Material stellt der in diesem Zusammenhang entwickelte *»Mathekoffer«* (Friedrich-Verlag o.J.) dar. Er ist für die Klassen 5 bis 10 aller Schulformen konzipiert. Die Materialien sind in vier Themenboxen nach thematischen Zusammenhängen geordnet, die sich an den Leitideen der Bildungsstandards (Zahlen, Terme, Gleichungen, Raum und Form, Zufall und Wahrscheinlichkeit, Funktionaler Zusammenhang) orientieren. Materialgestützt sollen diese den experimentellen Umgang mit Mathematik provozieren. Aufgaben zum Tüfteln, Knobeln und Ausprobieren fördern nicht nur problemlösendes, sondern auch soziales Lernen. Karten- und Zahlentricks, Strategiespiele und FERMI-Aufgaben sind favorisierte Aufgabenformate. Im Bereich Daten und Zufall werden beispielsweise Fragen diskutiert wie: Wie schnell kühlt heißer Kakao ab? Wie hoch hüpft ein Flummi beim ersten, zweiten, dritten Aufprall? Wie weit dehnt sich eine Schraubenfeder aus, wenn man eine leere, eine halbvolle oder eine volle Flasche daran hängt?

Das Projekt *»Mathe sicher können«* (Selter o.J.) widmet sich explizit leistungsschwachen Schülern im Fach Mathematik: »Gemeint sind die 20 Prozent der Jugendlichen, die nach der PISA-Studie am Ende der Regelschulzeit zum Teil nur auf Grundschulniveau rechnen und schwerlich Anforderungen bewältigen können, die über elementare Standardaufgaben hinausgehen« (a. a. O., o. S.). Da viele Schwierigkeiten in der Sekundarstufe auf Probleme in der Grundschule zurückzuführen sind, geht »Mathe sicher können‹« vorrangig auf die Sicherung mathematischer Basiskompetenzen in der Primarstufe (3./4. Schuljahr) ein. Das Projekt richtet sich neben den Grund- und Hauptschulen an alle nicht-gymnasialen Schulformen, d. h. auch an integrierte Haupt- und Realschulen, Förderschulen, Gesamtschulen und Realschulen. Um die Förderung bei gravierenden Lernschwierigkeiten in Mathematik systematisch in das Bildungsangebot innerhalb einer Schule zu integrieren, wurden drei Teilprojekte konzipiert: Teilprojekt 1 konzentriert sich auf die Sicherung mathematischer Basiskompetenzen. Teilprojekt 2 bietet Anregungen für eine »lernförderliche Unterrichtskultur«, um die Förderung der Basiskompetenzen in eine adäquate Unterrichtskultur systematisch einzubinden. Teilprojekt 3 greift Fragen »lernförderlicher Unterrichtsmethoden« auf. Diese drei inhaltlich orientierten Teilprojekte werden auf systemischer Ebene durch das Teilprojekt 4 »Unterrichtsentwicklung auf Schulebene« ergänzt, das insbesondere an die Schulleitungen adressiert ist.

Umfangreiches didaktisches Material stellen die *»Fördermaterialien Mathematik«* (Cornelsen 2012) bereit. Dieses dreibändige Werk für je zwei Klassenstufen (Doppeljahrgangsstufen: Klasse 5/6; 7/8 und 9/10) enthält Tests, Kopiervorlagen sowie die Lösungen zu den Themenkomplexen/Leitideen: Zahl und Zahlbereiche, Geometrie, funktionaler Zusammenhang sowie Daten und Zufall.

Dass Bildungsstandards nicht nur zur Überprüfung der Leistungsmessung geeignet sind, sondern deren Implementierung unterstützen können, dokumentieren die inzwischen in vierter Auflage erschienenen didaktisch-methodischen Anregungen *»Bildungsstandards Mathematik: konkret«* (Blum et al. 2010). Die hier vorgestellten theoretischen Grundlegungen und Aufgabenformate suchen auf der Basis der Bildungsstandards bewusst den Bezug zu mathematischen Anforderungen in Beruf und Alltag. Dies dokumentiert sich beispielsweise in den methodischen Ideen zur Leitidee »Daten und Zufall« und der Akzentuierung auf Projektideen. Exemplarisch werden Themenbereiche wie »Weg aus der Schuldenfalle« oder auch geschlechterspezifische Computernutzung und Freizeitgestaltung (vgl. Biehler/Hartung 2010) didaktisch aufbereitet. Gleichwertig werden Aspekte wie Üben, Wiederholen und vernetztes Lernen als notwendige, unterrichtsimmanente Elemente herausgearbeitet. Die empfohlenen Herangehensweisen berücksichtigen nicht nur die prozessuale Ebene, sondern auch (psycho-)soziale Faktoren wie den sozialen Kontext, d. h. ein Versuch, innermathematische Bezüge durch realitätsnahe, authentische Kontexte zu vermitteln. Mathematische Kompetenz reduziert sich nicht auf die Anwendung mathematischer Kalküle, sondern fordert zum Erkunden, Entdecken, Erfinden sowie zum Sammeln, Sichten und Systematisieren von Begriffen, Verfahren, Bezeichnungen usw. heraus (vgl. Leuders 2010). Damit wird ein Unterrichtsstandard gesetzt, der sich daran misst, welche Vorstellungen, Fähigkeiten und Einstellungen entwickelt werden können, d. h. welcher »Anregungsgehalt«, welches Lernpotential in der jeweiligen Aufgabe in Abgrenzung zur Testaufgabe enthalten ist (Blum 2010, 17 f.). Sie setzt bei den Lernmöglichkeiten des Einzelnen an und erlaubt individuelle Lernweg und -zugewinne auch außerhalb erwarteter schulischer Standards. Die didaktische Expertise der Lehrkraft besteht darin, die Aufgabe je nach intendierter unterrichtlicher Funktion zu modifizieren bzw. zu optimieren. Diese Autoren betonen die Notwendigkeit, die »Aufgabenstellungen zu variieren, Teilaufgaben wegzulassen bzw. neu anzuordnen oder das Zahlenmaterial auszutauschen« (Blum 2010, 10).

Für die Förderung rechenschwacher Schüler sind vor allem solche Ansätze zu favorisieren, die eine fachliche Vernetzung mit vorhandenen fachspezifischen aber auch lebensweltbezogenen Kenntnissen und Wissenskonzepten verbinden (vgl. Schmassmann 2009; Humbach 2009; Leuders 2010; Werner 2009). Ebenso werden effektive grundschuldidaktische Aufgabenformate wie die Gestaltung von »Lernumgebungen« (vgl. Wittmann 1992; Wollring 2007; Roth 2009) und auch FERMI-Aufgaben (vgl. Herget 2009; Leuders 2001) empfohlen. Gerade FERMI-Aufgaben sind ein großes Potential zuzuschreiben. Sie thematisieren komplexe Probleme, die keine oder für die rechnerische Lösung nur unzureichende numerischen Informationen enthalten. Die Schüler sind gezwungen, die benötigten Daten selbst zu recherchieren, zu erfragen oder zu schätzen. Eine exakte Antwort ist in den meisten Fällen nicht möglich. Ziel ist, über vernünftige, begründbare Annahmen eine ungefähre Größenordnung zu erlangen. Die zur Lösung notwendigen Informationen stehen nicht sofort zur Verfügung. Da aber die Zusammenhänge im Umfeld des Problems bekannt sind, kann man auf indirektem Weg zur Lösung kommen. Wichtig ist, dass das themenspezifische Vorwissen begründet quantifizierbar ist. Aus den Teilabschätzungen lässt sich dann das ursprüngliche Problem – häufig erst nach mehreren Rechenschritten – berechnen. Typische Fragen sind beispielsweise: Wie viele Autos stehen in einem 5 km langen Stau? Wie viel Wasser verbrauchst du pro Woche? (Leuders 2001, 104).

Auch das schon im Primarbereich anerkannte Potential des aktiv-entdeckenden Lernens findet hier seine Fortführung. Die Studie von

Waasmeier (2009) zu aktiv-entdeckendem, metakognitivem Lernen im Mathematikunterricht der Hauptschule belegt dies eindrücklich. Die Schüler erreichten nicht nur bessere Noten, die Fallstudien belegten zudem deutliche Verbesserungen in der Entwicklung der Methoden-, Selbst- und Sozialkompetenz.

Ansätze für eine arbeits- bzw. lebensweltlich orientierte Herangehensweise finden sich im *interkulturellen oder auch ethnomathematischen Mathematikunterricht* (vgl. Schroeder 1998, 2000, 2003). Dieser sucht die Wiederannäherung von Kultur und Mathematik durch interdisziplinäres Arbeiten im fächerverbindenden Unterricht. Die »Inhalte und Methoden des Mathematikunterrichts [sind] an die jeweiligen kulturellen Kontexte anzupassen, um die existierenden mathematischen Kulturen in der Schule nicht zu übergehen, sondern von ihnen auszugehen« (Schroeder 2000, 457). Das alltagsmathematische Wissen, z. B. über die biografischen Lebenszyklen, kulturelle Rituale usw., soll erfasst und als Ausgangs- und Bezugspunkt für weiteres Lernen genutzt werden. Didaktisch handlungsleitend ist dann die Frage: Wie kann die Wirklichkeit, die vielfach kulturell, regional und ethnisch gebrochen und ausdifferenziert ist, im Unterricht rekonstruiert, gespiegelt und repräsentiert werden? Interkulturelle Mathematikaufgaben ermöglichen, der Pluralisierung der Lebenswelten und der Vielfalt der Lebenspraxen gerecht zu werden (vgl. a. a. O.).

Auch Ansätze aus der *Kulturpädagogik* – gerade für benachteiligte und sozial schwache Jugendliche (vgl. Rolfs 2013) – sind vor allem wegen ihrer Authentizität und Lebensnähe zielgruppenspezifisch fruchtbar. So wird beispielsweise empfohlen, im Museum geometrische Formen mathematisch zu beschreiben, Kochprojekte zu realisieren (vgl. Arnhofer/Lohmann 2013) oder auch einen schuleigenen Cateringservice zu installieren, um in der Schule »handfeste Realität« zu vermitteln (vgl. Bitsch/Ebert 2013).

Eine erste Schnittstelle zwischen Schule und Beruf aus fachdidaktischer Sicht stellen die konzeptionellen Überlegungen mit dem Titel *»Basiskompetenzen Mathematik«* dar (Drüke-Noe et al. 2011). Intendiert als Mindeststandards sollen sie den Erfolg in Ausbildung und Beruf ermöglichen und damit gesellschaftliche Teilhabe, konkret die

Ausbildungsreife der Schulabgänger, sichern. Eingeflossen in dieses Konzept von Mindeststandards sind u. a. prognostische Elemente aus den Bildungs- und Berufsverläufen dieser Schüler. In Abgrenzung zu Regelstandards sind Basiskompetenzen von allen Schülern zu erreichen und »Voraussetzung für die eigenständige Bewältigung von Alltagssituationen und die aktive Teilhabe als mündige Bürgerinnen und Bürger am gesellschaftlichen und kulturellen Leben. Sie sind ebenso Voraussetzung für einen Erfolg versprechenden Beginn einer Berufsausbildung und die Ausübung beruflicher Tätigkeiten« (Drüke-Noe et al. 2011, 8). Unter Beteiligung von 280 Unternehmen aus unterschiedlichen Berufsfeldern der Industrie, des Handels und der Dienstleistungen wurden Basiskompetenzen zu den fünf mathematischen Leitideen (Zahl, Messen, Raum und Form, funktionaler Zusammenhang, Daten und Zufall) definiert und operationalisiert.

Ähnliche Intentionen liegen dem Kompetenztest *»Mathematik – Grundwissen für den Beruf«* (Hinze/Probst 2011) zugrunde. Mit dem Kompetenztest lassen sich die mathematischen Grundfertigkeiten testen, auswerten und zielgerichtet fördern – insbesondere für den Einstieg in die Berufsschule, in die Berufsfachschule oder in berufsvorbereitende Maßnahmen. Der Mathematik-Kompetenztest basiert auf dem Rechentest Berufsschule (RTBS), der im Schuljahr 2006/ 2007 im Rahmen der Equal-Partnerschaft »BAW Mittelhessen« und in Kooperation mit der Universität Gießen entwickelt wurde. Der Test richtet sich vorrangig an berufliche Schulen, ist jedoch auch am Ende der Sekundarstufe I einsetzbar. Das dem Test zugrundeliegende mathematische Niveau entspricht dem Hauptschulabschluss. Zur Erstellung der mathematischen beruflichen Anforderungsprofile wurden Interviews mit über 90 Lehrkräften an Berufsschulen geführt, die den Test aus eigener Anschauung bzw. Testung kannten. Dabei wurde jede einzelne Aufgabe der 34 Untergebiete auf ihre berufsspezifische Relevanz hin analysiert. Der Test selbst wurde mit insgesamt 5.500 Schülern normiert. Ermittelt werden die Leistungsstände in den Gebieten: Grundrechenarten, Brüche, Überschlagsrechnen, Maße, Dreisatz, Prozentrechnung, Geometrie, räumliches Vorstellungsvermögen sowie Umgang mit Diagrammen.

Zahlreiche Publikationen zu alltags- und ausbildungsrelevanten mathematischen Kompetenzen z. B. für Themen wie »Haushaltsführerschein« (Kamber/Trunz 2013) »Verbraucherführerschein: Geld und Konsum« (Steffek 2012), »Wohnen, Geld & Haushaltsführung« (Pickhan/Riebe 2012), »Achtung Schuldenfalle« (Winkler 2012) oder auch »Matheaufgaben aus dem Berufsalltag« (Schwacha 2011) ergänzen das gegenwärtige Angebot didaktischer Anregungen.

Das Lehrwerk *NAVI-Mathematik für Förderschulen* (Schroedel-Verlag o.J.), bestehend aus acht Bänden sowie einem Vorkurs, betont diese Kompetenzvermittlung eng gekoppelt an eine funktionale Orientierung an außerschulischen, alltags- und berufsvorbereitenden Inhalten. Dieses Konzept fokussiert auf die Bewährung von Kompetenzen in authentischen Anwendungssituationen. Auf je einer doppelseitigen Eingangsseite werden Alltagssituationen illustriert, die zum Kommunizieren, Argumentieren, Problemlösen herausfordern. Besonderen Stellenwert haben Rechenkonferenzen zur Entwicklung und Bewertung unterschiedlicher Lösungsstrategien. Damit geht das Konzept weit über die Aufgaben und Ansprüche einer Vermittlung von elementaren Fertigkeiten in Mathematik hinaus. Abgleitet aus den Forschungsergebnissen zu effektiven Lehr- und Lernprozessen in der Mathematik sind Fragen einer curricularen Validität nachrangig, gegenüber einer Auswahl authentischer und subjektiv bedeutsamer Verwendungs- und Lebenssituationen. Sonderseiten wie »Mathespaziergang« und »Spiel- und Knobelseite« bieten den Schülern Anlässe, die Mathematik in der unmittelbaren Umgebung zu erfahren oder zur spielerischen Umsetzung des erworbenen Wissens und dienen damit als integrierte Übungs- und Anwendungssituation zur Vertiefung und Wiederholung der vermittelten Strategien. Die sogenannten Kurse dienen zur Erarbeitung und Vertiefung spezieller mathematischer Fertigkeiten, wie die halbschriftlichen und schriftlichen Verfahren. Eingebunden in alltagsnahe Situationen werden hier Rechenverfahren und -strategien in vielfältigen Situationen geübt. So lässt sich die Alltagsfrage »Wann kann ein Bäcker schlafen?« (Werner 2011b) oder »Was vom Gehalt übrig bleibt ... Wie lese, verstehe und überprüfe ich meine Lohnabrechnung?« (Werner/Wildermuth 2012) sowohl als mathematischer als auch als fächerübergreifender und ebenso als berufsorientierender Lernanlass gestalten.

In einem solchen projektähnlich angelegten Unterricht lassen sich fächerübergreifend Themen wie die Zusammensetzung der Löhne (Brutto-, Netto-, Stundenlohn, Lohnsteuer usw.) aufgreifen. Auch Informationen zu Ausbildungsbedingungen, wie Zugangsvoraussetzungen, lassen sich gut mit diesem Thema verbinden. Zu empfehlen ist es, dass die Schüler je nach persönlichem Interesse unterschiedliche Berufsfelder (z. B. Hauswirtschaft, Friseur, Gartenbau, Gastgewerbe, Holzbearbeitung) erkunden. Zudem lassen sich all die Themen auf die drei Anforderungsbereiche (Reproduzieren, Zusammenhänge herstellen, Verallgemeinern und Reflektieren) sowie sämtliche außer- und nachschulische Themenfelder modifizieren, so dass auch leistungsstärkere Schüler gefordert und gefördert werden. In derartig lebensrelevanten Kontexten hebt sich für die Schüler die strenge schulische Trennung zwischen den Unterrichtsfächern auf. Sie erleben, dass die Anwendung schriftsprachlicher und mathematischer Kenntnisse und Fertigkeiten als notwendige und sinnvolle Kulturtechnik der Lösung alltäglicher Probleme dient.

So theoriebasiert, -fundiert und vielversprechend diese Ansätze auch sind – es liegen derzeit zu allen hier benannten Konzepten weder in sonderpädagogischen noch in inklusiven Settings empirische Befunde vor.

4.2.2 Konzepte aus der Benachteiligtenförderung respektive der Sonderpädagogik

Die Möglichkeit und Fähigkeit zur Teilhabe am gesellschaftlichen Leben sind zentrale Zielkategorien aller Schulformen, d. h. auch für Förderschulen. Gerade für diese meist aus bildungsfernen Familien bzw. bildungsbenachteiligenden Verhältnissen stammenden Schüler ist die bestmögliche Vorbereitung auf eine berufliche und soziale Integration oberstes Ziel.

Die didaktisch-methodische Maßnahmen in der sonderpädagogischen Fachrichtung »Lernen« orientieren sich seit Beginn an einer Vorbereitung ihrer Schüler auf das zukünftige, weitgehend selbständige Leben. Spätestens seit den 1970er Jahren sind hier die Kriterien »Berufs- und Lebens- bzw. Alltagsrelevanz« zentral und zielführend für die interne didaktische Diskussion. Viele in der Didaktik der Lernbehindertenpädagogik diskutierten Ansätze fokussieren auf eine elementare Grundbildung zur Realisierung gesellschaftlicher Teilhabe für diese Schülergruppe. Ein kurzer historischer Abriss belegt diese Kontinuitäten.

Problemorientiertes, handelndes Lernen fordern bereits in den 1970er Jahren Vertreter der Lernbehindertendidaktik wie Mann (1979), Rohr (1975) und Wittoch (1976) mit Konzepten zu einem lebenspraktisch orientierten sowie berufs- und problemzentrierten Unterricht bei lernschwachen Schülern.

Prototypisch dafür waren u. a. die konzeptionellen Überlegungen zum Mathematikunterricht von Bleidick (1975). In der Sekundarstufe stand die Vermittlung eines notwendigen Mindestwissens, dass »der spätere Erwachsene für sein Leben braucht« (Bleidick 1975, 1) im Vordergrund. Diese didaktische »Elementarisierung« wurde durch die Prinzipien der Stoffbeschränkung, des Lebensbedeutsamen, der übenden Wiederholung und Festigung untermauert. Unerlässlich ist neben einer Differenzierung nach Leistungsgruppen die praktische Anwendung der Mathematik auf Sachverhalte. Bemerkenswert ist, dass explizit Themen genannt wurden, die nicht im Mathematikunterricht zu behandeln seien. Als nicht notwendige Themen in der Schule für Lernbehinderte galten z. B. die Flächenberechnung von Dreiecken mit Formeln, Viertelkreis und Säulen, Maßstabrechnen sowie die Erarbeitung des Zahlenraums über 1 Million (a. a. O., 22). Um die Themen passend auszuwählen wurde u. a. empfohlen, die späteren Berufs- und Tätigkeitsfelder ehemaliger Lernbehinderter auf ihre spätere rechnerische »Lebensnotwendigkeit« hin zu analysieren (a. a. O., 22).

Nestle (1976) kritisiert die Reduktion des Allgemeinbildungsanspruches an Förderschulen und fordert als Grundintention dieser

Schulform eine »sinnhafte und differenzierte Realitätserschließung«, um eine allgemeine z. T. kultur- und schulbedingte Lernbehinderung zu vermeiden.

Begemann (1975) nimmt die Eigenwelt des Kindes als didaktisches Kriterium und propagiert einen »hilfsschulgemäßen Unterricht als handelnde, einsichtige Eigenwelterweiterung«.

> »Der Aufbau der menschlichen Person erfolgt in einer Eroberung gewisser Weltausschnitte zu einer Eigenwelt. Dieser Unterricht hat die Kinder in ihrer Eigenwelt aufzusuchen und durch Aufgaben und Begegnungen zu erweitern, die Möglichkeiten und Begabungen zu fördern, so daß die Kinder für ihre Welt befähigt werden, so daß sie darin ihre Aufgaben erkennen und ihnen entsprechen können« (Begemann 1975, 56).

Lernen erfolgt als *Eigenweltweiterung* in »existentiellen Situationen« (Begemann 1997, 105).

Kulturtechniken i.S. einer funktionalen Anwendung mit Sach- und Handlungsbezug sowie Formen des sozialen Lernens prägen auch Böhms (1983) didaktische Überlegungen. Kulturtechniken werden zwar lehrgangsmäßig vermittelt, finden aber ihre Umsetzung, ihre Anwendung in den Kerngebieten wie »Vorbereitung auf die Berufs- und Arbeitswelt« (Böhm 1983).

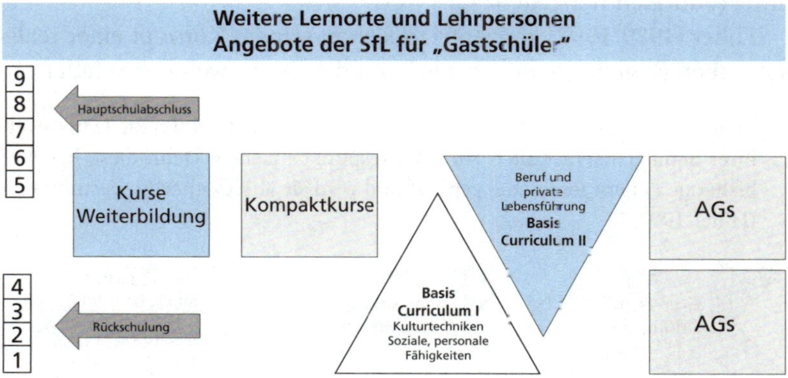

Abb. 12: Schulorganisatorische Struktur einer Schule für Lernbehinderte (Böhm 1983)

Die Auswahl der Lernziele und Inhalte sollte realisierbar sein und »nicht hohe und viele, sondern klar formulierte und ernstgenommene Lehr- und Lernansprüche der Schule« beinhalten (a. a. O., 300). Im Basiscurriculum I (Klasse 1–4/5) ist das Erlernen der Kulturtechniken, als das eigentliche Defizit im schulischen Lernen und Grundlage fast aller weiterer schulischen Lernprozesse, verbindlich festgelegt. Ein Zusatzangebot mit Liftkursen für schnell lernende Schüler und ein Stützangebot für die langsam lernenden Schüler in den Kulturtechniken sowie Wahlpflichtbereich mit AGs ergänzen diese Bildungsangebote. Das Basiscurriculum ab Klasse 5 umfasst die Kerngebiete private Lebensführung und Vorbereitung auf Berufs- und Arbeitswelt. Ein Zusatzcurriculum II mit Wahl-, Pflichtangeboten, (Kurse, AGs, Kompaktseminare) schlägt u. a. außerschulische Kooperationen unter dem Motto: »In-die-Stadt-hinein-Schule« vor (a. a. O.).

Wittrock und Wachtel legten 1994 eine umfassende Konzeption für einen an den Lebensproblemen der Schüler orientierten Unterricht vor. Der Kern der Lebensproblematik der Schüler besteht darin, dass eine selbstständige, entwicklungsfördernde Auseinandersetzung mit sich selbst und der Umwelt verhindert wird. Ausgehend von einer tiefenpsychologisch begründeten *Wirkungseinheit* aus Macht, Ordnung, Halt und Entwicklung muss die Schule eine Balance zwischen der individuellen Lebensproblematik und den Absichten schulischer Interventionen herstellen.

Hiller (1989/1997) konzentriert sich in seinem Konzept einer realitätsnahen (Jugend-)Schule explizit auf die Lebenswelt der Schüler:

> »Eine Schule für benachteiligte Kinder und Jugendliche muss die Lebenswelt ihrer Schüler nachweislich zum Bezugspunkt machen. Denn diese hat ihre bisherige Lebensgeschichte geprägt und wird sie auch weiterhin bestimmen« (Hiller 1997, 7).

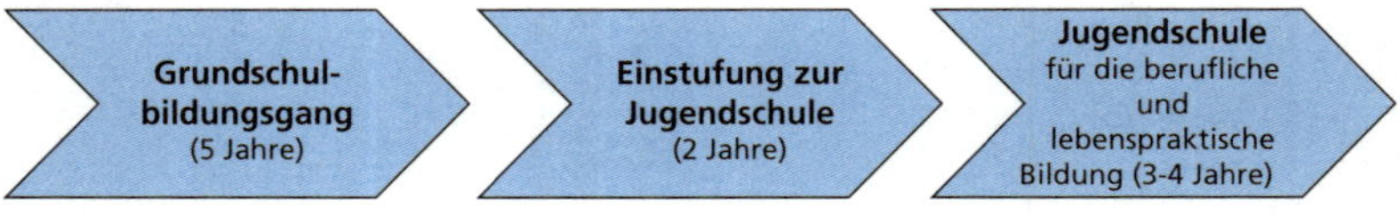

Abb. 13: Struktur einer »realitätsnahen Schule« (Hiller 1997)

Hillers Konzept orientiert sich an der Lebenswelt der Schüler, d. h. an ihren sozialen, sozial-emotionalen und ökonomischen Lebensbedingungen. Bewältigungsstrategien dieser Fragen lassen sich nicht durch kleinschrittige Reduktion vermitteln, sondern durch komplexe Situationsanalysen und Problemlösestrategien wie z. B. im Fall von Arbeits- oder Wohnungslosigkeit. Ziel ist es, die Schüler darauf vorzubereiten, dass sie ein Leben unter massiv einschränkenden Bedingungen führen müssen. Ausgangspunkt für pädagogische Maßnahmen sind die in ihrer Lebenswelt bereits erworbenen Kompetenzen, die ausgebaut werden können und müssen. In einer 5-jährigen Grundschule, die wohnortnah gemeinsam von allen Schülern besucht wird, wird der Grundlehrgang für Deutsch und Mathematik absolviert. In der zweijährigen Eingangsstufe zur Jugendschule sollen die Schüler ihre Fähigkeiten und Interessen entdecken und eine erste Berufsorientierung bekommen. Die Jugendschule (3–4 Jahre) setzt ihren Schwerpunkt auf die berufliche und lebenspraktische Bildung. Eine auch heute noch relevante Forderung ist ein garantierter Erstzugang zum Beschäftigungssystem. So soll schon während der Pflichtschulzeit eine berufliche Ausbildung angeboten werden. Die Vermittlung sowohl schriftsprachlicher und mathematischer Kompetenzen ist stets eingebettet in die Alltagsprobleme. So ermöglichen alternative Textformate wie Flussdiagramme und ikonische Texte auch schriftfernen Jugendlichen einen Zugang zu der Thematik. Neben einem differenzierten System von Praktika empfiehlt er die intensive »nachgehende Betreuung« einzelner Schüler über mehrere Jahre hinweg durch außerschulische Paten (Hiller 1997, 26 ff.).

Angerhoefer (1998) fordert aufgrund veränderter sozialer und wirtschaftlicher Rahmenbedingungen die Vermittlung von Schlüsselqualifikationen im Kontext einer allgemeinen Grundbildung an Förderschulen. Auch sie greift, ähnlich wie Hiller (1989), den Begriff einer *realitätsnahen Schule* auf, der primär auf eine Erwerbstätigkeit der Förderschüler abzielt. Wesentliche Akzentuierungen im curricularen Bereich finden sich in den beiden Bereichen Lebensweltbezogenheit und Ausbildung lebensbedeutsamer Handlungskompetenzen in Einheit mit der Ausbildung allgemein-formaler Funktionen, bei denen die Kulturtechniken eine wesentliche Rolle spielen (Angerhoefer 1998, 106).

Burgert entwirft einen Grundriss einer Pädagogik für benachteiligte Jugendliche, die in den »verschiedensten Lebensbereichen marginalisiert« sind (Burgert 2001, 17). Basierend auf dem Kapitalbegriff von Bourdieu und einer Orientierung an den Schlüsselkompetenzen arbeitet er acht Alltagsbereiche vor allem für »gelingende nachschulische Lebensbewältigung« (a. a. O., 16) heraus:

1. Einblicke und Zugänge in das Beschäftigungssystem
2. Anregungen für den Umgang mit eigenen, meist begrenzten finanziellen Verhältnissen sowie die Möglichkeiten der Inanspruchnahme staatlicher Unterstützung
3. Fragen der Wohnungssuche und -unterhaltung
4. Aufbau förderlicher und zuverlässiger sozialer Beziehungen
5. Bewusstmachen der Rolle der eigenen Gesundheit einschließlich der Ernährungsgewohnheiten, gesundheitsgefährdende Risikofaktoren wie Drogen, Alkohol
6. Entwicklung eines Zeitmanagements
7. Kompetenzen eines Alltagsmanagements für eine sinnvolle Strukturierung des Alltags, z. B. zwischen Arbeit und Freizeit
8. Erörterungen bezüglich der Grenzen legalen Verhaltens in einem Rechtsstaat (a. a. O.)

Betont wird, dass sich alle Überlegungen, Konzeptionen und Realisierungen hinsichtlich eigenständiger effektiver allgemein- und berufsbildender Angebote an den »realen Lebensumständen und individuellen Ausstattungen der Kinder, Jugendliche und Erwachsenen ausrichten« müssen (a. a. O., 241).

Haugwitz, Koch und Unterstab (2002) begründen mit den spezifischen Lebenslagen und Zukunftsperspektiven der Förderschüler eine umfassende Material- und Ideensammlung für einen lebenspraktisch orientierten Unterricht in der Oberstufe der Förderschulen. Nur mit einer Reform des Unterrichts selbst lässt sich der Anspruch der Förderschule hinsichtlich ihrer Qualifikations-, Allokations- und Sozialisationsfunktion gerecht werden.

Auch das Konzept »Schule leben« (Räuber 2004) ist ein didaktischer Ansatz für den Unterricht an Förderschulen, der sich an den subjektiven Lebenswelten der Lernenden orientiert und die künstliche Trennung inner- und außerschulischen Lebens aufhebt bzw. sinnvoll miteinander in Verbindung bringt. »Der an den Wirklichkeitsbildern der Lernenden orientierte Unterricht trägt dazu bei, den Lernenden Schule als ein [sic] Lebensbereich zur Erweiterung von Lebensweltkonstruktionen darzustellen« (a. a. O., 13). Räuber spricht den Schülern selbst die Verantwortung und die Kompetenzen für die Erweiterung ihrer Lebensweltkonstruktionen zu. Unterricht wird als Angebot gestaltet, das die Schüler im Sinne der Konstruktion ihrer subjektiven Lebenswelt eigenverantwortlich nutzen können (a. a. O., 79). Erst im Dialog kommen subjektive »Erlebnis-, Erfahrungs- und Erkenntniswelten« zum Ausdruck und nur durch den Austausch werden Zugänge zu den individuellen Lebenswelten möglich (a. a. O., 130). In der Auseinandersetzung mit anderen »Erlebnis-, Erfahrungs- und Erkenntniswelten« werden die Voraussetzung geschaffen, eigene Lebensweltkonstruktionen zu erweitern (a. a. O., 76). Außerdem sollen Unterrichtsthemen gefunden werden, die an der individuellen Lebenswelt der Schüler orientiert sind (a. a. O., 204).

Ausgangspunkt der konzeptionellen Überlegungen Schroeders (2015) für eine Pädagogik der Benachteiligten ist eine bildungstheoretisch fundierte Lebenslagen- und lebenslauforientierte Pädagogik. Alternativ zu den gegenwärtigen schulischen Entwürfen werden Basiskonzepte wie Alltags-, Arbeitswelt- und Sozialraumorientierung begründet und fünf Aufgabenfelder entwickelt, die »in einer Lebensverlaufsperspektive unabdingbar« sind (Schroeder 2015, 91). Dazu zählen:

- elementare Kulturtechniken, die in der modernen Schriftkultur unverzichtbar sind,
- eine Alltagsvorbereitung, die die »soziale Lagerung und ihre kulturelle Verortung« der Schüler »respektiert, stärkt, erweitert und irritiert«,

- eine arbeitsweltbezogene Übergangspädagogik, die den Jugendlichen so »viel Unterstützung wie nötig und möglich« bietet, um ihren Patz im Beschäftigungssystem zu finden und zu behalten,
- eine Qualitätssicherung in Fragen des Mentorings, da diese Jugendlichen ein Recht haben, »in Krisensituationen professionelle pädagogische Unterstützung zu erhalten, um Problemlagen zu entschärfen und sich wieder auf Bildungsangebote einlassen zu können«,
- kulturpädagogische Handlungsansätze, die das Recht sichern, »in kulturellen Angeboten verschiedene Möglichkeiten der Selbstkultivierung und Selbstgestaltung« ausprobieren und einüben zu können, um eine befriedigende Form einer »Lebens-Kunst« auszubilden (Schroeder 2015, 90 ff.)

Um die Markt-, soziale und Rechtsbenachteiligung zu mindern (a. a. O., 45 f.) mahnt Schroeder vor allem an, den Teufelskreis des »postschulischer Analphabetismus« (Schroeder 2013b, 50) zu durchbrechen. Die Betroffenen haben oft basale Kompetenzen während der Schulzeit nicht oder nur unzureichend erworben. Gerade durch Beschäftigungslosigkeit und/oder Beschäftigungsverhältnisse mit geringen Anforderungen an Literalität werden diese rudimentären schriftsprachlichen und mathematischen Kompetenzen wenig angewendet und verlieren sich. Insbesondere diese Prozesse verstärken das Risiko der Illiteralität enorm (Schroeder 2013a, b).

Auf dem Gebiet der Förderung von Literalität in arbeitsweltbezogenen Kontexten sind zukünftig richtungsweisende didaktisch-methodische Hinweise zu erwarten (vgl. Schroeder 2015; Basendowski in Vorb.). Gerade in beruflichen Kontexten werden herkömmliche Textarten als eine in Schrift gefasste Sprache abgelöst von sogenannten multimodalen Texten, d. h. verschrifteten Informationen, die aus einem Konglomerat verschiedener alphabetischer, logografischer, ikonischer, akustischer und auch taktiler Zeichen bestehen (vgl. Schroeder 2011; Schroeder 2015, 94). Eine Analyse von Textformen, die in einfachen Arbeitsplätzen (z. B. Lagerist, Gebäudereinigung, Catering, Möbeltransport) verwendet werden, zeigt, dass multimodale Textstrukturen vorrangig den Arbeitsprozess in diesen Berufsfeldern strukturieren. Diese veränderten Strukturen beeinflussen die Leseanforderungen und müssen – gerade in der Arbeit mit schriftfernen Jugendlichen – differenziert analysiert und systematisch vermittelt werden.

Die Anforderungen auch an sogenannte Einfacharbeitsplätze sind generell höher geworden und unterscheiden sich von Branche zu Branche (▸ Kap. 3.5). Es gilt daher nicht, einen Kanon arbeitsrelevanter Lernthemen als generelle Inhaltsbestimmung zu entwerfen, sondern für arbeitsbezogene Grundbildung kontextualisierte Lernthemen zu ermitteln. So sind gerade im Sektor der Einfach(st)arbeitsplätze »mehrsprachige und multimodale Verhältnisse« zu berücksichtigen (Schroeder 2013a, 100), z. B. der sichere Umgang mit kontinuierlichen, diskontinuierlichen und ikonischen, sowie die Pluralität von Texten (Basendowski in Vorb.) Die bisherigen Lehr- und Lernmethoden, die in der Vermittlung von Lesen und Schreiben auf standardisierten Formen in einer Sprache und Sprachform liegt, müssen modifiziert, adaptiert bzw. weiterentwickelt werden (Hussain 2010, 192). Grundbildung als übergeordnetes pädagogisches Konzept verbindet diese literalen Events mit den in unterschiedlichen Alltagsbereichen, Fachdisziplinen und Institutionen gängigen Normen und Werten, die literale Praxen rahmen (Basendowski 2014).

All diese Konzepte zielen auf eine individuelle Passung der Lernangebote mit den individuellen Lern- und Leistungsvoraussetzungen der Schüler und sollen den Zugang zu schulischen und nachschulischen Bildungsinhalten sichern. Sie verzichten auf eine Reduktion der Bildungsinhalte und fokussieren auf ein anwendungsfähiges, alltagsorientiertes und berufsrelevantes Basiswissen. Die Spezifik der Inhalte und Maßnahmen begründet sich in der sozial, sozioökonomisch und -kulturell geprägten prekären Lebenssituation der Kinder und Jugendlichen und den daraus resultierenden Lernbarrieren. Zentrale Inhalte sind auch in diesen Konzeptionen die Vermittlung von Kulturtechniken in den Bereichen Deutsch und Mathematik.

Diese Konzepte basieren weitgehend auf einem systemisch-konstruktivistisch orientierten Lehr- und Lernverständnis. Der Schüler als eigenaktives Wesen ist prinzipiell in der Lage, im Rahmen seiner inneren Strukturen die ihn umgebende Welt zu (re-)konstruieren und für sich nutzbar zu machen. Unterricht hat dabei (lediglich) die Funktion, angemessene Lern- und Erfahrungsräume zu schaffen. Lernen vollzieht sich in subjektiven Erfahrungsräumen und dient dem Aufbau, der Erhaltung sowie der Erweiterung seiner individuellen Handlungsfähigkeiten, die den Schüler zur Teilhabe am gesellschaftlichen Leben befähigen. Orientiert an Erkenntnissen regulärer Entwicklung werden die zielgruppenspezifischen Ausformungen vor allem unter dem Aspekt der Sicherung gesellschaftlicher Teilhabe mit dem Schwerpunkt auf berufliche Teilhabe gelegt.

Lehren versteht sich nicht nur als Wissensvermittlung, sondern auch als Lebensbegleitung. Charakteristisch ist die bewusste Loslösung von den traditionellen schulischen Inhalten, die Fokussierung auf die Arbeits- und Berufswelt der Schüler sowie auf deren Strategien zur Lebensbewältigung und Lebensvorbereitung. Es müssen zunächst die Situationen und Probleme aus der Lebenswelt der Schüler thematisiert werden, die die Teilhabe am regulären Unterricht verhindern. Dies kann auch bedeuten, risikobehaftete instabile soziale Beziehungen sowie desolate Lebensverhältnisse in den Mittelpunkt zu stellen und ansatzweise durch geeignete Maßnahmen zu kompensieren, z. B. durch den Aufbau von Strukturen oder auch durch das Etablieren verlässlicher und stabiler Beziehungen zu Lehrern, Mitschülern oder auch »Paten«. Es setzt einen veränderten Umgang mit den Schülern voraus, z. B. durch eine veränderte Erwartungshaltung bezüglich möglicher Lern- und Entwicklungsschritte, vor allem aber durch Akzeptanz und Wertschätzung ihrer individuellen Kompetenzen und ihrer bisher entwickelten Lern- und Lebensstrategien. Lehrkräfte müssen ihren Schülern Unterstützung bei Lebensproblemen und Krisen geben können, z. B. durch Angebote zur Krisenbewältigung an Schulen, durch biografisch orientierte Einzelförderung, durch die Schaffung von stabilen Netzwerken und sozialräumlichen Beziehungen u. a.

Empfohlen werden zwar eine strukturierte, aber dennoch geöffnete Unterrichtsgestaltung und ein bedeutungsvolles, d. h. für den Schüler subjektiv bedeutsam Lernen. Der Unterricht sollte gemeinsam geplant und gestaltet und selbständige Arbeiten initiiert werden, z. B. durch Arbeitsmaterialien, die dies ermöglichen, und dadurch, dass Schüler selbst festlegen, woran sie wann und über welchen Zeitraum arbeiten. Ein solches Vorgehen ist geprägt durch verschiedene Formen des Austauschs untereinander, in denen subjektive Wahrnehmungen der Schüler auf ihre Lebenswelt in Einzelgesprächen und in Gesprächen in Kleingruppen zum Ausdruck kommen können.

4.2.3 Konzepte nachschulischer Bildungsangebote

Die Desiderate in der nachschulischen Bildung sind bereits ausführlich in Kapitel 3.5 dargelegt worden. Im Lauf der 1980er-/1990er-Jahre entstand eine kaum überschaubare Vielzahl der Sonderprogramme von Bund, Ländern und der EU im Rahmen der Benachteiligtenförderung. Dadurch hat sich neben der dualen und vollzeitschulischen Ausbildung ein dritter Sektor innerhalb des beruflichen Bildungssystems etabliert (das sogenanntes Übergangssystem), das jedoch nur für einen geringen Teil der (benachteiligten) Jugendlichen Übergänge in eine berufsqualifizierende Ausbildung ermöglicht (vgl. Bylinski/Rützel 2011; Kohl/Kramer 2008). So hat sich neben berufsorientierten Grundbildungsangeboten in der Alphabetisierungsarbeit das Übergangssystem an der ersten Schwelle als wichtiger Bestandteil der Berufsbildung etabliert.

Bemerkenswert ist, dass seit gut zehn Jahren in diesem Sektor zahlreiche Konzepte entwickelt und Maßnahmen implementiert wurden, die eine hohe Parallelität zur Debatte um den Umgang mit Benachteiligungen im schulischen Kontext zeigen, aber dennoch gar in schulpädagogischen Kontexten nicht bzw. nur randständig wahrgenommen wurden und werden. Diese Situation ist insofern erschreckend, da damit institutionsgebunden Hürden und

Stolpersteine für die Lernenden konstruiert wurden und werden, die das kontinuierliche und reibungslose lebenslange Lernen deutlich erschweren bzw. ein Scheitern vorprogrammieren und somit eine Barriere für Bildungsteilhabe darstellen. Das hier skizzierte Konzept der Grundbildung bietet die Chance, diese Desiderate zu überwinden. Als Konzept einer lebenslauf- und lebenslagenbezogenen Bildung implementiert, vermag es die systembezogenen Handlungslogiken zu durchbrechen und ein sicheres Fundament für lebenslanges Lernen zu legen. Darauf weist auch die Kommission der Europäischen Gemeinschaften (2000) in einem Memorandum zum Lebenslangen Lernen hin. Lebenslanges Lernen wir hier als Grundprinzip verstanden, an dem sich Angebot und Nachfrage in sämtlichen Lebenskontexten ausrichten (Kommission 2003). Diese Position findet auch innerhalb der Berufspädagogik Niederschlag:

> »Die Fähigkeit zum Weiterlernen [darf] nicht losgelöst von den in der allgemeinbildenden Schule erworbenen basalen Kompetenzen im Lesen, Schreiben und Rechnen gesehen werden. Wer bereits beim Übergang von der Schule in den Beruf keine ausreichende Grundbildung aufweist, unterliegt dem Risiko, im weiteren Erwerbsleben nicht mit den sich verändernden beruflichen Anforderungen Schritt halten zu können« (Klein/Schöpper-Grabe 2012a, 3).

Prototypisch für zahlreiche Reformüberlegungen in der Berufspädagogik sind die Aussagen wie: »Ohne alle Frage ist es richtig, den Übergangsprozess von der Schule in die Arbeitswelt zu individualisieren« (Eckert 2006, 23). Es werden seitdem Konzepte diskutiert, die sich vorrangig auf folgende Aspekte konzentrieren:

- Optimierung der Lernformen,
- Verbesserung der sozialpädagogischen Betreuung und Begleitung sowie Anbindung an die betriebliche Praxis,
- Bildungsberatung,
- Qualitätssicherung und Zertifizierung erworbener Kompetenzen u. a. durch Konzeptbausteine mit Eignungsanalyse und Qualifizie-

rungsplanung, um das veraltete, in starren Kategorien gefasste »Maßnahmendenken« außer Kraft zu setzen (Eckert 2006),
- Modularisierung der Bildungsangebote mit individualisierten und binnendifferenzierten Maßnahmen,
- kultursensibler Umgang mit Menschen mit Migrationshintergrund,
- Flexibilität, Durchlässigkeit (vgl. Tröster 2002; Eckert 2006; Junge et al. 2011; Rothe/Preising 2011; Hofmann-Lun 2011).

Jedem Leser wird spätestens hier die *Parallelität bzw. die Anschlussfähigkeit dieser Überlegungen zur Sonder- respektive Benachteiligtenpädagogik* deutlich. Entgegen der konzeptionellen Ausrichtung traditioneller didaktischer Konzeptionen steht nicht mehr der zu vermittelnde Gegenstand im Vordergrund. Handlungsleitend ist die Frage nach der Relevanz des Lerngegenstandes für die Ermöglichung gesellschaftlicher Teilhabe einschließlich der individuellen Kompetenzen, diese zu erwerben.

Im Kontext des schulischen Lernens müssen hier zunächst die Merkmale eines hochwertigen Unterrichts hervorgehoben werden. Dazu zählen Aspekte wie die Klarheit, die Struktur und die Zielorientierung im Unterricht, aber auch der adaptive Einsatz verschiedener Methoden und Möglichkeiten der Differenzierung. Ein positives Klassenklima, eine vertrauensvolle Lehrer-Schüler-Beziehung sowie die Berücksichtigung motivationaler Aspekte vervollständigen die Liste der Merkmale eines hochwertigen Unterrichts (vgl. Hartke et al., 2015). Allein diese Merkmale, denen die Aspekte Individualisierung und Differenzierung immanent sind, illustrieren diese Gemeinsamkeiten.

Zudem ist das zentrale Handlungsfeld der Sonderpädagogik schon lange nicht mehr ausschließlich nur die Schule. Ihre Expertise umfasst darüber hinaus vor-, außer- und nachschulische Bereiche, schließt präventive Maßnahmen sowie alle Altersstufen als lebensbegleitendes Konzept unter besonderer Berücksichtigung der individuellen Lebenslagen ein. Sonderpädagogische Maßnahmen verstehen sich i.w.S. als eine umfassende Berufs- und Lebensorientierung und -begleitung (vgl. Lindmeier/Lindmeier 2012; Stein 2010; Schroeder 2015). Breiten Raum nehmen daher innerhalb der Sonderpädagogik Fragen des Übergangs ein. Besonders die Schwelle Schule – Ausbildung, aber auch nachfolgend der Übergang in die Erwerbstätigkeit, stellen als bildungsbiografisch sensible Momente gerade für diese Schülergruppe ein hohes Risiko des Scheiterns dar. Die dafür entwickelten Konzepte konzentrieren sich neben der Förderung der intellektuellen Leistungsfähigkeit auf die Möglichkeiten zur emotionalen Stabilisierung der Schüler, z. B. durch kontinuierliche Begleitung auch über die Schulzeit hinaus, bis hin zu Fragen der Organisationsentwicklung und des Qualitätsmanagements in der beruflichen Rehabilitation (vgl. zusammenfassend Walter/Wember 2007).

Nachfolgend werden exemplarisch Konzepte bzw. Befunde vorgestellt, die sich nahezu nahtlos an die fachrichtungsspezifischen Überlegungen der Sonderpädagogik anschließen bzw. diese im berufsbildenden Bereich fortsetzen.

Innerhalb der fachrichtungsspezifischen, berufsorientierenden Didaktik zeigen u. a. die Überlegungen des Bundesministeriums für Bildung und Forschung zur beruflichen Qualifizierung Jugendlicher mit besonderem Förderbedarf – *Benachteiligtenförderung* (BMBF 2005) – eine bemerkenswert hohe Affinität zu sonderpädagogischen Überlegungen. Gemeinsamkeiten finden sich vor allem in der Zielgruppe der Jugendlichen, die wegen unzureichender Sprachvoraussetzungen, häuslicher Probleme oder individueller sozialer Problemlagen spezifischen Förder- und Hilfebedarf haben (vgl. BMBF 2005, 15).

Ganzheitliche und kompetenzorientierte Förderansätze integrieren neben berufspädagogischen auch sozialpädagogische Konzepte und berücksichtigen die jeweiligen sozialräumlichen Strukturen. Diese beziehen neben der Praxis (Werkstätten, Ausbildungsbetriebe, Praktika) auch das Lernen selbst (Fachtheorie, Allgemeinbildung, Lernunterstützung, Lernen lernen) und sozialpädagogische Begleitung (Einzelfallhilfen, Gruppenarbeit, Freizeitpädagogik, Elternarbeit etc.) mit ein (a. a. O., 23). Folgende didaktische Prämissen werden als zentral und handlungsleitend hervorgehoben:

- Ganzheitlichkeit und Lebensweltbezüge,
- soziales und personales Lernen einschließlich kultursensibler Konzepte,
- die Kompetenz- und Handlungsorientierung mit der Fokussierung auf Handlungskompetenz und Schlüsselqualifikationen,
- die Forderung nach Individualisierung verbunden mit lern- und prozessbegleitender Diagnostik (Förderdiagnostik) und
- die Forderung nach Partizipation (a. a. O.).

All diese Überlegungen decken sich mit zentralen Grundzügen eines individualisierenden, kultur- und milieusensiblen, lern- und entwicklungsfördernden Bildungsangebots innerhalb der Sonderpädagogik.

Bereits 2007 legte der Hauptausschuss des Bundesinstituts für Berufsbildung Vorschläge zur Verbesserung der individuellen Eingangsvoraussetzungen für den Übergang Schule – Berufsbildung vor. Handlungsbedarf wird insbesondere in den allgemeinbildenden Schulen im Hinblick auf die Verbesserung der individuellen Eingangsvoraussetzungen von sozial schwachen und lernbeeinträchtigten Schülern gesehen und Folgendes vorgeschlagen:

- im systematischen Ausbau eines in der 7. Klasse beginnenden Übergangssystems, das sich an bundesweit abgestimmten Standards orientiert
- in der Erfüllung des Auftrags schulischer Arbeit, den sicheren Erwerb von allgemeinbildenden Basiskompetenzen (Lesen, Schreiben, Rechnen, Mediennutzung) zu gewährleisten
- in einer früh beginnenden kontinuierlichen Förderung so genannter Risikogruppen in zentralen Schulfächern wie Deutsch, Mathematik, Naturwissenschaften

- in einer systematischen, individuellen Begleitung von Jugendlichen an der Schnittstelle zwischen Schule und Beruf durch verstärkte Einbeziehung von Berufswahlorientierung und Berufsinformation
- durch Verstärkung integrierter berufs- und arbeitsweltbezogener Schulsozialarbeit
- durch Ausweitung dualer Formen der beruflichen Qualifizierung benachteiligter Jugendlicher in den beiden letzten Schulbesuchsjahren, z. B.:
  - produktionsorientierte Ansätze
  - Schülerfirmen und -werkstätten sowie die Kooperation mit Betrieben
  - Praxisklassen für die Förderung leistungsschwächerer Schüler (»Praxisklassen plus«)
- durch Verbesserung der Kooperation zwischen allgemeinbildender und berufsbildender Schule
- durch Ausbau von Partnerschaften zwischen Schule und regionaler Wirtschaft (vgl. BIBB 2007)

2011 wurden diese Vorschläge unter folgender Prämisse spezifiziert:

> »Es besteht die Notwendigkeit, die Ressourcen und Talente aller Jugendlichen in den Blick zu nehmen und dabei junge Menschen individuell besser zu fördern« (BIBB 2011, 1).

Für ein Übergangsmanagement wurden folgenden Leitlinien verabschiedet:

1. Frühzeitige Vorbereitung für einen gelingenden Übergang,
2. Individuelle Förderung, Beratung und Begleitung junger Menschen,
3. Nähe zur Berufs- und Betriebspraxis,
4. Regionale Koordinierung und Steuerung, Rolle der Akteure,
5. Transparenz und Anschlussfähigkeit sowie
6. Evaluierung der Programme und Maßnahmen (a. a. O.).

Innerhalb der Berufswahlvorbereitung sollen frühzeitig die relevanten Kompetenzen festgestellt und eine individuelle Förderplanung installiert werden, die dann präventiv wirken können. Die Entwicklung von Selbstlernkompetenz als Grundlage für das lebenslange Lernen erfolgt mittels individueller Berufswegeplanungen, sozialpädagogisch betreuten Betriebspraktika mit integriertem Schulabschluss und dem Einsatz geeigneter, möglichst bundesweit einheitlicher Qualifizierungsbausteine. Es wird an die Länder appelliert, bei ihrem Engagement für mehr Qualität der allgemeinbildenden Schulen als auch für eine individuelle Diagnostik und Förderung der Schüler zu sorgen und darüber hinaus bewährte Modelle in der Förderung leistungsschwächerer Schüler flächendeckend umzusetzen. Bewährt haben sich insbesondere Praxisklassen, die Schulunterricht mit einer intensiven Betreuung und Praxisphasen im Betrieb verbinden (vgl. BIBB 2007, 2011).

Auch die *Befunde von Hofmann-Lun* (2011) belegen, dass eine spezifische Kombination aus praktischem und theoretischem Lernen im Berufsvorbereitungsjahr den Jugendlichen neue Zugänge zu Lerninhalten in Mathematik oder Deutsch schon in der Schule ermöglichen und eine negative Sicht auf die eigene Leistungsfähigkeit überwinden helfen. Die Lehrkräfte in berufsbildenden Einrichtungen kritisieren teilweise eine unzureichende Vorbereitung der Jugendlichen durch die Förderschule, insbesondere im Bereich Berufsorientierung. Eines der Hauptprobleme ist das gering ausgeprägte Selbstvertrauen der Jugendlichen. Hinzu komme ein geringes Leistungsniveau insbesondere in den Hauptfächer Mathematik, Deutsch und Englisch. Der niedrige Leistungsstand gefährdet das erfolgreiche Absolvieren des Berufsschulunterrichts in einer Ausbildung und verhindert den Eintritt in verschiedene Berufsfelder (a. a. O., 143). Damit Jugendliche bereits in der Schulzeit Lernmotivation entwickeln und neue Zugänge zu schulischem Lernen erhalten können, wird die Kooperation zwischen Förderschulen und der Berufsschule bereits ab der 7. Jahrgangsstufe empfohlen.

> »Wenn über diese Kooperation eine Verbindung von theoretischem und praktischem Lernen erreicht werden kann, wären Lerninhalte leichter vermittelbar, es könnten bessere Leistungen erreicht werden und zusätzlich die eigenen praktischen Fähigkeiten frühzeitig erprobt werden« (vgl. Hofmann-Lun 2011, 115).

Das *Verbundprojekt »Basisqualifizierung – ProGrundbildung«* – angeboten über die Volkshochschulen – ist bestrebt, Menschen, die trotz Schulbesuch die erforderlichen Kulturtechniken Lesen, Schreiben, Rechnen nicht in ausreichendem Maße beherrschen, die Integration in Bildungsprozesse zu ermöglichen und damit die Voraussetzung für eine aktive Beteiligung am Alltagsleben und in der Arbeitswelt zu schaffen. Als praxisorientiertes Konzept verbindet die Fortbildung eine fachliche Qualifizierung mit Präsenzphasen, begleitenden Studientexten und einer schriftlichen Praxisarbeit mit abschließendem Kolloquium. Die Studientexte und Module mit Präsenzphasen umfassen folgende Themenschwerpunkte:

- Modul I: Zugänge zur Alphabetisierungs- und Grundbildungsarbeit
- Modul II: Schriftspracherwerb
- Modul III: Heterogene Gruppe/Binnendifferenzierung
- Modul IV: Lernprozessbegleitung/individuelle Förderung
- Modul V: Arbeiten mit Neuen Medien
- Modul VI: Rechnen und finanzielle Grundbildung (VHS Grundbildung o.J.)

Das Projekt *»Berufsorientierte Grundbildung«* des Deutschen Instituts für Erwachsenenbildung (DIE) (Tröster 2002, 43 f.) sucht konzeptionelle Lösungen für Probleme der Alphabetisierungsarbeit, die sich aus der herkömmlichen Trennung zwischen Lebens- und Lernalltag ihrer Teilnehmer ergeben. Diese Überlegungen setzen ihren Schwerpunkt auf eine situations- und adressatengerechte Operationalisierung der Themen. Dieses Projekt vernetzt Arbeit und Lernen, indem es beispielsweise die einer der Ausbildung vorgeschalteten Basisqualifizierung durch ein integriertes Konzept ausbildungsbegleitender Förderung ersetzt. Konsequent wird auf eine vorab festgelegte Reihenfolge der notwendigen Lernschritte verzichtet. Fachliches Lernen »findet nicht neben, sondern gleichzeitig mit methodisch-strategischem, sozial-kommunikativem, selbsterfahrendem und selbstbeurteilendem Lernen statt« (a. a. O., 7). Das Bildungsangebot sucht die Passung zwischen den beruflichen Anforderungen in den jeweiligen Ausbildungsgängen und den für ihre Bewältigung nötigen Kompetenzen. Die Differenzbeschreibung dient den Lehrenden als didaktisches und als förderdiagnostisches Instrument und lenkt die Wahrnehmung der Lehrenden auf vorhandene Stärken der Lernenden (a. a. O., 7 f.). Die Intention besteht darin, die – besonders im beruflichen Kontext geforderte – Handlungskompetenz mit der ebenfalls notwendigen Persönlichkeitsentfaltung zu verknüpfen und so Menschen darin zu unterstützen, ihre Lebensgestaltung besser meistern zu können. Über folgende Förderbausteine wird dies angebahnt:

- Lesen/Schreiben/Kommunikation,
- Maße/Zahlen/Einheiten,
- Zeitplanung/Zeitorganisation,
- Strukturierung von Arbeitsabläufen,
- Entwicklung eines Lernleitfadens und
- Lernen lernen – Vermittlung von Grundlagen zum Thema Lernen (a. a. O., 44).

Im angelsächsischen Raum hat das Konzept *der arbeitsplatzbezogenen Grundbildung – Workplace Basic Education (WBE)* schon länger Tradition. Zur Förderung entsprechender Qualifizierungen wurde in Irland 1980 die National Adult Literacy Agency (NALA) gegründet (nala o.J.). Ähnliche Organisationen gibt es beispielsweise auch im Vereinigten Königreich, in Kanada und Neuseeland. Unter WBE wird das nachträgliche Lernen von berufsrelevanten Grundbildungsinhalten am Arbeitsplatz, vor allem Lese-, Schreib- und Rechenkompetenzen, aber auch Problemlösungsstrategien, Teamarbeit oder Computeranwendung, verstanden. Adressaten sind Beschäftigte, deren Basiskompetenzen nicht bzw. nicht mehr für die geänderten Anforderungen am Arbeitsplatz ausreichen. Insofern umfasst WBE das nachholende Lernen von grundlegenden Fähigkeiten am Arbeitsplatz oder für den Arbeitsplatz, die bereits durch die allgemeinbildende Schule hätten vermittelt werden müssen.

Das Projekt *DoKoTrain* (Dortmunder Kommunikationstraining) läuft unter dem offiziellen Projekttitel »Förderung der beruflichen Kommunikation bei funktionalem Analphabetismus bei behinderten jungen Erwachsenen: Forschungs- und Umsetzungskonzept zur Verbesserung der Chancen in vorberuflicher und beruflicher Ausbildung sowie im Arbeitsleben für junge Erwachsene«. Es ist darauf ausgerichtet, umfassend die berufsbezogenen Kommunikationskompetenzen junger Erwachsener zu stärken und zu erweitern. Das übergeordnete Ziel des Projekts besteht in der Entwicklung, Erforschung und Umsetzung eines Förderansatzes für funktionale Analphabeten, die sich in vorberuflicher oder beruflicher Ausbildung (Berufe für Menschen mit Behinderungen gem. § 66 BBiG bzw. § 42m HwO) befinden oder zur Gruppe der jungen Menschen ohne Ausbildung gehören. Ziel des Projekts ist es, alle Projektanteile berufsbezogen und integrativ zu realisieren, so dass der Aspekt der Verbesserung der Lese-, Schreib- und mündlichen Kommunikationsfähigkeit fächerübergreifend gesehen wird. Das Curriculum des Verbundprojekts ist modular aufgebaut. Der Zielgruppe – junge Erwachsene mit Förderbedarf im Umgang mit Sprache, mit fachlichen Texten und Kommunikationsmitteln – soll nicht nur Sprachförderung im engeren Sinne, sondern ein umfassendes berufsbezogenes Kommunikationstraining angeboten werden. Einen wichtigen Stellenwert nimmt dabei die Erfassung und Entwicklung des Leseverständnisses von Tabellen und Diagrammen ein. Die Förderung dieser kommunikativen Fähigkeiten soll durch ein ganzheitliches Lernmodell erfolgen, das sich aus vier Einzelmodulen zusammensetzt:

- Modul 1: Förderung der Lesefertigkeit berufsspezifischer Texte
- Modul 2: Förderung der Schreibkompetenz von Texten mit berufsspezifischen Inhalten
- Modul 3: Förderung der mündlichen Sprachkompetenz durch berufssprachliche Inhalte
- Modul 4: Förderung der Fähigkeit zum Lesen und Anfertigen von technischen Zeichnungen, Diagrammen und sonstigen zeichnerischen visualisierten Kommunikationsmitteln (Biermann/Piasecki 2009, 14)

Die Themenauswahl der Lernzirkel orientiert sich eng an den Anforderungen der jeweiligen beruflichen Situation. So sind die Themen der Berufsfelder Hauswirtschaft und Metalltechnik ausgerichtet an den beruflich-fachlichen Inhalten und Kompetenzen, die im Lauf der Berufsausbildung erlernt werden sollen. Hier wurden Trainingszirkel in Anlehnung an die Rahmenlehrpläne der jeweiligen Berufe entwickelt. Das Projekt verfolgt das Ziel einer Verbesserung der Kommunikationskompetenzen der Teilnehmer, die über die reine Schreib- und Lesekompetenz hinausgeht. Durch berufsorientierte Texte, Visualisierungen und praxisnahe Aufgabenstellungen sollen deren Voraussetzungen zur Erreichung ihres Berufsbildungsabschlusses und/oder einer Arbeitstätigkeit verbessert werden. Das übergeordnete Ziel dieses Projekts ist letztlich eine verbesserte Teilnahme der Jugendlichen und jungen Erwachsenen am beruflichen und gesellschaftlichen Leben.

Eines der wenigen Konzepte zur Förderung mathematischen Basiswissens im Erwachsenenalter wurde vom Deutschen Volkshochschulverband entwickelt (DVV Rahmenprogramm Mathematik). In diesem »*DVV Rahmencurriculum Rechnen*« werden, eng angelegt an schulisch curriculare Inhalte der Klassenstufen 7–9, entsprechend ihrer fachwissenschaftlichen Struktur, mathematische Einsichten aufgebaut. Der Kurs ist dreistufig angelegt. Stufe 1 wendet sich an Erwachsene, die besondere Schwierigkeiten im Rechnen haben, wenn beispielsweise basale Rechnungen im Zahlraum bis 20 nur (ab-)zählend ausgeführt werden. In dieser Stufe soll ein Zahlbegriff im

Zahlenraum bis 30, ein Operationsverständnis der Addition und Subtraktion aufgebaut, die Grundaufgaben der Addition und Multiplikation bis 20 nichtzählend gelöst und möglichst automatisch abgerufen werden können. Stufe 2 erweitert die Zahlraumorientierung bis 100 und baut das Operationsverständnis für die Multiplikation und die Division auf. Das Rechnen in allen vier Grundrechenarten soll vor allem Größenordnungsvorstellungen, d. h. Einsichten ins Stellenwertsystem entwickeln, so dass z. B. der Taschenrechner verständig genutzt werden kann. Erst in Stufe 3 erweitertet sich das Verständnis von Rechnen als rein arithmetischer Basisprozess und greift Fragen der gesellschaftlichen und ökonomischen Teilhabe auf. Ausgangspunkt dieses Kursteils sind mathematische Probleme bzw. Fragen der Teilnehmer um Themen wie Kochrezepte, Reisen, Bankgeschäfte, Mieten, Zahlen, Daten, Grafiken aus Zeitungen. Anhand dieser Themen werden mathematische Themen wie Prozentrechnung, einfache Begriffe und Maße der Statistik, Proportionalität und Antiproportionalität, Dreisatz, Tabellen und Grafiken erarbeitet. Im Rückgriff auf das Mathematikverständnis von Freudenthal sollen mathematikhaltige Sachsituationen besprochen, befragt und bearbeitet werden. Anschließend werden die mathematischen Erfahrungen und Erkenntnisse aus dem ersten Teil systematisiert und zu einer alltagstauglichen und lebenskundlichen mathematischen Bildung verbunden und verdichtet, die in den behandelten Sachsituationen erarbeitet wurde und sich nun auch in anderen Bereichen anwenden lässt (a. a. O.) Das insgesamt kleinschrittig aufgebaute Programm liefert eine (fach-)systematische Grundlage für Mathematikkurse in Weiterbildungseinrichtungen. Sie konzentrierten sich auf basale prozessuale mathematische Fertigkeiten. Die Erarbeitung von Transfer- und Problemlösekompetenzen findet sich ansatzweise erst im Kurs 3. Die dazu vorgeschlagenen Themen und Erarbeitungsschritte, z. B. die Analyse einer Tankquittung, erinnern stark an das didaktische Konzept der traditionellen Sach- und Textaufgaben. Hier wird zwar vordergründig ein reales Problem skizziert, jedoch ist intendiert, dass erwartungsgerecht gerechnet bzw. ein letztlich situationsunabhängiges mathematisches Konstrukt »entdeckt« wird. Häufig wird ein derartiger Aufgabentyp eingeführt, um anschließend an gleichartigen Aufgaben weiter zu üben und den Vorgang zu automatisieren. Verbinden sich die jetzigen konzeptionellen Überlegungen noch stärker mit konkreten Lösung realer Probleme (die vorab kaum curricular festzulegen sind), kann Mathematik tatsächlich als kulturelles Werkzeug verstanden werden. Die Bewältigung des authentischen Problems beruht dann nicht ausschließlich auf einer rein mathematischen Vorgehensweise, sondern berücksichtigt die situativen Momente ebenso wie personale Vorerfahrungen, Vorwissen, Einstellungen usw.

5

Grundbildung durch Teilhabe und Teilhabe durch Grundbildung

5.1 Grundbildung und Inklusion

Gemeinsames und zentrales Anliegen der Sonder- und der Berufspädagogik ist die Herstellung von Bildungsgerechtigkeit und Chancengleichheit (vgl. Werning/Arndt 2015; Heimlich/Wember 2007; Buchmann/Bylinski 2013, 150). Dies mündet in die umfassende Debatte eines inklusiven Bildungssystems. Inklusion, hier in einem weit gefassten Verständnis, beschreibt primär den Anspruch der Verschiedenheit aller gerecht zu werden, Diskriminierungen, Exklusionsprozesse und Marginalisierungen zu vermeiden bzw. vorzubeugen. Unter der Zielperspektive »Teilhabe« sind pädagogische Maßnahmen zukünftig weniger institutionsbezogen, sondern stärker lebenslauf- und lebenslagenspezifisch zu initiieren. Inklusiv wäre ein Übergang dann, »wenn alle Jugendlichen einen Anschluss finden, der ihren Möglichkeiten in der Übergangssituation entspricht« (Koch/Textor 2015, 106).

Ein zentraler Schwerpunkt zukünftiger Entwicklungsaufgaben lässt sich unter dieser normativen Setzung in der Vernetzung und Vertiefung interdisziplinärer Zusammenarbeit vor allem aus dem Bereich Arbeits- und Ausbildungsförderung, Jugend- und Sozialhilfe, Sonder- und Berufspädagogik ausmachen. Folgende Handlungsfelder kristallisieren sich aus dem aktuellen Diskurs innerhalb der Sonder- und Berufspädagogik heraus:

- Weiterentwicklung der Übergangsforschung mit den Akzenten einer »Sozialpädagogik des Übergangs« (Kreher/Lempp 2013, 699),
- Weiterentwicklung und Ausdifferenzierung einer Fachdidaktik, um einen Transfer und eine wechselseitige Adaption sonder- und berufspädagogischer Konzepte zu ermöglichen,
- Professionalisierung im Spannungsfeld zwischen Vernetzung, Kooperation und subjektorientierter Intervention und
- Individualisiertes und biografieorientiertes Bildungsmanagement, um Anschlussfähigkeit und Durchlässigkeit zu ermöglichen (Werner 2016).

Die skizzierten Konzepte stellen lediglich eine Auswahl aus den vielfältigen Maßnahmen zu den nachschulischen, berufsvorbereitenden und -begleitenden, grundbildungsorientierten Angeboten dar. Sie geben einen Einblick in die thematische und didaktisch-methodische Vielfalt auf diesem Sektor. Auswahlkriterium der aufgeführten Konzepte ist vor allem die Intention, vorrangig anschluss- und erst nachrangig abschluss- bzw. zertifikatsorientierte Angebote vorzulegen. Sie begründen folgende Kriterien grundbildungsorientierter Konzeptionen.

Kriterien grundbildungsorientierter Konzeptionen

- Die Inhalte und Anforderungen nehmen keine strikte Trennung zwischen schriftsprachlichen und mathematischen Anforderungen vor.
- Die Bildungsangebote greifen vorrangig auf arbeits- und lebensweltorientierte Themen in ihren konkreten sozialen Bezügen, Situationen zurück.
- Es werden Lernsituationen modelliert, die alle Ebenen der Grundbildungskompetenzen (Prozess-, Subjekt-, soziale Ebene) berücksichtigen und somit die Sach-, Handlungs- und Sozialkompetenzen gleichermaßen berücksichtigen und kombinieren.
- Es werden Aufgabenstellungen formuliert, zu deren Lösung nicht ausschließlich schulisch vermittelte Strategien (mehrheitlich kognitiver und metakognitiver Art) notwendig sind. Sie lassen gleichermaßen kreative, unkonventionelle Lösungswege und -strategien unter Einbezug der situativen Gegebenheiten zu.
- Es werden Kompetenzen vermittelt, die ein Grund- bzw. Orientierungswissen sichern, das anschlussfähig auch in anderen Bildungsgängen und -institutionen ist.
- Intention dieser Bildungsangebote ist es, eine Passung zwischen den individuellen Lernvoraussetzungen und -möglichkeiten sowie den situativen konkreten Anforderungen herzustellen.
- Sie sichern generell die Teilhabe an institutionellen Bildungsangeboten und fokussieren primär auf Anschlüsse und erst nachrangig auf formale Abschlüsse.
- Es wird ein didaktisch-methodischer Rahmen gesetzt, der den individuellen Lernverläufen Rechnung trägt und flexibel auf Lebensrisiken, Unterbrechungen, Abbrüche, Rückschritte usw. reagieren kann.

5.2 Grundbildung als pädagogisch-didaktische Rahmung für ausbildungs- bzw. arbeitsweltorientierte Bildungsangebote der Sekundarstufe I

Teilhabe am Ausbildungsmarkt und die Ermöglichung von Erwerbsarbeit sind zentrale Intentionen gesellschaftlicher Teilhabe (► Kap. 1). Eine ausbildungs- bzw. arbeitsweltliche Orientierung markiert den Kern der Bildungsangebote gerade für benachteiligte Jugendliche. Die pädagogische Notwendigkeit im Sekundarbereich I gerade für benachteiligte Jugendliche derartig anschlussfähige Bildungsangebote zu implementieren, wird hier noch einmal zusammenfassend dargestellt:

- Die nach wie vor starke Orientierung an Abschlüssen mit entsprechender Prüfungsvorbereitung innerhalb der Schule, gerade in den Kernbereichen Deutsch und Mathematik, hat sich als ungeeignet für eine Vorbereitung auf Arbeitstätigkeiten gerade im unteren Segment erwiesen, zumal auch die prognostische Validität der Schulabschlüsse eher gering ist (vgl. Basendowski 2013; Schroeder 2013b; Schroeder/Thielen 2011; Gentner/Meier 2012; Konietzka 2012; IAB 2013).
- Für schulisches Handeln ist ein Verständnis erforderlich, dass »Benachteiligung als Resultat der Verknüpfungsprobleme von Lebenswelten und Institutionen« betrachtet (Schroeder 2013b, 44). Für einen gelingenden Übergang müssen sich die Bildungsangebote zunächst an der Bewältigung erschwerter Lebenslagen orientieren. Ein lebenslagenorientierter Unterricht ist gegenwärtig weder in allgemein- noch in berufsbildenden Schulen kaum zu finden (a. a. O., 42).
- Dieser Reformbedarf in den Schulen darf sich nicht allein auf didaktisch-methodische Aspekte in den Kernbereichen Deutsch und Mathematik konzentrieren, sondern auch auf die Aus- und

Umgestaltung von Bildungsangeboten der Berufsorientierung. Auf Länderebene existieren zwar schon zahlreiche Maßnahmen. Diese sind aber nicht flächendeckend, zudem häufig in privater Trägerschaft und eher selten durch ein geeignetes Monitoring und eine wirksame Qualitätssicherung gestützt. Es gilt notwendige Annäherungen im bzw. Verzahnung des Übergangs von der Schule in den Beruf zu installieren, da eine »frühe Integration von Jugendlichen in den Arbeitsmarkt das spätere Arbeitsmarktrisiko nachhaltig verringern und somit der Verfestigung von Arbeitslosigkeit entgegenwirken kann« (Schmillen/Umkehrer 2014, 1).
- Die gegenwärtigen Konzepte, Inhalte und Arbeitsformen in den nachschulischen Bildungsangeboten entpuppen sich zudem als »unnötige didaktische Warteschleifen«, weil sie häufig lediglich inhaltliche und didaktisch-methodische Wiederholungen aus vorherigen Bildungsgängen darstellen (vgl. Schroeder 2013b, 41; Bojanowski 2012; Hopf 2011; Zisenis 2015; Severing/Weiß 2014).

Das hier skizzierte Konzept der kulturellen Literalität i.S. einer Grundbildung bietet zahlreiche Implikationen für die Konturierung einer teilhabeorientierten Didaktik. Sie vermag das Dilemma der institutionsbezogenen Handlungslogiken aufzulösen und den Blick sowohl auf die Individual- als auch auf die prozess- und die soziale Ebene zu erweitern. Gerade für Jugendliche ohne Schulabschluss ist es wichtig, dass die systeminternen Kompetenzen sozial kommunizierbar sind bzw. werden (vgl. Basendowski 2013). Sowohl die Umgestaltung des Schulsystems auf ein inklusives als auch die Individualisierung und Entstandardisierung von Lebensläufen gebieten dies. Dieses Konzept setzt eine Klammer um eine interdisziplinäre Benachteiligtenförderung z. B. aus Berufspädagogik, Sozialpädagogik, Sonderpädagogik und Schulpädagogik (vgl. Bojanowski 2013). Zentrales gemeinsames Element ist es, Lern- und Entwicklungsprozesse als einen lebenslangen, individuellen Prozess zu verstehen. Es geht bei der Gestaltung pädagogischer respektive didaktisch-methodischer Interventionen weniger um eine Neufindung des herkömmlichen Handlungsspielraums, sondern um einen »Wandel in den professionellen Orientierungen mit Blick auf soziale Ungleichheiten« (Budde/Hummrich 2013, 38).

Auch wenn Grundbildung kontextspezifisch – im Sinne einer sozialen Praxis – definiert wird (Stanik/Zisenis 2008), darf der Grundbildungsbegriff nicht beliebig werden. Die Berufs- und Arbeitsplatzanforderungen allein können nicht Inhalte und Form einer Grundbildung definieren bzw. Grundbildung darf nicht nach »ausschließlich betrieblicher Verwertbarkeit« ausgerichtet werden (Alke/Stanik 2009, 13). Entscheidend ist vielmehr, dass die unterschiedlichen Interessen, Positionen und Intentionen aller Beteiligten transparent gemacht und ausgehandelt werden (a. a. O., 23; Tröster 2010; Basendowski 2013/2014; Schroeder 2015). Dieser Konsens von Mindeststandards ermöglicht es z. B., »neue Konzepte sinnvoller Ausbildungsinhalte kreativ zu bestimmen, die nicht sofort mit Schulabschlüssen und Berechtigungen verbunden sein müssen« (Hopf 2011, 197). Grundbildung ist immer kontext- und prozessbezogen sowie aus individueller Perspektive zu fassen. Sie kann demzufolge auch nicht schulisch curricular geschlossen angeboten werden, sondern wird in spezifischen Kontexten und aus der Perspektive und den Bedarfen der Subjekte heraus entwickelt.

Parallelen in den pädagogisch-didaktischen Diskursen in der Sonder-, respektive Benachteiligten- und Berufs- bzw. beruflichen Förderpädagogik

Dass der Diskurs in der sonderpädagogischen Didaktik des Förderschwerpunkts Lernen zahlreiche Parallelen und Übereinstimmungen zur Benachteiligtenförderung im berufsbildenden Bereich aufweist, wurde hier bereits mehrfach herausgearbeitet.

Exemplarisch sei dies an den »Erfolgsindikatoren für die Implementierung von Bildungsmaßnahmen für formal gering qualifizierte Beschäftigte und Arbeitssuchende« (Zisenis 2015, o. S.) skizziert. Ausgangspunkt dieser Überlegungen ist auch hier die Heterogenität der Zielgruppe.

> Die Diversität »im Hinblick auf Interessen und Bedarfe, Bildungsbiografien, Lebensumstände und subjektive Perspektiven« erfordern »differenzierte Zugangswege, spezifische Lern- und Lehrformate und didaktische Ausrichtungen [sowie die] Berücksichtigung von mehrdimensionalen Kompetenzen und Wissensformen« (a. a. O., o. S.).

Aus den zahlreichen Erfahrungen unterschiedlicher nachschulischer Bildungs- bzw. Qualifizierungsangebote gerade bei benachteiligten Jugendlichen und Erwachsenen schälen sich folgende Merkmale für erfolgreiche Konzepte heraus:

Erfolgreiche Konzepte

- fokussieren auf die Bedarfe, Interessen, Motivationen und Motive der jeweiligen Jugendlichen und Erwachsenen. Lernangebote fördern und fordern dabei die individuellen Lernstrategien und nutzen die individuellen Lernpräferenzen jedes Einzelnen.
- suchen als Bezugspunkt die Arbeit und zielen auf die Verbesserung der Kernkompetenzen von und für die Arbeit. Der Arbeitsplatz wird in seiner Struktur genutzt, um die Beschäftigungsfähigkeit zu erhalten oder weiterzuentwickeln und relevante arbeitsplatz- und arbeitsweltbezogenen Kompetenzen anzubahnen und weiter zu entwickeln.
- nutzen die Lernförderlichkeit von Arbeitsumgebungen als Lernumgebung.
- sind nicht defizitorientiert, sondern nutzen oft verborgene Kompetenzen als Ausgangspunkt für Lernen bzw. entwickeln mit den Lernenden gemeinsam Lernanlässe, Lernziele und Lernwege, die sich aus kritischen Anforderungssituationen ergeben. Sie zielen auf ein Lernen, das sich in realen Lebens- und Arbeitssituationen als nützlich erweist. Gleichwohl werden mehrdimensionale Kompetenzen und Wissensformen berücksichtigt: Handlungs-, Interaktions-, Identitäts- und Orientierungswissen.
- berücksichtigen vielfältige Begleit- und Unterstützungsleistungen: Bildungscoaching, integrierte Lern- und Sprachförderung (sprachliche und fachliche Elemente werden gemeinsam vermittelt), Lern-

prozessbegleitung, interkulturelle Begleitung, Mentoring, Prüfungsvorbereitung, berufsfachlicher Ergänzungsunterricht etc.
- nutzen vielfältige Angebotsformate (Lerngruppen, Einzel- und Teamcoaching, prozessbegleitende Lernberatung etc.), um den Lerntransfer zu sichern.
- verknüpfen den Lernprozess möglichst eng mit betrieblichen Arbeits- und Geschäftsprozessen wie beispielsweise typischen Arbeitsaufträgen, Prozessabläufen oder Kundenbeziehungen als Gegenstand des Lernens und suchen die Verknüpfung der theoretischen Inhalte mit der praktischen Anwendung (a. a. O., o. S.).

Damit durchaus vergleichbar sind die »Gelingensbedingungen der arbeitsplatzorientierten Grundbildung« (Klein/Schöpper-Grabe 2015, o. S.), die auf der Basis von 20 qualitativen Interviews mit Personalexperten in Unternehmen folgende Eckpunkte betonen:

- maßgeschneiderte Angebote, abgestimmt auf die jeweiligen Erfordernisse,
- Bedarfsanalysen zur Ermittlung der spezifischen Anforderungen,
- gute Erreichbarkeit des Angebots (Durchführung »vor Ort«),
- flexible bedarfsgerechte Zeitgestaltung (z. B. Berücksichtigung von Schichtzeiten),
- berufsbegleitend, in der Regel einmal wöchentlich, kürzere Lerneinheiten,
- kleine Lerngruppen mit etwa fünf bis acht Personen,
- Arbeitsplatz- und Lebensweltbezug: individuelle Bedarfe und Bedürfnisse berücksichtigen,
- sensibles Vorgehen im Unternehmen (Ankündigung/Ansprache von Mitarbeitern),
- geeignete Kursbezeichnung (z. B. »Sicherheitsvorschriften besser verstehen«),
- Evaluationen nach Abschluss der Maßnahme (a. a. O., o. S.).

Nachfolgend werden die Parallelen zur sonderpädagogischen Didaktik (vorzugsweise im Förderschwerpunkt Lernen) aufgezeigt. Hier sind es vor allem lern- und entwicklungspsychologisch begründete Lehr- und Lernprinzipien, die empirisch belegbaren Merkmale effektiver Unterrichtsgestaltung sowie didaktische Überlegungen zielgruppenspezifisch gestalteter, ausgewählter Lernbereiche (z. B. Sprache, Mathematik, Alltag und Beruf) (vgl. zusammenfassend Heimlich/Wember 2016; Schroeder 2015; Einhellinger et al. 2014), die sich in *neun Grundpositionen* zusammenfassen lassen:

1. *Grundverständnis von Lehren und Lernen:*
   Bildung ist in ihrem Kern Selbstbildung mit dem Ziel, die persönliche, soziale und berufliche Autonomie bzw. Teilhabe herzustellen und zu sichern (vgl. UN-Konvention 2009; BMBF 2005; Werning/Arndt 2015; Herzog 2013; Luder/Kunz 2012; Rödler 2009).
2. *Vermeidung von Diskriminierung unter Anerkennung von Heterogenitätsebenen:*
   - in der emotionalen und sozialen Entwicklung,
   - in den unterschiedlichen allgemeinsprachlichen Kompetenzen und die Beherrschung des Deutschen als Umgangssprache,
   - in den unterschiedlichen körperlichen und gesundheitlichen Entwicklungen, Fähigkeiten und Beeinträchtigungen,
   - im Hinblick auf familiäre Strukturen, Erziehungsstile, Lebensführung, Freizeitgewohnheiten, kulturelle und ethnische Hintergründe,
   - in den unterschiedlichen Lerninteressen, Lernmotivation, Lerntypen und –stilen,
   - im (fachbezogenen) Vorwissen und Erfahrungen,
   - in der Leistungsfähigkeit und -bereitschaft; Motivation und
   - in den Erwartungen und Zielen an Bildung (vgl. Meijer 2005; Weber 2011; Kramer/Stoecker 2008).

   In der Ausgestaltung von Bildungsprozessen ist Diskriminierung zu vermeiden und die »Normalität in der Verschiedenheit« zu betonen (Zisenis 2015; Werning/Arndt 2015; UN-Konvention 2009; Moser 2012; Meijer 2005). Gefordert wird vor allem aus berufsbezogener Perspektive eine Annäherung zwischen Schul- und Berufsausbildung. »Die Auszubildenden werden immer heterogener« (Severing/Weiß 2014, 5).

»Heute ist es kein Ausnahmefall mehr, wenn ein Ausbilder mit einer Gruppe von Auszubildenden zu tun hat, die sich aus Abiturienten, ausländischen Jugendlichen, Frauen in männlich dominierten Berufen, lernschwachen Auszubildenden zusammensetzt und darüber hinaus große Altersunterschiede aufweist« (Weber 2011, 15).

Das Lernangebot wird mit den Lernenden, orientiert an ihren zu didaktisierenden Bedarfen und Interessen, entwickelt. Derartig individualisierte Bildungsangebotes wie z. B. zusätzliche Kurse sollen zu einer gleichberechtigten Partizipation für diejenigen Personen führen, »die zuvor aufgrund fehlender Kenntnisse in der Schriftsprache als exkludiert betrachtet wurden« (Hussein 2010, 204). Exklusion darf sich in einer Benachteiligtendidaktik nicht wiederholen, d.h. auch in heterogenen Lerngruppen dürfen keine »Verlierer« produziert werden, alle Jugendlichen müssen zu jedem Zeitpunkt einbezogen werden (Steuber/Koch 2013, 193). Es wird die Berücksichtigung integrativer, didaktischer Prinzipien gefordert:

- ermutigender und motivierender Umgang auf Augenhöhe,
- vertrauensvolle Lernatmosphäre,
- Einbinden der Lernenden in die Organisation und die Gestaltung von Aktivitäten,
- Eingehen auf unterschiedliche Lernstände durch Binnendifferenzierung sowie
- Konflikte in der Gruppe ansprechen, Konfliktmanagement (Krings 2014, 33).

3. Auch die nachfolgend benannten *Differenzierungsebenen des Lernprozesses* sind dem (sonder-)pädagogischem Diskurs immanent (vgl. Bönsch 1995; Paradies/Linser 2001; Paradies et al. 2007; Heimlich/Wember 2016; Werner/Drinhaus 2012):
   - Inhalte,
   - Tiefe und Komplexität,
   - Darstellung und Herangehensweise,
   - Arbeits- und Lernformen,
   - zeitliche Vorgabe und
   - Ziele: »Oft ist die differenzierte Zielanpassung für unterschiedliche Lernbedürfnisse im schulischen Umfeld nicht möglich.

Jedoch sollten alle erdenklichen Spielräume genutzt werden, denn Lernende sind nur dann motiviert, wenn sie weder über- noch unterfordert werden« (Kramer/Stoecker 2008, 13).

4. *Individualisiertes und kooperatives Lernen:*
Jegliche Unterstützung individueller Lernprozesse erfordert einen hohen Grad an Individualisierung. Gleichzeitig ist zu berücksichtigen, dass Lernen auch ein soziales und kooperatives Geschehen ist. Individuelle Lernprozesse müssen daher so koordiniert werden, dass sowohl positive Gruppenerfahrung als auch »die Bewusstwerdung der eigenen Person« möglich wird (Döbert/Hubertus 2000, 96). Gerade Grundbildungsangebote sollten sowohl identifikationsfördernd als auch berufsqualifizierend wirken. »Ohne alle Frage ist es richtig, den Übergangsprozess von der Schule in die Arbeitswelt zu individualisieren« (Eckert 2006, 23; weiterhin BMBF 2005; BMBF 2011; Severing/Weiß 2014). Auch die Erfahrung im berufsbildenden Bereich bestätigen, dass die »Förderung von Basiskompetenzen in Verbindung mit der fachlichen Ausbildung besser gelingt als in eigenständigen Vorbereitungsmaßnahmen« (a. a. O., 9). Ein zielgruppenadäquates, arbeitsorientiertes und mit betrieblicher Praxiserfahrung kombiniertes Qualifizierungsmodell erhöht gerade bei erwachsenen Analphabeten ihre Chance auf eine dauerhafte Integration auf dem Arbeitsmarkt (vgl. Rothe 2012, 205). Robering (2012) spricht in diesem Zusammenhang vom Nutzen »sonderpädagogischer Importe«.

Reformvorschläge zum individualisierten Lernen münden auf organisatorischer Ebene in Maßnahmen wie gestufte, modularisierte und kürzere Ausbildungsgänge, da es rechtlich im BBIG oder der HwO keine (schulische oder andersgearteten) Voraussetzungen für die Aufnahme einer dualen Ausbildung gibt (Severing 2013, 379 f.). Diese Reformvorschläge intendieren vor allem eine hohe Flexibilität und niedrigere Zugangshürden zu den vielfältigsten Bildungsangeboten und sind gekennzeichnet durch:
– niedrigschwellige Einstiege,
– differenzierte Strukturierung der Ausbildungswege,

- Stufenberufe, bei denen bereits mit der ersten Abschlussprüfung ein verwertbarer Berufsabschluss erworben werden kann und weitere Ausbildung und erweitere Abschlüsse möglich sind,
- Teilqualifizierungen,
- modulare Nachqualifizierung und
- inklusive Berufsausbildung, d. h. niedrigschwellige Einstiegshürden, spezifische und auf den individuellen Bedarf des Jugendlichen abgestellte Unterstützungsleistungen und Übergänge zwischen Teilhabeleistungen und Ausbildungsformen reibungsloser als bisher ermöglichen (vgl. a. a. O., 384).

5. *Öffnung von Schule bzw. Vernetzung von Arbeits- und Lernorten* (Heimlich/Wember 2016; Einhellinger et al. 2014; Mack 2012; Schroeder 2015):
Verbunden mit einer Kritik an bisherigen Grundbildungsangeboten wird gefordert, sich weniger auf spezialisierte Ausbildungsstätten zu konzentrieren, sondern stärker das Weiterlernen Erwachsener mit dem normalen Arbeitsalltag zu verbinden. Befunde aus der Übergangsforschung bestätigen die Effektivität einer engen Verzahnung schulischer Angebote mit präventiv ausrichteten Konzepten in Praxisklassen (z. B. SchuB-Klassen in Hessen) (vgl. Bindl/Thielen 2013, 90). Als ein wichtiger Zugang gelten interdisziplinäre und projektorientierte Ansätze. Flexible Angebotsformen für kurzfristig entstehende Bedarfe wie Bewerbungstrainings, eine dezentrale bzw. aufsuchende Bildungsarbeit, eine Erweiterung der Angebotspalette (z. B. kreatives Schreiben, Stadtteilerkundungen) vermögen die jeweils individuellen Bedürfnisse zu erfüllen. Wohnortnahe Angebote wie Lerncafés, Lernwerkstätten oder auch Stadtteilarbeit (als Kombination von sozialen und Bildungseinrichtungen) und Bildungsurlaub stellen darüber hinaus sinnvolle und zu fördernde Angebotsformen dar (vgl. Tröster 2010, 230; Rieger et al. 2014, 100; Schroeder 2015; BMBF 2011).
6. *Anknüpfung an Vorerfahrungen und Lebensweltbezug* (▸ Kap. 4.2):
Der Anknüpfung an die individuellen Vorerfahrungen sowie den Lebensweltbezug wird eine enorme Bedeutung sowohl im sonder- als auch im berufspädagogischen Bereich zugemessen. Eine Anbin-

dung des Unterrichts an konkrete Bedeutsamkeiten im Leben gerade benachteiligter Kinder und Jugendlicher erscheint nicht nur erstrebenswert, sondern eine notwendige, wenn auch vermutlich nicht hinreichende Bedingung. Besondere Aufmerksamkeit muss zudem dem biographisch gewachsenen negativen Selbstbild, der Angst vor Misserfolgen und Enttarnung sowie den daraus resultierenden Vermeidungsstrategien gewidmet werden (Döbert-Nauert 1985; Oeder o.J.; Nickel 2001). Neben diesen innerschulischen Prämissen gilt es, der Sozialraumorientierung und Habitussensibilität (v. Essen o.J. 4; Klein 2001; Weiß 2010; Hiller 1997; Schroeder 2015; Ellinger 2013) deutlich mehr Aufmerksamkeit zu widmen. Die konkreten, individuell relevanten Handlungsfelder, verstanden als soziale Praxen, sind Ausgangspunkt jeglicher didaktischer Überlegungen.

7. *Kompetenzorientierung:*
   Generell orientieren sich alle (Grund-)Bildungsangebote auf die Entwicklung teilhaberelevanter Kompetenzen. Innerhalb der Berufspädagogik fokussiert sich dies auf die Entwicklung von Sach-, Sozial-, Fach- und Methodenkompetenz (vgl. Straßer/Propp 2013; Weber 2011; Kramer/Stoecker 2008; Tröster 2010; Klein/Schöpper-Grabe 2012a, b). Favorisiert werden in beruflichen Feldern gegenwärtig zwei Grundtypen zur Kompetenzfeststellung (vgl. Kuchner/Wacker 2011):
   - Subjekt- bzw. entwicklungsorientierte Verfahren. Diese suchen Möglichkeiten zur Stärkung der Handlungsfähigkeit der einzelnen Person und Empowerment auf individueller Ebene. Vorzugsweise eingesetzt werden qualitative Verfahren wie Interviews oder Kompetenzbiografien.
   - Anforderungsorientierte Verfahren suchen Anschluss an spezifische Arbeitsanforderungen und zielen auf Anschlussfähigkeit ab. Anwendung finden hier häufig standardisierte und informelle Tests, Simulationen, Analysen von Arbeitsproben usw. (a. a. O., 166 f.).
8. *Beratungs- und Interventionsangebote mit sozialpädagogischer Orientierung:*
   Sowohl im schulischen als auch im Übergangsbereich gelten ein niederschwelliger Zugang zu Coaching und Beratung, eine gute

Beziehung zwischen Lehrkraft/Betreuer und Jugendlicher sowie Struktur gebende Maßnahmen als grundlegende Gelingensfaktoren (Häfeli/Schellenberg 2009; Weber 2011; Meijer 2005). Auch wenn es kein universell geeignetes didaktisches Setting gibt, brauchen Jugendliche in der Berufsvorbereitung »im hohen Maße Zuwendung und Struktur« (Palwitz/Steuber 2012, 298 f.; BMBF 2011). Unterricht kann nur gelingen, wenn er auf einem »Vertrauensverhältnis zwischen Lerngruppe und Lehrkraft« basiert und den Lernenden »Gewissheit« gibt, dass der Lehrer bei Bedarf unterstützt (Palwitz/Steuber 2012, 298f; BMBF 2011). Gerade informelle Lernkonzepte wie Family Literacy können mit stabilisierenden und motivierenden Angeboten (z. B. Einzelgespräche, individuelle Förderung, Gruppengespräche und Lernberatung) diese Entwicklungen unterstützen (Tröster 2010, 227). Familiäre Literacy-Programme versuchen soziokulturelle Benachteiligung bei der Literalisierung von Kindern, Jugendlichen und Erwachsenen über Sprach- und Literalitätsförderung zu mindern bzw. zu kompensieren. Gerade als generationsübergreifendes Konzept dient es sowohl der Prävention als auch der Intervention. Die Programme sind niedrigschwellig angelegt und richten sich primär an Eltern mit geringer formaler Bildung und/oder negativen Schulerfahrungen. Gleichzeitig wird die Kompetenz der Eltern als Co-Konstrukteure der kindlichen Entwicklung anerkannt und gefördert. Durch den generationsübergreifenden Ansatz werden systemische Effekte angestrebt, bei dem sich die Arbeit mit den Eltern durch eine Veränderung der häuslichen Literacy-Aktivitäten positiv auf die Lernerfahrungen ihrer Kinder auswirkt (Nickel 2005; Tröster 2010). Diese familienorientierten Zugänge zur Schrift und zur Schriftkultur tragen somit auch zur sozialen Inklusion bei. Bei dieser Kombination von Erziehungs- und Bildungspartnerschaften werden verschiedene Dienstleistungen aus dem Erziehungs- und Bildungsbereich in Familienzentren zusammengefasst.

9. Anforderungen an *Professionalisierung der Lehrkräfte* (vgl. auch Melzer/Hillenbrand 2013; Werning/Arndt 2015; Weiß 2015, Meijer 2005):

In beiden Bildungsbereichen (Schule und berufliche Bildung) werden folgende zentrale Professionskompetenzen diskutiert:

- *Diagnostische Kompetenzen*, um spezielle Lern- und Förderbedürfnisse zu erkennen und auch individuelle Lernstände, z. B. den Umgang mit schriftsprachlichen Anforderungen, zu erheben. Weit verbreitet sind Check- oder auch Beobachtunglisten, die sich sowohl auf domänenspezifische als auch auf übergeordnete Handlungskompetenzen (vgl. www.alpha-z.de; Krings et al. 2013, 10) beziehen. Daneben erscheint aber auch die Rekonstruktion von individuellen Lernbiografien wichtig, um Lernbarrieren abbauen bzw. Lernzugänge zu ermöglichen.
- *Reflexionskompetenz,* d. h. die Fähigkeiten, das eigene Praxishandeln zu hinterfragen bzw. zu reflektieren. Voraussetzungen dafür sind umfassende Kenntnisse über die soziale, kulturelle, ethnische Herkunft und den Leistungsstand der Lernenden, die Wechselwirkungen zwischen Angebots- und Nutzungsstrukturen, den Einfluss systembedingter und bildungspolitischer Rahmenbedingungen usw. (vgl. Weber 2011; Weiß 2015).
- *Methodisch-didaktische Kompetenz*: Fähigkeit zur Differenzierung von Lernmöglichkeiten in heterogenen Lerngruppen (vgl. Bönsch 1995; Paradies/Linser 2001; Paradies et al. 2007; Weber 2011, 55; BMBF 2011)
- *Beratungs- und Kooperationskompetenz:* Beratung und Kooperation als allgegenwärtige Komponente sozialen Handelns, die i.w.S. konkret auf Problemlösung und -bewältigung abzielt (Weiß 2015; BMBF 2011).

Dass dies alles nur durch die Bereitstellung personeller, sächlicher und finanzieller Ressourcen zu sichern ist, wird dabei als unabdingbar als sine qua non beschrieben (Kiel/Weiß 2015; Katzenbach/Schnell 2012; Weber 2011; Tröster 2010; BMBF 2011).

Analog zur Implementierung einer Didaktik in inklusiven Settings liegt der Kern didaktischer Entscheidungen innerhalb der Grundbildung nicht (mehr) in einer Ausdifferenzierung einer sonder- und /oder berufspädagogischen oder behinderungsspezifischen Didaktik, sondern in der Weiterentwicklung eines individualisierenden Unterrichts unter Berücksichtigung situationsangemessener, d.h. auch benachteiligungsspezifischer Lernarrangements. Zu diesen spezifischen Maßnahmen zählen u. a. die Förderung basaler Fertigkeiten auf der Prozessebene (hier besonders schriftsprachliche und mathematische Kompetenzen), ausbildungs- und berufsbezogene, sprachfördernde, sozialpädagogische und auch verhaltenstherapeutische Angebote. Entscheidend für die Qualität eines Bildungsangebotes ist seine »Anschlussfähigkeit« an den Lernenden (Fend 2008, 207).

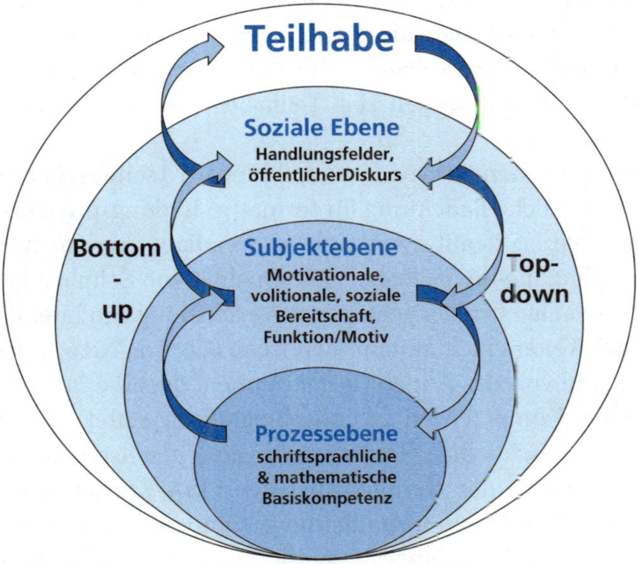

Grundbildung stellt eine Passung zwischen gesellschaftlicher Anforderungen (Teilhabe und soziale Ebene) und individuellen Ressourcen (Subjekt- und Prozessebe) her.

Grundbildung zielt auf die Autonomie jedes Einzelnen durch die Entwicklung von Sach-, Selbst- und Sozialkompetenz.

Grundbildung ist zu allererst Bildung, die Teilhabe i.w.S. ermöglicht.

Strategien und Inhalte von Grundbildung werden kontextualisiert. Lernen bezieht auf Kommunikationsprozesse im realen Alltag in Schule und Beruf.

Grundbildung nutzt vielfältige Lernorte (Arbeitsplatz, Bildungseinrichtung, öffentliche Räume).

Abb. 14: Grundbildung als Top-down- und Bottom-up-Prozess

Die Gestaltung von Grundbildungsangeboten suchen die Passung zwischen gesellschaftlichen Anforderungen i.S. einer Teilhabe an jeweils konkreten sozialen Situationen. Bei deren Implementierung sind sowohl Top-down- als auch Bottom-up-Effekte zu berücksichtigen. Bei der Top-down-Betrachtung wird eine Problemlage, eine Situation von »oben nach unten« identifiziert, d.h. es wird eine Analyse der konkreten Anforderungen vorgenommen: Welche Kompetenzen werden zur Bewältigung dieser konkreten sozialen Situation benötigt? Komplementär ergänzend dazu werden durch die Betrachtung als Bottom-up-Prozess die Kompetenzen des Einzelnen in den Mittelpunkt gestellt: Über welche individuellen Kompetenzen verfügt die Person? Sind diese Kompetenzen ausreichend, um die Situation für die Person gewinnbringend zu bewältigen? Sichern die vorhandenen Kompetenzen die Teilhabe einer Person an dieser sozialen Situation?

In diesem Verständnis von Grundbildung wird schulischer Bildung eine grundsätzliche Bedeutung für formative Bildungsprozesse zugeschrieben. Sie ist damit zwar eine notwendige, aber nicht hinreichende Bedingung für Teilhabe. »Die Qualität von Schule bildet sich demnach zwar auch in der gelungenen Vermittlung von Literalität ab, ist aber bei Weitem nicht mit ihr identisch« (Cortina 2016, 35). Damit wird Abstand von der Annahme genommen, dass die in der Schule gemessenen Kompetenzen bildungsbiografisch stabil und zudem noch prognostisch valide für eine gelungene gesellschaftliche Teilhabe sind. Schon der Kerngedanke der PISA-Konzeption unterstreicht den Erwerb von Grundbildungskompetenzen »als eines für Weiterlernen anschlussfähiges Orientierungswissen« (Baumert et al. 2001, 30). Der schulische Themen- bzw. Fächerkanon stellt lediglich einen Ausschnitt notwendiger Bedingungen dar, ist aber nicht identisch mit einem Gelingen einer autonomen Lebensführung (vgl. Basendowski 2014; Schroeder 2015; Cortina 2016; Werner 2016).

Grundbildungsorientierte Bildungsangebote berücksichtigen und nutzen die Wechselwirkungen individueller Kompetenzen und situativer, sozialer Anforderungen. Das schulisches Lernen selbst stellt eine besondere, sozial-literale Situation dar. Sie ist Bestandteil der

Lebenswelt der Kinder und Jugendlichen und somit eine durchaus authentische soziale Praxis. Dennoch unterscheidet sie sich deutlich von anderen sozialen Praxen, z. B. der Teilhabe am öffentlichen Leben, an Ausbildungssituation, an der Erwerbsarbeit usw. Schule soll das ihr intendierter Lernen ermöglichen, d. h. für die Beteiligten als Situation mit gewinnbringenden Potenzial und als subjektiv bedeutsam erlebt werden.

Grundbildung soll dazu dienen, die Teilhabe an diesen jeweils spezifischen sozialen Situationen zu garantieren. D. h. die Situationen sind so zu gestalten, dass die Schüler ihre Teilnahme z. B. am schulischen Unterricht, an Ausbildungssituationen für sich als sinnhaft, wertvoll und wertschätzend wahrnehmen.

Dieser Begriff von Grundbildung orientiert sich an den Intentionen einer allgemeinen grundlegenden Bildung. Die Nützlichkeit und der Wert für die Sicherung der persönlichen Teilhabe werden zum Maßstab für die Qualität (nicht nur) schulischer Bildung.

Literatur

Ahmed, S./Pohl, A./v. Schwanenflügel, L./Stauber, B. (2013): Bildung und Bewältigung im Kontext sozialer Ungleichheit – Einleitung. In: Ahmed/Pohl/von Schwanenflügel/Stauber (Hrsg.): Bildung und Bewältigung im Zeichen von sozialer Ungleichheit. Weinheim, 7–16.

Alke, M. (2011): Betrieb als Lernort für Grundbildung. In: Projektträger (Hrsg.): Zielgruppen in Alphabetisierung und Grundbildung Erwachsener. Bielefeld, 179–197.

Alke, M./Stanik, T. (2009): Teil 1 – Verständnisse von Grundbildung: Der Grundbildungsbegriff aus Sicht betrieblicher Akteure. In: Klein (Hrsg.): »Lesen und Schreiben sollten sie schon können.« Sichtweisen auf Grundbildung. Göttingen, 11–25.

Angerhoefer, U. (1998): Zur Entwicklung von Schlüsselqualifikationen im Kontext einer veränderten allgemeinen Grundbildung in der Förderschule. In: Angerhoefer/Dittmann (Hrsg.): Lernbehindertenpädagogik. Eine institutionalisierte Pädagogik im Wandel. Berlin, 97–115.

Arnhofer, J. /Lohmann, M. (2013): Kochen mit Jochen. In: Braune-Krickau/Ellinger/Sperzel (Hrsg.): Handbuch Kulturpädagogik. Weinheim, 941–948.

Artelt, C. et al. (2007): Förderung von Lesekompetenz. Expertise. Berlin. Online verfügbar unter: http://www.bmbf.de/pub/bildungsreform_band_siebzehn.pdf (Zugriff: 08.08.2011)

BA; Bundesagentur für Arbeit (2006): Nationaler Pakt für Ausbildung und Fachkräftenachwuchs in Deutschland: Kriterienkatalog zur Ausbildungsreife. Online verfügbar unter: http://www.arbeitsagentur.de/web/content/DE/BuergerinnenUndBuerger/Ausbildung/NationalerPaktfuerAusbildung/Detail/index.htm?dfContentId=L6019022DSTBAI486022 (Zugriff: 01.03.2017)

Badel, S. (2006): Sind Berliner Schulabgänger ausbildungsfähig? Ergebnisse einer Untersuchung zu Basiskompetenzen Jugendlicher. In: Bundesverband der Lehrerinnen und Lehrer an Wirtschaftsschulen e.V. (Hrsg.): Wirtschaft und Erziehung 5/2006, 160–164.

Badel, S./Niederhaus, C. (2009): Sind einfache Tätigkeiten wirklich einfach? Anforderungen an Grundbildung in ausgewählten Branchen. In: Klein (Hrsg.): »Lesen und Schreiben sollten sie schon können«. Sichtweisen auf Grundbildung. Göttingen, 148–166.

Bagiv; Bundesarbeitsgemeinschaft der Immigrantenverbände; Die Beauftragte der Bundesregierung für Migration, Flüchtlinge und Integration (2013): »Soziale Teilhabe«. Handlungsempfehlungen des Beirats der Integrationsbeauftragten. Beschlossen bei der Beiratssitzung am 22. Februar 2013. Online verfügbar unter: http://www.bagiv.de/pdf/soziale-teilhabe-empfehlungen-beirat.pdf (Zugriff: 01.03.2017)

Balkenhol, A. (2016). Lesen in beruflichen Handlungskontexten. Anforderungen, Prozesse, Diagnostik. Dissertation Darmstadt. Online verfügbar unter: http://tuprints.ulb.tu-darmstadt.de/5209/1/Lesen%20im%20beruflichen%20Handlungskontext.pdf (Zugriff 10.04.2017)

Barton, D./Hamilton, M. (1998): Local Literacies. Reading and writing in once comunity. London.

Basendowski, S. (2013): Die soziale Frage an (mathematische) Grundbildung: Eine empirische Studie zu dem Wesen, der Funktion und der Relevanz mathematischer Kompetenzen in einfachen Erwerbstätigkeiten sowie Analysen für didaktische Implikationen. Bad Heilbrunn.

Basendowski, S. (2014): Grundbildung – Ein Konzept für alle in einem inklusiven Bildungssystem? In: VHN (Vierteljahreszeitschrift für Heilpädagogik und ihre Nachbargebiete) 3/ 2014, 191–204.

Basendowski, S. (in Vorb.): Das andere Lesen. Multikodale Textualität an Einfach(st) Arbeitsplätzen. Bad Heilbrunn.

Bastian, H. (2002): Vorbemerkungen. In: Tröster (Hrsg.): Berufsorientierte Grundbildung. Konzepte und Praxishilfen. Bielefeld, 5–9.

Bauer, W./Mack, W./Schroeder, J. (Hrsg.) (2006). Bildung von unten denken. Bad Heilbrunn.

Baumert, J./Artelt, C./Klieme, E./Stanat, P. (2001): PISA- Programme for International Students Assessement. Zielsetzung, theoretische Konzeption und Entwicklung von Messverfahren. In Weinert (Hrsg.): Leistungsmessung in Schulen. Weinheim, 285–310.

Becker, R. (2011): Entstehung und Reproduktion dauerhafter Bildungsungleichheiten. In: Becker (Hrsg.): Lehrbuch der Bildungssoziologie. Wiesbaden, 87–138.

Begemann, E. (1975): Die Bildungsfähigkeit der Hilfsschüler. Berlin.

Begemann, E. (1997): Lern- und Lebensbegleitung. konkret. Bad Heilbrunn.

Bernhardt, R. (2010): Lebenslagen ehemaliger Förderschüler. Bad Heilbrunn.

Bertschi-Kaufmann, A./Härvelid, F. (Hrsg.) (2007): Lesen im Wandel – Lesetraditionen und die Veränderungen in neuen Medienumgebungen. Weinheim.

BIBB; Bundesinstitut für Berufsbildung (2007): Handlungsvorschläge für die berufliche Qualifizierung benachteiligter junger Menschen. Empfehlung des Hauptausschusses des Bundesinstituts für Berufsbildung. Online verfügbar unter: https://www.bibb.de/dokumente/pdf/a1__bwp_01_2008_Beilage_¬ HA_2.pdf.pdf (Zugriff: 01.03.2017)

BIBB; Bundesinstitut für Berufsbildung (2011): Empfehlung des Hauptausschusses des Bundesinstituts für Berufsbildung. Leitlinien zur Verbesserung des Übergangs Schule – Beruf. Online verfügbar unter: https://www.bibb.¬ de/dokumente/pdf/Empfehlung_BIBB-HA_Leitlinien_zur_Verbesserung_¬ Uebergang_Schule_-_Beruf_2011_06_20.pdf (Zugriff: 01.03.2017)

BIBB online; Bundesinstitut für Berufsbildung: Good Practice Center. Förderung von Benachteiligten in der Berufsbildung. Online verfügbar unter: http://¬ www.good-practice.de/ (Zugriff: 01.03.2017)

Biehler, R./Hartung, R (2010). Die Leitidee Daten und Zufall. In: Blum, W./ Drüke-Noe, C./Hartung, R./Köller, O. (Hrsg.): Bildungsstandards Mathematik: konkret. Berlin, 51–80.

Biermann, H./Piasecki, P. (2009): Chancen in der beruflichen Bildung und Rehabilitation durch Kommunikationstraining – das Projekt DoKoTrain. In: Vierteljahrsschrift für Heilpädagogik und ihre Nachbargebiete 78/1, 74–76.

Bildungsbericht (2012): Bildung in Deutschland 2012. Ein indikatorengestützter Bericht mit einer Analyse zur kulturellen Bildung im Lebenslauf. Online verfügbar unter: http://www.bildungsbericht.de/?seite=10203 (Zugriff: 01.03.2017)

Bildungsbericht (2014): Autorengruppe Bildungsberichterstattung (Hrsg.). Bildung in Deutschland 2014. Ein indikatorengestützter Bericht mit einer Analyse zur Bildung von Menschen mit Behinderungen. Online verfügbar unter: http://www.bildungsbericht.de/daten2014/bb_2014.pdf (Zugriff: 02. 06.2016)

Bildungsplan Förderschule Baden-Württemberg (2008): Ministerium für Kultus, Jugend und Sport Baden-Württemberg (Hrsg.). Online verfügbar unter: http://www.bildung-staerkt-menschen.de/unterstuetzung/schularten/SoS/¬ FS/Bildungsplan_FS.pdf (Zugriff: 01.03.2017)

Bindl, A./Schroeder, J./Thielen, M. (2011): Arbeitsrealitäten und Lernbedarfe wenig qualifizierter Menschen. Bad Heilbrunn.

Bindl, A./Thielen, M. (2013): Von der Praxisklasse in die Arbeitswelt? In: Thielen/ Katzenbach/Schnell (Hrsg.): Prekäre Übergänge? Erwachsen werden unter den Bedingungen von Behinderung und Benachteiligung. Bad Heilbrunn, 65–92.

Bitsch, W./Ebert, H. (2013): Mit dem Cateringservice zum Erfolg. In: Braune-Krickau/Ellinger/Sperzel (Hrsg.): Handbuch Kulturpädagogik. Weinheim, 949–957.

Bleher, W. (2013): Positionspapier zur Realisierung inklusiver Erziehungs- und Bildungsangebote. Arbeitskreis Förderschwerpunkt Lernen (2012). In: Sonderpädagogische Förderung heute 58/1, 105–107.

Bleidick, U. (1975): Empirische Untersuchung der Rechenleistungen von Lernbehinderten im Hinblick auf die Didaktik des Rechenunterrichts. In: Kanter, G./Langenohl, H.(Hrsg.): Didaktik des Mathematikunterrichts. Berlin, 1–15.

Blum, W./Drüke-Noe, Ch./Hartung, R./Köller, O. (Hrsg.) (2010): Bildungsstandards Mathematik: konkret. Berlin.

Blum, W. (2010): Die Bildungsstandards Mathematik. In: Blum /Drüke-Noe /Hartung /Köller (Hrsg.): Bildungsstandards Mathematik: konkret. Berlin, 14–32.

BMBF; Bundesministerium für Bildung und Forschung (2005): Berufliche Qualifizierung Jugendlicher mit besonderem Förderbedarf – Benachteiligtenförderung. Online verfügbar unter: https://www.bibb.de/dokumente/pdf/berufliche_qualifizierung_jugendlicher.pdf (Zugriff: 01.03.2017)

BMBF; Bundesministerium für Bildung und Forschung (2011): Forschung und Entwicklung zur Alphabetisierung und Grundbildung Erwachsener. Bonn/Berlin. Online verfügbar unter: http://www.bmbf.de/pub/konferenz_alphabetisierung_erwachsener_berlin.pdf (Zugriff: 02.06.2016)

BMBF; Bundesministerium für Bildung und Forschung (Hrsg.) (2012): Arbeitsplatzorientierte Alphabetisierung und Grundbildung Erwachsener. Projektübersicht zum Förderschwerpunkt. Mülheim an der Ruhr.

BMBF Alphabetisierung; Bundesministerium für Bildung und Forschung (2012): Nationale Strategie für Alphabetisierung und Grundbildung Erwachsener. Online verfügbar unter: http://www.bmbf.de/pubRD/NEU_strategiepapier_nationale_alphabetisierung%281%29.pdf (Zugriff: 02.06.2016)

Böhm, O. (1983): Überlegungen zur Verbesserung der Schule für Lernbehinderte. Ein Konzept schulorganisatorisch-didaktischer Profilierung. In: Zeitschrift für Heilpädagogik 5/1983, 293–305.

Bojanowski, A. (2012): »Moratorium 2.0«. Oder: Wie das Übergangssystem in Sozialisations- und Individuationsprozesse eingreift. In: Ratschinski/ Steuber (Hrsg.): Ausbildungsreife. Kontroversen, Alternative und Förderansätze. Wiesbaden, 115–132.

Bojanowski, A. (2013): Pädagogische Grundhaltungen und Leitideen. In: Bojanowski/Koch/Ratschinski/ Steuber (Hrsg.): Einführung in die berufliche Förderpädagogik. Münster, 111–123.

Bojanowski, A./Eckert, M (2012): »Black Box Übergangssystem!« Das Übergangssystem zwischen sozialer Selektivität, bildungspolitischer Steuerungsproblematik und pädagogischer Übergangsforschung. In: Bojanowski/Eckert (Hrsg.): Black Box Übergangssystem. Münster, 7–18.

Bojanowski, A./Koch, M./Ratschinski, G./Steuber, A. (Hrsg.) (2013): Einführung in die berufliche Förderpädagogik. Münster.

Bönsch, M. (1995): Differenzierung in Schule und Unterricht. München.

Bortz, J./Döring, N. (2006): Forschungsmethoden und Evaluation für Human- und Sozialwissenschaftler. Heidelberg.

Brake, A./Büchner, P. (2012): Bildung und soziale Ungleichheit. Stuttgart.

Bronfenbrenner, U. (1981): Die Ökologie der menschlichen Entwicklung. Natürliche und geplante Experimente. Stuttgart.

Buchmann, U./Bylinski, U. (2013): Ausbildung und Professionalisierung von Fachkräften für eine inklusive Berufsbildung. In: Döbert/Weishaupt (Hrsg.): Inklusion professionell gestalten. Situationsanalyse und Handlungsempfehlungen. Münster u. a.,147–202.

Budde, J./Hummerich, M. (2013): Reflexive Inklusion. In: Zeitschrift für Inklusion-online, 4 (2013). Online verfügbar unter: http://www.inklusion-online.net/index.php/inklusion-online/article/view/193/199 (Zugriff: 01.03.2017)

Budde, J./Hummrich, M. (2015): Inklusion aus erziehungswissenschaftlicher Perspektive. In: DGfE (Hrsg.): Inklusion – Perspektive, Herausforderung und Problematisierung aus der Sicht der Erziehungswissenschaft. 51 (26), 33–41.

Bude, H. (2008): Die Ausgeschlossenen. Das Ende vom Traum einer gerechten Gesellschaft. München.

Bundesverband Alphabetisierung und Grundbildung e.V. (o.J.): Analphabetismus. Online verfügbar unter: http://www.alphabetisierung.de/ (Zugriff: 01.03.2017)

Burgert, M. (2001): Fit fürs Leben. Grundriss einer Pädagogik für benachteiligte Jugendliche in Schule, Ausbildung und Erwerbsarbeit. Langenau-Ulm.

Bylinski, U./Rützel, J. (2011): »Ausbildung für alle« braucht eine Pädagogik der Vielfalt. In: BWP Berufs- und Wirtschaftspädagogik online 2/2011. Online verfügbar unter: https://www.bibb.de/veroeffentlichungen/de/publication/download/id (Zugriff: 02.12.2016)

BZM; Bundesministerium für wirtschaftliche Zusammenarbeit und Entwicklung (o.J.): Bildung für alle – ein internationales Anliegen. Zukunftscharta Bildungsförderung. Online verfügbar unter: https://www.bmz.de/de/themen/bildung/hintergrund/bildungsfoerderung_int/index.html (Zugriff: 01.03.2017)

Calmbach, M./Thomas, P. M./Borchard, I./Flaig, B. (2011): Wie ticken Jugendliche 2012? Lebenswelten von Jugendlichen im Alter von 14 bis 17 Jahren in Deutschland. Düsseldorf.

Calmbach, M./Borgstedt, S./Borchard, I./Thomas, P./Flaig, B. (2016). Lebenswelten von Jugendlichen im Alter von 14 bis 17 Jahren in Deutschland 2016. Wiesbaden

Caritas (2015): Bildungsstudie 2015. Online verfügbar unter: https://www.caritas.de/fuerprofis/fachthemen/kinderundjugendliche/bildungschancen/zahl-der-schulabgaenger-ohne-abschluss-s (Zugriff: 01.03.2017)

Choi, F. (2009): Leistungsmilieus und Bildungszugang. Wiesbaden.
Christe, G. (2014): Alphabetisierung in der Berufsbildung. In: Heisler/Mannhaupt (Hrsg.): Analphabetismus und Alphabetisierung in der Arbeitswelt. Befunde und aktuelle Entwicklungen. Frankfurt, 20–39.
Cortina, K. (2016): Kompetenz, Bildung und Literalität. Anmerkungen zum Unbehagen der Pädagogik mit zentralen Konzepten der empirischen Bildungsforschung. In: Blömeke/Caruso/Reh/Salaschek/Stiller (Hrsg.): Traditionen und Zukünfte. Beiträge zum 24. Kongress der Deutschen Gesellschaft für Erziehungswissenschaft. Opladen, 29–38.
Decroll, F. (1981): Funktionaler Analphabetismus – Begriff, Erscheinungsbild, psycho-soziale Folgen und Bildungsinteressen. In: Decroll/Müller (Hrsg.): Für ein Recht auf Lesen. Analphabetismus in der Bundesrepublik Deutschland. Frankfurt/M., 29–40.
Decroll, F./Willige, M. (2011): Master of Arts »Alphabetisierung und Grundbildung – Professionalisierung und Beschäftigungsfelder. In: Projektträger im Deutschen Zentrum für Luft- und Raumfahrt e.V. (Hrsg.): Lernprozesse in Alphabetisierung und Grundbildung Erwachsener. Bielefeld, 285–311.
Degener, T./Diehl, E. (Hrsg.) (2015): Handbuch Behindertenrechtskonvention. Teilhabe als Menschenrecht – Inklusion als gesellschaftliche Aufgabe. Bonn.
Die Zeit online (2012): Ist die gerechte Schule eine Illusion oder das Ziel? Online verfügbar unter: http://www.zeit.de/gesellschaft/schule/2012-09/bildungsminimum-streitgespraech (Zugriff: 01.03.2017)
Deutsches PISA-Konsortium (Hrsg.) (2001): PISA 2000. Opladen.
Ditton, H. (2009): Familie und Schule – eine Bestandaufnahme der bildungssoziologischen Schuleffektforschung von James S. Coleman bis heute. In: Becker (Hrsg.): Lehrbuch der Bildungssoziologie. Wiesbaden, 237–256.
DJI. Deutsches Jugendinstitut: Benachteiligung. Online verfügbar unter: http://www.dji.de/cgi-bin/projekte/output.php?projekt=479&Jump1=LINKS&Jump2=2230 (Zugriff: 01.03.2017)
Döbert, M. (1999): Grundbildung. In: Lexikon sociologicus. Wissenswertes zur Erwachsenenbildung. Online verfügbar unter: http://www.socioweb.de/lexikon/lex_geb/begriffe/grundbil.htm, (Zugriff: 14.04.2009)
Döbert, M./Hubertus, P. (2000): Ihr Kreuz ist die Schrift. Analphabetismus und Alphabetisierung in Deutschland. Münster.
Döbert-Nauert, M. (1985): Verursachungsfaktoren des Analphabetismus. Auswertung von Interviews mit Teilnehmern an der Volkshochschule Bielefeld. Bonn und Frankfurt/M.
DoKoTrain; Dortmunder Kommunikationstraining: Projekt »Förderung der beruflichen Kommunikation bei funktionalem Analphabetismus bei behin-

derten jungen Erwachsenen«. Online verfügbar unter: http://www.fk-reha.¬ tu-dortmund.de/Berufspaedagogik/cms/de/home/Forschungsprojekte/Abge¬ schlossene_Projekte/DoKoTrain/index.html (Zugriff: 01.03.2017)

Dombrowski, R. (2015): Berufswünsche benachteiligter Jugendlicher. Bielefeld.

Drais, C. (2014): Förderung der Lesekompetenz und Lesemotivation von Schülerinnen und Schülern der Förderschule durch das modifizierte Projekt »Zeitschriften in die Schulen« – Eine empirische Untersuchung in einer Klasse 6/7 der Förderschule. Unveröffentlichte Wissenschaftliche Hausarbeit im Rahmen der Ersten Staatsprüfung für das Lehramt Sonderpädagogik an der Pädagogischen Hochschule Heidelberg.

Drüke-Noe, Ch./Möller, G./Pallack, A./Schmidt, S./Schmidt, U./Sommer, N./ Wynand, A. (2011): Basiskompetenzen Mathematik für Alltag und Berufseinstieg am Ende der allgemeinen Schulpflicht. Berlin.

DVfR; Deutsche Vereinigung für Rehabilitation (2012): Diskussionspapier Teilhabeforschung. Online verfügbar unter: http://www.dvfr.de/fileadmin/¬ download/Fachaussch%C3%BCsse/Forschung/Diskussionspapier_Teilhabe¬ forschung (Zugriff: 20.11.2014)

DVV Rahmenprogramm Mathematik (2014): Das DVV-Rahmencurriculum Rechnen. Online verfügbar unter: http://grundbildung.de/material/rechnen.¬ html (Zugriff: 20.12.2016)

Eckert, M. (2006): Entwicklungstrends in der Benachteiligtenförderung – Widersprüche und Tendenzen aus kritischer berufspädagogischer Sicht. In: BIBB; BWP 1/2006, 19–23. Online verfügbar unter: https://www.bibb.¬ de/veroeffentlichungen/de/publication/.../id/108 (Zugriff: 02.06.2016)

Einhellinger, C./Ellinger, S./Hechler, O./Kähler, A./Ullmann, E. (Hrsg.) (2014): Studienbuch Lernbeeinträchtigungen. Band 2: Handlungsfelder und Förderansätze. Oberhausen.

Ellinger, S. (2013a): Einführung in die Pädagogik bei Lernbeeinträchtigungen. In: Einhellinger/Ellinger/Hechler/Kähler/Ullmann (Hrsg.): Studienbuch Lernbeeinträchtigungen. Band 1: Grundlagen. Oberhausen, 17–99.

Ellinger, S. (2013b): Förderung bei sozialer Benachteiligung. Stuttgart.

Erpenbeck, J./von Rosenstiel, L. (Hrsg.) (2003): Handbuch Kompetenzmessung. Stuttgart.

Esselmann, I./Geis, W. (2014): Bildungsverlierer. Kurzstudie auf Basis des Sozioökonomischen Panels und PISA-Daten. Online verfügbar unter: http://¬ www.iwkoeln.de/studien/gutachten/beitrag/ina-esselmann-wido-geis-bil¬ dungsverlierer-199682 (Zugriff: 01.03.2017)

Euen, B./Vaskova, A./Walzeburg, A./Bis, W. (2015): Armutsgefährdete Schülerinnen und Schüler mit einem Förderbedarf Lernen am Beispiel von PARS-F und KESS-7-F. In: Kuhl/Stanat/Lütje-Klose/Gresch/Pant/Prenzel (Hrsg.): Inklusion von Schülerinnen und Schülern mit sonderpädagogischem Förderbedarf in Schulleistungserhebungen. Wiesbaden, 101–128.

Fend, H. (2008): Dimensionen von Qualität im Bildungswesen. Von Produktindikatoren zu Prozessindikatoren am Beispiel der Schule. In: Klieme/Tippelt (Hrsg.): Qualitätssicherung im Bildungswesen. Weinheim, 190–209.

Freudenthal, H. (1977): Mathematik als pädagogische Aufgabe. Band 1. Stuttgart

Frey, A./Heinze, A./Mildner, D./Hochweber, J./Asseburg, R. (2010): Mathematische Kompetenz von PISA 2003 bis PISA 2009. In: Klieme/Artelt/Hartig/Jude/Köller/Prenzel/Schneider/Stanat (Hrsg.): PISA 2009. Bilanz nach einem Jahrzehnt: Münster, 153–176.

Friedrich-Verlag (o.J.): Der Mathekoffer. Seelze. Online verfügbar unter: https://www.friedrich-verlag.de/shop/der-mathekoffer (Zugriff: 01.03.2017)

Fuhs, B. (2003): Fotografie als Dokument qualitativer Forschung. In: Ehrenspeck/Schäffer (Hrsg.): Film- und Fotoanalyse in der Erziehungswissenschaft. Ein Handbuch. Opladen, 37–53.

Gentner, C./Meier, J. (2012): Der Hauptschulabschluss als bildungspolitisches Postulat und die Wirklichkeit der Ausbildungsreife. Was sagt der Hautschulabschluss über die tatsächliche Ausbildungsreife aus? In: Ratschinski/Steuber (Hrsg.): Ausbildungsreife. Kontroversen, Alternative und Förderansätze. Wiesbaden, 53–86.

Gold, A. (2007): Leseinteresse, Lesemotivation und Selbstkonzept. In: Gold (Hrsg.): Lesen kann man lernen. Lesestrategien für das 5. und 6. Schuljahr. Göttingen, 37–47.

Grampp, G/Jackstell, S./Wöbke, N. (2013): Teilhabe, Teilhabemangement und die ICF. In: GRAWiRA (o.J.): Grundbildungsprojekt der Hamburger Volkshochschulen. Köln. Online verfügbar unter: http://www.grawira.de (Zugriff: 01.03.2017)

Groeben, N. /Hurrelmann, B. (2002): Lesekompetenz: Bedingungen, Dimensionen, Funktionen. Weinheim.

Grosche, M. (2011): Barrieren beim Lesen-Lernen durch Strategie-Interferenz In: Projektträger im Deutschen Zentrum für Luft- und Raumfahrt e.V. (Hrsg.): Lernprozesse in Alphabetisierung und Grundbildung Erwachsener. Bielefeld, 29–46.

Grundmann, M. (2009): Sozialisation – Erziehung – Bildung: eine kritische Begriffsbestimmung. In: Becker, R. (Hrsg.): Lehrbuch der Bildungssoziologie. Wiesbaden, 63–85.

Haag, L. (2014): Tutorielles Lernen. In: Lauth/Grünke/Brunstein(Hrsg.): Interventionen bei Lernstörungen. Göttingen, 462–471.

Häfeli, K./Schellenberg, C. (2009): Erfolgsfaktoren in der Berufsbildung bei gefährdeten Jugendlichen. Bern.

Hartke, B./Blumenthal, Y./Diehl, K./Mahlau, K./Marten, K./Schöning, A./Sikora, S./Voß, S. (2015): Das Rügener Inklusionsmodell – Konzeption einer inklusiven Grundschule nach dem Response to Intervention-Ansatz. Forschungsbericht Universität Rostock.

Haselbeck, F. (1999): »Lebenswelt Schule«. Hauptschüler deuten und nehmen Schule wahr. In: Seibert (Hrsg.): Kindliche Lebenswelten. Eine mehrperspektivische Annäherung. Bad Heilbrunn, 175–203.

Haugwitz, S./Koch, K./Unterstab, S. (2002): Mehr aus dem Lehrplan machen: Handreichung zur Gestaltung eines lebenspraktischen Unterrichts an Haupt- und Förderschulen. Weinheim.

Hauptausschuss des Bundesinstituts für Berufsbildung (Hrsg.) (2007): Handlungsvorschläge für die berufliche Qualifizierung benachteiligter junger Menschen. Online verfügbar unter: http://www.bibb.de/dokumente/pdf/empfehlung_124_handlungsvorschlaege_qualifizierung_benachteiligter.pdf (Zugriff: 01.03.2017)

Häußermann, V. (2014): Armut im Grundschulalltag. Eine qualitative Studie über die lebensweltlichen Erfahrungen von Kindern und pädagogischen Fachkräften. Würzburg.

Heimlich, U./Wember, F. (Hrsg.) (2016): Didaktik des Unterrichts im Förderschwerpunkt Lernen. Stuttgart.

Herget, W. (2009): Foto-Fermi-Fragen – fast ohne Worte. In: Fritz, Annemarie/Schmidt, Siegbert (Hrsg.) Fördernder Mathematikunterricht in der Sekundarstufe I. Weinheim, 257—269.

Herrmann, U. (2003): »Bildungsstandards« – Erwartungen und Bedingungen, Grenzen und Chancen. In: Zeitschrift für Pädagogik 49/5, 625–639.

Herzog, W. (2013): Bildungsstandards. Stuttgart.

Hiller, G. (1989): Ausbruch aus dem Bildungskeller. Ulm.

Hiller, G./Stein, C. (2007): Girokonto, Ausgaben, Kredit, Schulden, Freundschaft, Partnerschaft, Kinder, Haushalt, Gesundheit, Staat, Recht. Berlin. In: Durchblick im Alltag: Tipps, Informationen und Arbeitsmaterial für junge Leute und ihre Begleiter/innen, Bd. 2.

Hiller, G./Stein C. (2008): Ordnung im Papierkram, Zukunft, Ausbildung, Arbeit, Wohnen, Freizeit, Termine. Berlin. In: Durchblick im Alltag: Tipps, Informationen und Arbeitsmaterial für junge Leute und ihre Begleiter/innen, Bd. 1.

Hinze, R. /Probst, H. (2011): Kompetenztest. Basiskenntnisse in der beruflichen Bildung. Berlin.

Hoffmann, J. (2015): Zukunftsperspektiven von Jugendlichen in prekären Lebenssituationen. Unveröffentlichte Wissenschaftliche Hausarbeit im Rahmen der Ersten Staatsprüfung für das Lehramt Sonderpädagogik an der Pädagogischen Hochschule Heideberg.

Hofmann-Lun, I. (2011): Förderschüler/innen im Übergang von der Schule in Arbeitsleben. Beruflich-soziale Integration durch gesonderte Förderung. München DJI. Online verfügbar unter: http://www.dji.de/fileadmin/user_upload/bibs/883_13177_broschure_forderschulen.pdf (Zugriff: 01.03.2017)

Holaschke, I. (2015): 30 Jahre danach – Biografien ehemaliger Schülerinnen und Schüler der »Lernbehindertenschule«. Münster.

Holzbrecher, A. (2013): Fotografie und kulturelle Bildung. In: Braune-Krickau/Ellinger/Sperzel (Hrsg.): Handbuch Kulturpädagogik für benachteiligte Jugendliche. Weinheim, 860–881.

Hopf, W. (2011): Bildung, chancengleiche Konkurrenz und gleiche gesellschaftliche Teilhabe. In: WSI Mitteilungen 4/2011, 195–201.

Humbach, M. (2009): Arithmetisches Basiswissen in der Jahrgangsstufe 10. In: Fritz/Schmidt (Hrsg.): Fördernder Mathematikunterricht in der Sekundarstufe I. Weinheim, 58–71.

Huppert, C. (2015): Inklusion und Teilhabe. Herausforderung zur Weiterentwicklung der Offenen Hilfen für behinderte Menschen. Marburg.

Hurrelmann, B. (2004): Sozialisation der Lesekompetenz. In: Schiefele/Artelt /Schneider/Stanat (Hrsg.): Struktur, Entwicklung und Förderung von Lesekompetenz. Vertiefende Analysen im Rahmen von PISA 2000. 1. Aufl. Wiesbaden, 37–60.

Hurrelmann, K. (2006): Lebenssituation und Wertorientierungen der jungen Generation. Ergebnisse der 15. Shell Jugendstudie 2006, 1-15. Online verfügbar unter: www.uni-bielefeld.de/gesundhw/ag4/downloads/shell15.pdf (Zugriff: 01.03.2017)

Hussain, S. (2010): Literalität und Inklusion. In: Kronauer (Hrsg.): Inklusion und Weiterbildung. Reflexionen zur gesellschaftlichen Teilhabe in der Gegenwart. Bielefeld, 185-210.

IAB; Institut für Arbeitsmarkt- und Berufsforschung (2013): Stellungnahme zum vierten Armuts- und Reichtumsbericht. Öffentliche Anhörung von Sachverständigen vor dem Ausschuss für Arbeit und Soziales des Deutschen Bundestags am 3. Juni 2013. Online verfügbar unter: http://www.good-practice.de/3349.php (Zugriff: 01.03.2017)

IAB Stellungnahme (2013): Ausgewählte Beratungsergebnisse des Instituts für Arbeitsmarkt- und Berufsforschung. Lebenslagen in Deutschland.

Internetportal UNESCO. Online verfügbar unter: http://portal.unesco.org/education/en/ev.php (Zugriff: 01.03.2017)

IALS (2000): Literacy in the information age. Final report of the international adut literacy survey. OECD. Online verfügbar unter: https://www.oecd.org/edu/skills-beyond-school/41529765.pdf (Zugriff: 01.03.2017)

Jung, E. (2010): Kompetenzerwerb: Grundlagen, Didaktik, Überprüfbarkeit. München.

Kaiser, G./Schwarz, I. (2003): Mathematische Literalität unter einer sprachlich-kulturellen Perspektive. In: Zeitschrift für Erziehungswissenschaft 3/2003, 357–377.

Kamber, A-K./Trunz, W. (2013): Der Haushaltsführerschein. Kopiervorlagen zur Vermittlung lebenspraktischer Kompetenzen. Buxtehude.

Karg, L./Viol, W./Willige, M. (2010): Ergebnisbericht zur ersten Erhebung monitor Alphabetisierung und Grundbildung bezogen auf das Jahr 2008. Online verfügbar unter: http://www.die-bonn.de/publikationen/online-texte/index.asp (Zugriff: 01.03.2017)

Katzenbach, D./Schnell, I. (2012): Strukturelle Voraussetzungen inklusiver Bildung. In: Moser (Hrsg.): Die inklusive Schule. Standards für die Umsetzung. Stuttgart, 21–39.

Kiel, E./Weiß, S. (2015): Inklusion als Herausforderung für Lehrkräfte höherer Schulformen. In: Biewer/Böhm/Schütz (Hrsg.): Inklusive Pädagogik in der Sekundarstufe. Stuttgart, 164–178.

Kilian, L. (2011): Report Grundbildung: Definitionen, Konzepte, Didaktik & Methodik. Kaiserslautern. Online verfügbar unter: http://lars-kilian.de/blog/wp-content/Report-Grundbildung.pdf (Zugriff: 01.03.2017)

Klawitter, M. (2008): Wie empfinden Schülerinnen und Schüler der Förderschule Lernen, Armut und soziale Benachteiligung? [Examensarbeit]. München.

Kinder und Jugendbericht (2005): Bundesministerium für Familie, Senioren, Frauen und Jugend. Zwölfter Kinder- und Jugendbericht. Online verfügbar unter: http://www.bmfsfj.de/doku/Publikationen/kjb/data/download/kjb_060228_ak3.pdf (Zugriff: 30.01.2016)

Klein, G. (1973): Die soziale Benachteiligung der Lernbehinderten im Vergleich zu Hauptschülern. In: Heese/Reinartz (Hrsg.): Aktuelle Probleme der Lernbehindertenpädagogik. Berlin, 7–21.

Klein, G. (2001): Sozialer Hintergrund und Schullaufbahn von Lernbehinderten 1969 und 1997. In: Zeitschrift für Heilpädagogik 52/2, 51–61.

Klein, H./Schöpper-Grabe (2012a): Grundbildung und Beschäftigungsfähigkeit von Geringqualifizierten: Betriebliche Anforderungen und arbeitsmarktpolitische Rahmenbedingungen. Online verfügbar unter: http://www.iwkoeln.

de/de/studien/iw-trends/beitrag/helmut-e-klein-sigrid-schoepper-grabe-grundbildung-und-beschaeftigungsfaehigkeit-von-geringqualifizierten-87321 (Zugriff: 01.03.2017)

Klein, H./Schöpper-Grabe, S. (2012b). Was ist Grundbildung? Bildungstheoretische und empirische Begründungen von Mindestanforderungen an die Ausbildungsreife. Köln.

Klein, H./Schöpper-Grabe, S. (2015): Arbeitsplatzorientierte Grundbildung als Voraussetzung für berufliche Qualifizierungen von An- und Ungelernten. AGBFN-Forum »Berufsbildung für Geringqualifizierte – Barrieren und Erträge«. Nürnberg, 26. November 2015. Online verfügbar unter: http://www.imove-germany.de/cps/rde/xbcr/SID-D6B41CB4-D10C1C4C/kibb/AGBFN_Geringqualifizierte_T_I_Block_2_1_Praesentation_IW_Klein_Schoepper-Grabe.pdf (Zugriff: 02.06.2016)

Klieme, E./Avenarius, H./Blum, W./Döbrich, P./Gruber, H./Prenzel, P./Reiss, K./Riquarts, K./Rost, J./Tenorth, H.-E./Vollmer, H. (2007). Zur Entwicklung nationaler Bildungsstandards. Bonn/Berlin.

Klieme, E. (2004): Was sind Kompetenzen und wie lassen sie sich messen? In: Pädagogik, 56 (2004) 6, 10–13.

Klieme, E./Artelt, C./Hartig, J./Jude, N./Köller, O./Prenzel, M./Schneider, W./Stanat, P. (Hrsg.) (2010): PISA 2009. Münster.

KMK (1993/2006): Vereinbarung über die Schularten und Bildungsgänge im Sekundarbereich I. Beschluss der Kultusminister Konferenz vom 03.12.1993 I. d.F. vom 02.06.2006. Online verfügbar unter: http://www.kmk.org/fileadmin/Dateien/pdf/PresseUndAktuelles/Beschluesse_Veroeffentlichungen/allg_Schulwesen/Schulart_Bildungsg_Sek1.pdf (Zugriff: 01.03.2017)

KMK; Ständige Konferenz der Kultusminister der Länder (2004): Bildungsstandards Mathematik und Deutsch für den Hauptschulabschluss. Online verfügbar unter: http://www.kmk.org/fileadmin/veroeffentlichungen_beschluesse/2004 (Zugriff: 20.11.2014)

KMK; Ständige Konferenz der Kultusminister der Länder (2011): Inklusive Bildung von Kindern und Jugendlichen mit Behinderungen in Schulen (Beschluss der Kultusministerkonferenz vom 20.10.2011). Online verfügbar unter: http://www.kmk.org/bildung-schule/allgemeine-bildung/sonderpaedagogische-foerderung (Zugriff: 10.10.2013)

KMK; Ständige Konferenz der Kultusminister der Länder (2014): Integriertes Kompetenzstufenmodell zu den Bildungsstandards für den Hauptschulabschluss und den Mittleren Schulabschluss im Fach Deutsch für den Kompetenzbereich. Online verfügbar unter: https://www.iqb.hu-berlin.de/bista/ksm (Zugriff: 01.03.2017)

KMK; Ständige Konferenz der Kultusminister der Länder (o.J.): Bildungsstandards. Online verfügbar unter: https://www.kmk.org/themen/qualitaetssicherung-in-schulen.html (Zugriff: 01.03.2017)

Koch, B./Textor, A. (2015): Spielräume nutzen – Perspektiven inklusiver Schulentwicklung. In: Kiel, E. (Hrsg.): Inklusion im Sekundarbereich. Stuttgart, 97–139.

Koch, K. (2004a): Die soziale Lage der Familien von Förderschülern – Ergebnisse einer empirischen Studie. Teil 1: sozioökonomische Bedingungen. In: Sonderpädagogische Förderung 49/2, 181–200.

Koch, K. (2004b): Die soziale Lage der Familien von Förderschülern – Ergebnisse einer empirischen Studie. Teil 2: Sozialisierungsbedingungen in Familien von Förderschülern. In: Sonderpädagogische Förderung 49/4, 411–428.

Kohl, M./Kramer, M. (2008): f-bb Nürnberg. Arbeitsorientierte Grundbildung und Berufsvorbereitung – Entwicklungstendenzen und Schnittmengen sich annähernder Arbeitsfelder. Online verfügbar unter: http://www.bwpat.de/ausgabe14/kohl_kramer_bwpat14.pdf (Zugriff: 01.03.2017)

Konietzka, D. (2012): Soziale Mobilität und soziale Ungleichheit. In: Bauer/Bittlingmayer/Scherr (Hrsg.): Handbuch Bildungs- und Erziehungssoziologie. Wiesbaden, 813–828.

Kommission der Europäischen Gemeinschaft (2000). Memorandum über Lebenslanges Lernen. Online verfügbar unter: https://www.hrk.de/uploads/tx_szconvention/memode.pdf (Zugriff: 01.03.2017)

Kramer, M./Stoecker, D. (2008): Kompetent fördern und fordern. Handlungshilfen für die Benachteiligtenförderung. Bielefeld.

Kraus, B. (2004): Lebenswelt und Lebensweltorientierung. Eine begriffliche Revision als Angebot an eine systemisch-konstruktivistische Sozialarbeitswissenschaft. Online verfügbar unter: http://www.sozialarbeit.ch/dokumente/lebensweltorientierung.pdf (Zugriff: 01.03.2017)

Kraus, B. (2011): Soziale Arbeit – Macht – Hilfe und Kontrolle. Die Entwicklung und Anwendung eines systemisch-konstruktivistischen Machtmodells. Online verfügbar unter: http://www.webnetwork-nordwest.de/dokumente/kraus_macht2.pdf (Zugriff: 01.03.2017)

Kreher, T./Lempp, T. (2013): Übergänge in die Arbeitswelt. In: Schröer/Staubner/Walter/Bönisch/Lenz (Hrsg.) Handbuch Übergänge. Weinheim, 688–704.

Krings, U. (2014): Förderung von Jugendlichen mit Schriftsprachdefiziten. Konzepte und Instrumente für die Ausbildungsorientierte Alphabetisierung. In: Männle/Spaenle (Hrsg.): Alphabetisierung – eine gesamtgesellschaftliche Aufgabe. München, 29–35.

Krings, U./Preising, B./Rothe, K./Schneider, M./Wirth, A. (2013): Ausbildungsorientierte Alphabetisierung. Konzepte und Instrumente für die Ausbildungsorientierte Alphabetisierung. Nürnberg.

Kuchner, K./Wacker, N. (2011): Kompetenzfeststellung für Migrantinnen und Migranten – Ansatzpunkte, Problemfelder und Handlungsperspektiven. In: Granato/Münk/Weiß (Hrsg.): Migration als Chance. Bonn, 161–174.

Kultusministerium Baden-Württemberg; Ministerium für Kultus, Jugend und Sport Baden-Württemberg (Hrsg.) (2013): ILEB. Individuelle Lern- und Entwicklungsbegleitung. Stuttgart.

Kurtz, T. (2006): Erziehung, Kommunikation, Person. Zur Stellung des Erziehungssystems in einem besonderen Quartett gesellschaftlicher Funktionen. In: Ehrenspeck/Lenzen (Hrsg.): Beobachtungen des Erziehungssystems. Systemtheoretische Perspektiven, Wiesbaden, 113–131.

Lauth, G./Grünke, M./Brunstein, J. (Hrsg.) (2014): Interventionen bei Lernstörungen. Göttingen.

Lebens, M./Lauth, G. (2014): Direkte Instruktion. In: Lauth/Grünke/Brunstein (Hrsg.): Interventionen bei Lernstörungen. Göttingen, 418–428.

Lenhard, W./Scheider, W. (2006): ELFE 1–6 – Ein Leseverständnistest für Erst- bis Sechstklässler. Göttingen.

Lersch, R. (2010): Didaktik und Praxis kompetenzfördernden Unterrichts. In: Faulstich-Christ/Lersch/Mögling (Hrsg.): Kompetenzorientierung in Theorie, Forschung und Praxis. Kassel, 31–60.

Leuders, T. (2001): Qualität im Mathematikunterricht der Sekundarstufe I und II. Berlin

Leuders, T. (2010): Kompetenzorientierte Aufgaben im Unterricht. In: Blum/Drüke-Noe /Hartung/Köller (Hrsg.): Bildungsstandards Mathematik: konkret. Berlin, 81–95.

Linde, A. (2008): Literalität und Lernen. Eine Studie über das Lesen- und Schreibenlernen im Erwachsenenalter. Münster/München.

Lindmeier, B./Lindmeier, C. (2012): Pädagogik bei Behinderungen und Benachteiligungen. Band I: Grundlagen. Stuttgart.

Lindmeier, C. (2014): Übergänge von jungen Erwachsenen mit Behinderung/Benachteiligung in die Erwachsenen- und Berufswelt barrierefrei gestalten. Was heisst das? In: Sonderpädagogische Förderung heute, (2014) 1, 92–103.

Luder, R./Kunz, A. (2012): Bildungsstandards in der Sonderpädagogik. In VHN, 2/2012, 156–160.

Luhmann (1984): Soziale Systeme. Grundriß einer allgemeinen Theorie. Frankfurt.

Luhmann, N. (1975): Evolution und Geschichte. In: Geschichte und Gesellschaft. 2. Jg./3, 284–309.

Luhmann, N. (1995): Inklusion und Exklusion. In: Soziologische Aufklärung 6: Die Soziologie und der Mensch. Opladen, 237–264.

Luhmann, N. (2002): Das Erziehungssystem der Gesellschaft. Frankfurt.

Mack, W. (2012): Lokale Bildungslandschaften und Inklusion. In: Moser (Hrsg.): Die inklusive Schule. Standards für die Umsetzung. Stuttgart, 40–48.

Mandl, H./Friedrich, H. (Hrsg.) (2006): Handbuch Lernstrategien. Göttingen.

Mann, I. (1979): Lernprobleme. Ein Buch für Eltern und Lehrer. Stuttgart.

Meijer, C. (2005): Integrative und inklusive Unterrichtspraxis im Sekundarschulbereich. Europäische Agentur für Entwicklungen in der sonderpädagogischen Förderung. Online verfügbar unter: https://www.european-agency.org/sites/default/files/inclusive-education-and-classroom-practice-in-secondary-education_iecp_secondary_de.pdf (Zugriff: 01.03.2017)

Melzer, C./Hillenbrand, C. (2013): Aufgaben sonderpädagogischer Lehrkräfte für die inklusive Bildung. Empirische Befunde internationaler Studien. In: Zeitschrift für Heilpädagogik, 64/ 5, 194–202.

Menzel, S. (2009): Theorien der sozialen Benachteiligung. Sozialwissenschaftliche Diskurse zu Arbeitslosigkeit und Ungleichheit. Dissertation an der Fakultät für Geistes-, Sozial- und Erziehungswissenschaften der Otto-von-Guericke-Universität Magdeburg. Online verfügbar unter: http://d-nb.info/1000835553/34 (Zugriff: 01.03.2017)

Messner, R. (2003): PISA und Allgemeinbildung. In: Zeitschrift für Pädagogik 49 (2003) 3, 400–412.

Mokhlesgerami, J. (2004): Förderung der Lesekompetenz. Implementation und Evaluation eines Unterrichtsprogramms in der Sekundarstufe I. Hamburg.

Moser, V. (Hrsg.) (2012): Die inklusive Schule. Standards für die Umsetzung. Stuttgart.

Moser Opitz, E. (2005): Lernschwierigkeiten Mathematik in Klasse 5 und 8. In: VHN Vierteljahreszeitschrift für Heilpädagogik und ihre Nachbargebiete 74 (2005), 113–128.

Moser Opitz, E. (2009): Erwerb grundlegender Konzepte der Grundschulmathematik als Voraussetzung für das Mathematiklernen in der Sekundarstufe I. In: Fritz/Schmidt, Siebert (Hrsg.): Fördernder Mathematikunterricht in der Sekundarstufe I. Weinheim, 29–43.

Möller, J./Bonerad, E.-M. (2007): Fragebogen zur habituellen Lesemotivation. In: Psychologie in Erziehung und Unterricht, (54), 259–267.

Möller, J./Schiefele, U. (2004): Motivationale Grundlagen der Lesekompetenz. In Schiefele/Artelt/Schneider/Stanat (Hrsg.): Entwicklung, Bedingungen und Förderung der Lesekompetenz: Vertiefende Analysen der PISA-2000-Daten. Wiesbaden, 101–124.

Müller, T. (2005): Armut von Kindern an Förderschulen. Hamburg.

Nala (o.J.): workplace-basic-education/national adult literacy agency. Online verfügbar unter: //www.nala.ie/tutors/workplace-basic-education (Zugriff am 01.03.2017)

Narr, S. (2009): Der Die Das. The amount of small things. DVD, Berlin.

Nestle, W. (1976): Didaktik und Sonderpädagogik. Zeitschrift für Heilpädagogik, 27 (3), 167–180.

Nickel, S. (2000): Wie lernen Erwachsene lesen und schreiben. In: Döbert, M./ Hubertus, P. (Hrsg.): Ihr Kreuz ist die Schrift – Analphabetismus und Alphabetisierung in Deutschland. Münster und Stuttgart, 86–96.

Nickel, S. (2001): Prävention von Analphabetismus: vor, in, nach und neben der Schule. In: Alfa-Forum 47; 7–10.

Nickel, S. (2004): Schriftspracherwerb von Kindern, Jugendlichen und Erwachsene unter massiv erschwerten Bedingungen. In: Thomé (Hrsg.): Lese-Rechtschreibschwierigkeiten (LRS) und Legasthenie. Weinheim/Basel, 86–106.

Nickel, S. (2005): Family Literacy – Sprach- und Literalitätsförderung in der Familie. Fachforum: »Orte der Bildung im Stadtteil« – Dokumentation zur Veranstaltung am 16. und 17. Juni 2005 in Berlin. Online verfügbar unter: http://www.eundc.de/pdf/36019.pdf (Zugriff: 01.03.2017)

Niehaus, M./Kaul, T. (2012): Zugangswege junger Menschen mit Behinderung in Ausbildung und Beruf. Band 14 der Reihe Berufsbildungsforschung: Bielefeld. Online verfügbar unter: https://www.bmbf.de/pub/Berufsbildungsforschung_Band_14.pdf (Zugriff: 01.03.2017)

Nyssen, E./Stange, H. (2003): Lebenswelten von Schülerinnen und Schülern der Schule für Lernbehinderte – Bedeutung für Schule und Unterricht aus der Sicht von Lehrerinnen – Ein Werkstattbericht. In: Gehrmann/Schmetz (Hrsg.): Kinder und Jugendliche in erschwerten Lernsituationen. Aktuelle sonderpädagogische Forschungs- und Arbeitsfelder. Stuttgart, 38–55.

Oeder, K. (o.J.): Fachstudie zu betrieblichen und außerbetrieblichen Unterstützungsformen für die betriebliche Integration geringqualifizierter Personen im Projekt ABC zum Berufserfolg. Online verfügbar unter: http://www.f-bb.de/fileadmin/Materialien/Instrumente/ABCzumBerufserfolg__FachstudieBetrieblicheUnterstuetzungsformen.pdf (Zugriff: 01.03.2017)

Orthmann Bless, D. (2006): Lebensentwürfe benachteiligter Jugendlicher. Bad Heilbrunn.

Palwitz, I./Steuber, A. (2012): Ist Kooperatives Lernen eine geeignete Lernform für Jugendliche in der Berufseinstiegsklasse? In: Ratschinski/Steuber (Hrsg.): Ausbildungsreife. Kontroversen, Alternative und Förderansätze. Wiesbaden, 287–300.

Pape, N. (2011): Lern- und Entwicklungsprozesse aus Sicht der Kursteilnehmerinnen und Kursteilnehmer im Bereich Alphabetisierung. In: Projektträger im Deutschen Zentrum für Luft- und Raumfahrt e.V. (Hrsg.): Lernprozesse in Alphabetisierung und Grundbildung Erwachsener. Bielefeld, 169–183.

Paradies, L./Linser, H. (2001): Differenzieren im Unterricht. Berlin.

Paradies, L./Linser, H./Greving, J. (2007): Diagnostizieren, Fordern und Fördern. Berlin.

Piasecki, P. (2011): Lesen und Verstehen von Tabellen und Grafiken – Konzeptentwicklung im Projekt des Dortmunder Kommunikationstrainings (DoKoTrain) in Anlehnung an die Item Response Theorie. In: Projektträger im Deutschen Zentrum für Luft- und Raumfahrt e.V. (Hrsg.) Lernprozesse in Alphabetisierung und Grundbildung Erwachsener. Bielefeld, 109–125.

Pickhan, S./Riebe, T. (2012): Wohnung, Geld & Haushaltführung. Arbeitsmaterialien für Jugendliche zur Förderung der Alltagskompetenz. Mühlheim.

PISA (2012); Manfred Prenzel, M./Sälzer, C./Klieme, E./Köller, O. (Hrsg.) (2012): PISA 2012. Fortschritte und Herausforderungen in Deutschland. Münster. Online verfügbar unter: http://www.pisa.tum.de/fileadmin/w00bgi/www/¬Berichtband_und_Zusammenfassung_2012/PISA_Zusammenfassung_¬online.pdf (Zugriff: 01.03.2017)

PISA (2016). PISA 2915 results. Share of the top performers and low achievers in participaiting countries. Online verfügbar unter: http://www.oecd.org/¬berlin/themen/pisa-studie/PISA_Top-performers-low-achievers.gif (Zugriff: 01.03.2017)

PISA-Konsortium (Hrsg.) (2004): PISA 2003. Der Bildungsstand der Jugendlichen in Deutschland – Ergebnisse des zweiten internationalen Vergleichs. Münster.

PISA-Konsortium (Hrsg.) (2007): PISA 2006. Die Ergebnisse der dritten internationalen Vergleichsstudie. Münster.

PISA-Studie-results (2012): PISA 2012 results. Online verfügbar unter: http://¬www.oecd.org/pisa/keyfindings/PISA-2012-results-germany-DEU.pdf (Zugriff: 01.03.2017)

Presseheft leo (2011): leo. – Level-One Studie. Literalität von Erwachsenen auf den unteren Kompetenzniveaus. Online verfügbar unter: http://www.¬alphabetisierung.de/fileadmin/files/Dateien/Downloads_Texte/leo-Presse¬heft-web.pdf (Zugriff: 01.03.2017)

Quenzel, G./Hurrelmann, K. (2010): Bildungsverlierer. Neue Ungleichheiten in der Wissensgesellschaft. In: Quenzel/Hurrelmann (Hrsg.): Bildungsverlierer. Wiesbaden, 11–33.

Räuber, G. (2004): Schule leben. Ein didaktisches Konzept für die Schule mit dem Förderschwerpunkt Lernen. Weinheim.

Reese, I. (2011): Pädagogene Beeinträchtigungen als Lernbarrieren? Schule aus der Sicht von Teilnehmerinnen und Teilnehmern an Alphabetisierungskursen. In: Projektträger im Deutschen Zentrum für Luft- und Raumfahrt e.V. (Hrsg.): Lernprozesse in Alphabetisierung und Grundbildung Erwachsener. Bielefeld, 65–85.

Rehabilitations-Richtlinie (2015). Gemeinsamer Bundesausschuss über Leistungen zur medizinischen Rehabilitation; online verfügbar unter: https://www.vdek.com/vertragspartner/vorsorge-rehabilitation/reha_richtlinien/_jcr_content/par/download/file.res/Richtlinie%20Rehabilitation.pdf (Zugriff am 30.01.2017)

Reinders, H. (2005): Qualitative Interviews mit Jugendlichen führen. Ein Leitfaden. München.

Rieger, T./Otte, B./Zieher, M. (2014): Zieldifferentes Lernen im Übergangsbereich an beruflichen Schulen. I Schulverwaltung Baden-Württemberg (SchVw) 4/2015. 100–102.

Robering, N. (2012): Zum Nutzen sonderpädagogischer »Importe« für die Berufliche Bildung. Beispiele für die Förderung von Jugendlichen mit Lernbeeinträchtigungen. In: Bojanowski/Eckert (Hrsg.): Black Box Übergangssystem. Münster, 267–278.

Rödler, P. (2009): Bildungsstandards und Kompetenzmodelle. In: Behinderung, Bildung und Partizipation Enzyklopädisches Handbuch der Behindertenpädagogik Bd. IV.

Rohr, B. (1975): Kritische Erziehungswissenschaft – eine Herausforderung an die Didaktik der Lernbehinderten. Zeitschrift für Heilpädagogik, 26 (9), 506–522.

Rolfs, Ch. (2013): Mathematik im Museum: Kunst als Fördermittel im Mathematikunterricht. In: Braune-Krickau/Ellinger/Sperzel (Hrsg.): Handbuch Kulturpädagogik. Weinheim, 452–461.

Rosebrock, C./Nix, D. (2008): Grundlagen der Lesedidaktik und der systematischen schulischen Leseförderung. Baltmannsweiler.

Rosebrock, C./Nix, D. (2013): Grundlagen der Lesedidaktik und der systematischen schulischen Leseförderung. Hohengehren.

Rosebrock, C./Gold, A./Nix, D./Rieckmann, C. (2011): Leseflüssigkeit fördern: Lautleseverfahren für die Primar- und Sekundarstufe. Seelze.

Roth, J. (2009): Eine geometrische Lernumgebung. In: Fritz/Schmidt (Hrsg.): Fördernder Mathematikunterricht in der Sekundarstufe I. Weinheim, 186–200.

Rothe, K. (2012): Ganzheitliche arbeitsorientierte Förderung Erwachsener mit unzureichenden Schriftsprachkompetenzen. In: Ulmer/Weiß/Zöller (Hrsg.): Berufliches Bildungspersonal: Stellenwert, Entwicklungstendenzen und Perspektiven für die Forschung. Bonn, 203–216.

Rothe, K./Preising, B. (2011): Arbeitsorientierte Grundbildung. Funktionale Analphabeten qualifizieren. Bielefeld.

Schecker, H./Parchmann, I. (2006): Modellierung naturwissenschaftlicher Kompetenz. In: Zeitschrift für Didaktik der Naturwissenschaften, 45–66.

Scherr, A. (2012): Hauptsache irgendeine Arbeit? In: Mansel/Speck (Hrsg.): Jugend und Arbeit. Weinheim und Basel, 63–78.

Schiefele, U. (2014): Förderung von Interessen. In: Lauth/Grünke/Brunstein (Hrsg.): Interventionen bei Lernstörungen. Göttingen, 251–261.

Schmassmann, M. (2009): »Geht das hier ewig weiter«? In: Fritz/Schmidt (Hrsg.): Fördernder Mathematikunterricht in der Sekundarstufe I. Weinheim, 167-181.

Schmid, F. (2015): Lebensweltorientierung im Unterricht. Eine Erhebung an einer Förderschule. Unveröffentlichte Wissenschaftliche Hausarbeit im Rahmen des Ersten Staatsexamens für das Lehramt an Sonderschulen (SPO I 2003) an der Pädagogischen Hochschule Heidelberg.

Schmillen, A./Umkehrer, M. (2014): Verfestigung von früher Arbeitslosigkeit: Einmal arbeitslos, immer wieder arbeitslos? In: IAB-Kurzbericht, 16/2014. Nürnberg, 1–6.

Schreier, M./Rupp, G. (2006): Ziele/Funktionen der Lesekompetenz im medialen Umbruch. In: Hurrelmann/Groeben(Hrsg.): Lesekompetenz. Bedingungen, Dimensionen, Funktionen. Weinheim/München, 251–274.

Schroedel-Verlag (o.J.): NAVI Mathematik. Lehrwerk für Förderschulen. Vorkurs, Band 1–8.

Schröder, U. (2005): Lernbehindertenpädagogik. Grundlagen und Perspektiven sonderpädagogischer Lernhilfe. Stuttgart.

Schroeder, J. (1998): Die Vielfalt berechnen. In: Dunker/Popp (Hrsg.): Fächerübergreifender Unterricht in der Sekundarstufe 1 und 2. Bad Heilbrunn, 56–79.

Schroeder, J. (2000): Mathematik. In: Reich, H./Holzbrecher, A./Roth, H.-J. (Hrsg.). Fachdidaktik interkulturell. Ein Handbuch. Opladen.

Schroeder, J. (2003): Fragen an einen Grabstein. In: Mathematik lehren, 116. 16–18.

Schroeder, J. (2011): Elaborierte Codes. Semiotische Überlegungen zur Textualität in Einfacharbeitspätzen. In: Bindl/Schroeder/Thielen (Hrsg.): Arbeitsrealitäten und Lernbedarfe wenig qualifizierter Menschen. Bad Heilbrunn, 209–236.

Schroeder, J. (2012): Schulen für schwierige Lebenslagen. Münster.

Schroeder, J. (2013a): Funktionaler Analphabetismus – ein altes Problem wird neu sichtbar. In: VHN, 82, 99–101.

Schroeder, J. (2013b): Postschulischer Analphabetismus – Rückfragen an die Pädagogik des Übergangs. In: DDS – Die Deutsche Schule. 105. Jg. 20131, 40–51.

Schroeder, J. (2015): Pädagogik bei Beeinträchtigungen des Lernens. Stuttgart.

Schroeder, J./Thielen, M. (2011): Berufsorientierte Konzepte mit praxistagen für benachteiligte Jugendliche der Bundesländer. In: Thielen (Hrsg.): Pädagogik am Übergang. Bad Heilbrunn, 34–50.

Schwacha, K. (2011): Mathe-Aufgaben aus dem Berufsalltag – Klasse 7–8. Buxtehude.

Selter, C. (o.J.): Projekt »mathe sicher können« (Projekt MSK). Online verfügbar unter: http://mathe-sicher-koennen.dzlm.de (Zugriff: 01.03.2017)

Severing, E. (2013): Wenn fehlender Ausbildungsreife auf eherne Berufsprinzipien trifft. In: Seufert/Metzger (Hrsg.): Kompetenzentwicklung in unterschiedlichen Lernkulturen. Paderborn, 374–391.

Severing, E./Weiß, R. (2014): Individuelle Förderung in heterogenen Ausbildungsgruppen – zwischen Erfahrungswissen und wissenschaftlicher Reflexion. In: Severing/Weiß (Hrsg.): Individuelle Förderung in heterogenen Gruppen in der Berufsausbildung. Befunde – Konzepte – Forschungsbedarf. Bielefeld, 5–19.

Shell Deutschland Holding (Hrsg.) (2015): Jugend 2015. Eine pragmatische Generation im Aufbruch. 17. Shell Jugendstudie. Frankfurt a.M.

Solga, H. (2009): Bildungsarmut und Ausbildungslosigkeit in der Bildungs- und Wissensgesellschaft. In: Becker (Hrsg.): Lehrbuch der Bildungssoziologie. Wiesbaden, 395–432.

Solga, H. (2011): Bildungsarmut und Ausbildungslosigkeit in der Bildungs- und Wissensgesellschaft. In: Becker (Hrsg.): Lehrbuch der Bildungssoziologie. Wiesbaden, 411–448.

Spies, A./Tredop, D. (Hrsg.) (2006): »Risikobiografien«. Benachteiligte Jugendliche zwischen Ausgrenzung und Förderprojekten. Wiesbaden.

Spörer, N./Demmrich, A./Brunstein, J. (2014): Förderung des Leseverständnisses zur »Reziprokes Lehrern«. In: Lauth/Grünke/Brunstein (Hrsg.): Interventionen bei Lernstörungen. Göttingen, 162–175.

Spöttl, G. (2011): Kompetenzmodelle als Grundlage für eine valide Kompetenzdiagnostik. In: Fischer/Becker/Spöttl (Hrsg.): Kompetenzdiagnostik in der beruflichen Bildung – Probleme und Perspektiven. Frankfurt a. M., 13–39.

Stanat, P./Pant, H-A./Böhme, K. & Richter, D. (Hrsg.) (2012): Kompetenzen von Schülerinnen und Schülern am Ende der vierten Jahrgangsstufe in den Fächern Deutsch und Mathematik. Ergebnisse des IQB Ländervergleichs 2011. Münster.

Standards Lehrerbildung (2015): Ländergemeinsame inhaltliche Anforderungen für die Fachwissenschaften und Fachdidaktiken in der Lehrerbildung (Beschluss der Kultusministerkonferenz vom 16.10.2008 i. d. F. vom 11.06.2015).

Online verfügbar unter: http://www.kmk.org/fileadmin/veroeffentlichungen_beschluesse/2008/2008_10_16-Fachprofile-Lehrerbildung.pdf (Zugriff: 01.03.2017)

Stanik, T./Zisenis, D. (2008): Das große Ganze sehen: Grundbildungsverständnis in Wirtschaft und Arbeit – die Funktion von Referenzmodellen. In: Weiterbildung, Heft 6, 33–35.

Stark, W./Fitzner, T./Schubert, Ch. (Hrsg.) (1997): Grundbildung für alle in Schule und Erwachsenenbildung. Eine Fachtagung/Evangelische Akademie. Bad Boll.

Steffek, F. (2012): Verbraucherführerschein: Geld und Konsum. Vermittlung lebenspraktischer Kompetenzen. Buxtehude.

Stein, R. (2010): Berufs- und Lebensorientierung. In: Kaiser/Schmetz/Wachtel/Werner (Hrsg.): Bildung und Erziehung. Behinderung, Bildung, Partizipation – Enzyklopädisches Handbuch der Behindertenpädagogik, Band 3. Stuttgart, 266–271.

Steuber, A./Koch, M. (2013): Exklusion und Desintegration – Gesellschaftliche Wirkfaktoren. In: Bojanowski/Koch/Ratschinski/Steuber (Hrsg.): Einführung in die berufliche Förderpädagogik. Münster, 183–194.

Steuber, A./Koch M./Ratschinski, G./Gentner, C./Bojanowski, A. (2013): Zielgruppen: Förderpädagogische Klassifikationen und individuelle Problemlagen. In: Bojanowski/Koch/Ratschinski/Steuber (Hrsg.): Einführung in die berufliche Förderpädagogik. Münster, 97–110.

Stiftung Lesen (2013): Zeitschriften in der Schule.Online verfügbar unter: https://www.stiftunglesen.de/programmbereich/schule/sekundarstufe/zeitschriften-schule (Zugriff: 01.03.2017)

Straßer, P./Propp, J. (2013): Curriculum und Didaktik. In: Bojanowski, A./Koch, M., Ratschinski, G., Steuber, A. (Hrsg.) (2013): Einführung in die berufliche Förderpädagogik. Münster, 43–55.

Strategiepapier Alphabetisierung (2012): Vereinbarung über eine gemeinsame nationale Strategie für Alphabetisierung und Grundbildung Erwachsener in Deutschland 2012–2016. Online verfügbar unter: https://www.bmbf.de/files/NEU_strategiepapier_nationale_alphabetisierung.pdf (Zugriff: 01.03.2017)

Südkamp, A./Pohl, S./Hardt, K./Jordan, A./Duchardt, C. (2015): Kompetenzmessung in den Bereichen Lesen und Mathematik bei Schülerinnen und Schülern mit sonderpädagogischem Förderbedarf. In: Kuhl/Stanat/Lütje-Klose/Gresch/Pant/Prenzel (Hrsg.): Inklusion von Schülerinnen und Schülern mit sonderpädagogischem Förderbedarf in Schulleistungserhebungen. Wiesbaden, 243–272.

Tenorth, H. E. (2004): Stichwort: »Grundbildung« und »Basiskompetenzen«. Herkunft, Bedeutung und Probleme im Kontext allgemeiner Bildung. In: Zeitschrift für Pädagogik. (7) Heft 2/2004, 169–182.

Terhart, E. (2014): Der Heilige Gral der Schul- und Unterrichtsforschung – gefunden? Eine Auseinandersetzung mit Visible Learning. In: Terhart (Hrsg.) (2014). Die Hattie-Studie in der Diskussion; 10–23.

Teilhabebericht (2013): Teilhabebericht der Bundesregierung über die Lebenslagen von Menschen mit Beeinträchtigungen. Online verfügbar unter: https://www.bmas.de/SharedDocs/Downloads/DE/PDF-Publikationen/a125-13-teilhabebericht.pdf?__blob=publicationFile (Zugriff: 01.03.2017)

Thielen, M. (2007): Ausbildungsunreif und integrationsunwillig? – Zur Sonderpädagogisierung von Migrantenjugendlichen am Übergang von der Schule in die Arbeitswelt. In: Zeitschrift für Heilpädagogik, 58. Jg./H. 8, 297–303.

Thielen, M. (Hrsg.) (2011): Pädagogik am Übergang. Bad Heilbrunn.

Thimm, W./Funke, E. (1977): Soziologische Aspekte der Lernbehinderung. In: Kanter/Speck (Hrsg.): Pädagogik der Lernbehinderten. Berlin, 581–614.

Trautwein, U./Lüdtke, O./Becker, M./Neumann, M./Nagy, G. (2008): Die Sekundarstufe I im Spiegel der empirischen Bildungsforschung: Schulleistungsentwicklung, Kompetenzniveaus und die Aussagekraft von Schulnoten. In: Schlemme/Gerstberger (Hrsg.): Ausbildungsfähigkeit im Spannungsfeld zwischen Wissenschaft, Politik und Praxis. Wiesbaden, 91–108.

Trenk-Hinterberger, I./Nix, D./Rieckmann, C./Rosebrock, C./Gold, A. (2007): Förderung der Leseflüssigkeit bei schwachen Leser/innen in der sechsten Jahrgangsstufe – Erste Ergebnisse einer Interventionsstudie. In: Hofmann/Valtin (Hrsg.): Checkpoint Literacy. Tagungsband zum 15. Europäischen Lesekongress. Berlin: Deutsche Gesellschaft für Lesen und Schreiben, 183–193.

Tröster, M. (2000): Grundbildung – Begriffe, Fakten, Orientierungen. In: Tröster (Hrsg.): Spannungsfeld Grundbildung. Bielefeld, 12–27.

Tröster, M. (2010): Unsichtbares sichtbar machen – Analphabetismus und Grundbildung in Deutschland. In: Kronauer (Hrsg.): Inklusion und Weiterbildung. Reflexionen zur gesellschaftlichen Teilhabe in der Gegenwart. Bielefeld, 211–234.

Tröster, M. (Hrsg.) (2002): Berufsorientierte Grundbildung. Konzepte und Praxishilfen. Bielefeld.

Ufer, S./Reiss, K./Mehringer, V. (2013): Sprachstand, soziale Herkunft und Bilingualität: Effekte auf Facetten mathematischer Kompetenz. In: Becker-Mrotzek/Schramm/Thürmann/Vollmer (Hrsg.): Sprache im Fach. Münster, 188–201.

Uhly, A. (2015): Vorzeitige Vertragslösungen und Ausbildungsverlauf in der dualen Berufsausbildung. Forschungsstand, Datenlage und Analysemöglichkeiten auf Basis der Berufsbildungsstatistik. Online verfügbar unter: https://www.bibb.de/veroeffentlichungen/de/publication/show/id/7601 (Zugriff 01.03.2017)

UNESCO (1962): UNESCO: Statement of the International Committee of Experts on Literacy. Paris 1962. Zitiert nach: Erwachsenenanalphabetismus und wirtschaftliche Leistungsfähigkeit. Ein OECD/CEIR-Bericht. Frankfurt/M. u. a., 254.

UNESCO Institut für Pädagogik (1997): CONFINTEA, Hamburger Deklaration zum Lernen im Erwachsenenalter. Agenda für die Zukunft, 1998. Online verfügbar unter: http://unesdoc.unesco.org/images/0011/001161/116114gero.pdf (Zugriff: 01.03.2017)

UNISCO-education (o.J.): Online verfügbar unter: http://www.unesco.org/new/en/education/themes/education-building-blocks/literacy/advocacy/international-literacy-day/2012/ (Zugriff: 01.03.2017)

UN-Konvention (2009): Beauftragte der Bundesregierung für die Belange behinderter Menschen. Online verfügbar unter: http://www.behindertenbeauftragte.de/DE/Koordinierungsstelle/UNKonvention/UNKonvention_node.html (Zugriff: 01.03.2017)

van Essen, F. (o.J.): Lernbehinderung und Inklusion. Online verfügbar unter: http://www.inklusion-lexikon.de/Lernbehinderung_vanEssen.pdf (Zugriff: 01.03.2017)

VHS Grundbildung (o.J.): Basisqualifizierung ProGrundbildung. Online verfügbar unter: http://grundbildung.de/projekte/basisqualifizierung-progrundbildung.html (Zugriff: 01.03.2017)

von Saldern, M. (2011): Schulleistung 2.0: Von der Note zum Kompetenzraster. Norderstedt.

Walter, J./Wember, F. (Hrsg.) (2007): Sonderpädagogik des Lernens. Handbuch Sonderpädagogik, Band 2. Göttingen.

Walther, G. (2008): Bildungsstandards Mathematik. Kompetenzen überprüfen. SINUS Tagung. Hamburg. Online verfügbar unter: http://www.sinus-transfer-grundschule.de/fileadmin/MaterialienIPN (Zugriff: 01.03.2017)

Wansing, G. (2015): Was bedeutet Inklusion? Annäherungen an einen vielschichtigen Begriff. In: Degener/Diehl (Hrsg.): Handbuch Behindertenrechtskonvention. Teilhabe als Menschenrecht – Inklusion als gesellschaftliche Aufgabe. Bonn, 43–54.

Waasmeier, S. (2009): Aktiv-entdeckendes, metakognitives Lernen im Mathematikunterricht der Hauptschule. Hildesheim: Franzbecker.

Weber, H. (2011): Heterogene Lerngruppen in der Ausbildung. Qualifizierungskonzept für das Ausbildungspersonal. Bielefeld.

Weinert, F. E. (2001): Vergleichende Leistungsmessung in Schulen – eine umstrittene Selbstverständlichkeit. In: Weinert (Hrsg.): Leistungsmessungen in Schulen. Weinheim/ Basel, 17–31.

Weiß, H. (2010): Kinder in Armut als Herausforderung für eine inklusive Perspektive. In: Zeitschrift Inklusion-online. Online verfügbar unter: http://inklusion-online.net/index.php/inklusion-online/article/view/114/114 (Zugriff: 01.03.2017)

Weiß, S. (2015): Was bedeutet Inklusion für das Anforderungsspektrum von Lehrerinnen und Lehrern in der Sekundarstufe? In: Kiel (Hrsg.): Inklusion im Sekundarbereich. Stuttgart, 16–38.

Wellgraf, S. (2012): Hauptschüler. Zur gesellschaftlichen Produktion von Verachtung. Wetzlar.

Werner, B. (2009): Kulturelle Literalität: Implikationen des Literacy-Konzepts für eine kompetenz- und alltagsorientierte Didaktik der Lernbehindertenpädagogik. In: Empirische Sonderpädagogik (1), 2/2009, 41–59.

Werner, B. (2011a): Didaktik und Förderung unter erschwerten Bedingungen. In: Kaiser/Schmetz/Wachtel/Werner (Hrsg.): Didaktik und Unterricht. Enzyklopädisches Handbuch der Behindertenpädagogik. Band 4. Stuttgart, 43–63.

Werner, B. (2011b): Wann kann ein Bäcker schlafen? In: Mathematik: Unterricht – Aufgaben – Materialien 5 bis 10. Seelze, 40–41.

Werner, B. (2016): Sonderpädagogik und Berufliche Bildung – zwei Seiten einer Medaille?! Relevanz von Fragen beruflicher Vorbereitung und -eingliederung innerhalb der Sonderpädagogik. In: BVL-Magazin. Verband der Lehrerinnen und Lehrer an beruflichen Schulen in Baden-Württemberg e. V. 1/2016, 19–22.

Werner, B. (Im Druck): Inklusiver Mathematikunterricht aus sonderpädagogischer Perspektive - Konsequenzen für die Lehrerbildung. In: Leuders/Lehn/Leuders/Ruwisch/Prediger (Hrsg.): Mit Heterogenität im Mathematikunterricht umgehen lernen – Konzepte und Perspektiven für eine zentrale Anforderung an die Lehrerbildung.

Werner, B./Drinhaus, M. (2012): Differenzieren ja – aber wie? Konzepte und erste Befunde zur Beschreibung und Erfassung von Differenzierungskompetenzen bei Lehrkräften an Förderschulen. In: Zeitschrift für Heilpädagogik 09/2012 (63), 375–380.

Werner, B./Drinhaus, M./Rank, K./König, K. (2013): Förderung der Lesemotivation und Lesekompetenz von Förderschülern durch ein multimodales Programm zur Leseförderung. In: Zeitschrift für Heilpädagogik (64); Heft 3/ 2013, 92–98.

Werner, B./Wildermuth, A. (2012): Was vom Gehalt übrig bleibt ... Wie lese, verstehe und überprüfe ich meine Lohnabrechnung? In: Praxis Fördern. 2/2012, 6–11.

Werning, R./Arndt, A.-K. (2015): Unterrichtsgestaltung und Inklusion. In: Kiel (Hrsg.): Inklusion im Sekundarbereich. Stuttgart, 53–96.

Werning, R./Lütje-Klose, B. (2012): Einführung in die Pädagogik bei Lernbeeinträchtigungen. München.

Wildemann, A./Vach, K. (2013): Deutsch unterrichten in der Grundschule. Kompetenzen fördern, Lernumgebungen gestalten. Seelze.

Winkler, I. (2012): Achtung Schuldenfalle. Arbeitsblätter für Jugendliche zum richtigen Umgang mit Geld: Mühlheim.

Wittmann, E.C. (1992): Mathematikdidaktik als »design science«. In Journal für Mathematikdidaktik, 13, 55–70.

Wittoch, M. (1976): Unterricht mit Schulversagern. Vorschläge zur Förderung von Lernprozessen. Bodenheim.

Wittrock, M./Wachtel, P. (1994): Zentrierung um Lebensprobleme als schulisches Gestaltungsprinzip. In: Schmetz/Wachtel (Hrsg.): Erschwerte Lebenssituationen: Erziehung und pädagogische Begleitung. Würzburg, 98–112.

Wocken, H. (2000): Leistung, Intelligenz und Soziallage von Schülern mit Lernbehinderungen. Vergleichende Untersuchungen an Förderschulen in Hamburg. In: Zeitschrift für Heilpädagogik 2000, (51), 492–503.

Wollring, B. (2007): Zur Kennzeichnung von Lernumgebungen für den Mathematikunterricht in der Grundschule. Online verfügbar unter: www.mathematik.uni-kassel.de/.../LernumgebungenWofSinusHessen070 (Zugriff: 02.06.2016)

Zisenis, D. (2015): Erfolgsindikatoren für die Implementierung von Bildungsmaßnahmen für formal gering qualifizierte Bildungsmaßnahmen für formal gering qualifizierte Beschäftigte und Arbeitssuchende. Online verfügbar unter: http://www.imove-germany.de/cps/rde/xbcr/SID-FE463F40-D0062474/kibb/AGBFN_Geringqualifizierte_T_I_Block_2_4_Praesentation_BBB-Dortmund_Zisenis.pdf (Zugriff: 02.06.2016)